한 권으로 끝내는
비즈니스 매너

한 권으로 끝내는
비즈니스 매너

지은이 브리기테 나길러 | 옮긴이 김시형

초판 1쇄 2007년 8월 20일 | 초판 2쇄 2009년 4월 30일 | 펴낸곳 황금비늘 | 펴낸이 손상열 | 디자인 송인숙

등록번호 제 315-2003-19호 | 등록일자 2003년 11월 1일

주소 서울시 구로구 구로5동 107-8 미주오피스텔 2동 808호 | 전화 02)323-7243

팩스 02)323-7244 | e-mail foxshe@hanmail.net | ISBN 978-89-91013-12-4 13320

ⓒ 브리기테 나길러

한 권으로 끝내는

비즈니스 매너

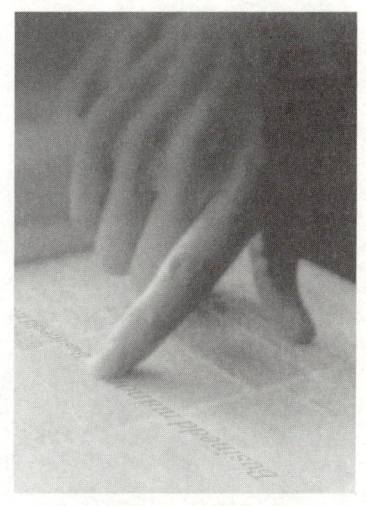

브리기테 나길러/저
김시형/역

황금비늘

매너로의 초대

  당신이 매너를 배우고 싶어 이 책을 펼쳐 들었다면 퍽 반가운 일이다. 그것은 되도록 남과 조화롭게 살고 싶어한다는 증거이며, 사교적인 능력을 중요하게 여긴다는 증거인 셈이니까. 게다가 그 능력이 업무상 필요한 것인지, 사생활에서 필요한 것인지 굳이 나누지 않아도 된다. 이 책은 생활 영역 전반에서 필요한 매너를 다루고 있기 때문이다.

●구닥다리 관습인가, 시대에 걸맞은 처세술인가?

  훌륭한 몸가짐과 태도를 구시대의 관습으로 치부해서는 안 된다. 매너는 우리가 한동안 등한시했지만, 이제 다시 되찾아야 할 소중한 개념이다. 시대에 맞지 않는 딱딱한 예법을 그대로 답습하자는 것은 아니다. 다만 그것을 더 다양하고 폭넓게 개발하여 살아 있는 관습을 만들자는 뜻이다. 몇십 년 전에 나온 에티켓 사전 따위는 부디 덮어주시길. 굴 먹을 때 쓰는 갈퀴와 바닷가재를 고정하는 집게 잡는 법, 혹은 칼과 포크로 바나나를 가장 교양 있게 먹는 방법 따위는 크게 중요하지 않다. 물론, 벌써 그런 예법이 몸에 배어 있는 사람이라면, 그것도 나름대로 가치 있는 일이다.

그러나 요즘 시각에서 바라보는 훌륭한 매너란, 매번 상황에 알맞은 감정을 선택하고 인간 관계 속에서 원만하게 처신할 줄 아는 능력을 뜻한다. 시시각각 달라지는 상황에 따라 유달리 뛰어난 적응력을 보이는 사람들이 있다. 그들이 남들보다 민감하고 섬세하기 때문이다. 하지만 사실 그것도 나 끊임없는 노력과 학습으로 얻은 능력이요, 성품이다. 이 책으로 내가 하려는 일이 바로, 당신이 그런 성품을 배우고 익히는 것을 돕는 일이다.

'배운다'는 말에 지레 겁부터 먹지 않았으면 한다. 규칙을 머릿속에 쑤셔 넣는다고 될 일이 아니다. 매너란 테크닉을 줄줄 늘어놓고 달달 외우는 것과는 한참 거리가 먼일이다. 비록 체계적인 절차가 필요하긴 하지만, 진짜 교양 있는 태도는 그런 규칙들이 완전히 내면화되었을 때 저절로 나타난다. 게다가 그것이 속마음에서 우러나는 행동이라면 금상첨화다. 훌륭한 매너는 나 혼자만 잘나 보이기 위해, 남들 위에 군림하기 위해 필요한 것이 아니라 우리 모두의 아름다운 공생을 위해 필요한 것이다. 그런 공생의 법칙이 일터에서도 실현된다면 더욱 다행이다. 이제는 어떤 직장이든 최소한의 매너가 지켜지지 않으면 조직이 유지되지 않는다.

●누구나 반드시 매너를 익혀야 하는 걸까?

아마 당신은 이렇게 묻고 싶을 것이다.

"나길러 씨, 내가 아는 사람 중에는 품위 있는 처신 따위는 안중에도

한 권으로 끝내는 비즈니스 매너

없고, 오히려 당신 책에서 가르쳐주는 것과는 정반대로 행동하는 사람들이 있어요. 그런데도 다른 사람들하고 잘만 어울리고 직장에서 감투까지 차지하고 앉아 있어요. 어떻게 그럴 수가 있죠?"

답은 간단하다. 카리스마를 겸비한 인품은 당신이나 나 같은 사람한테는 해당 사항이 없다. 카리스마는 어떤 상황에서든 영향력을 발휘할 수 있다. 그러나 장담하건대, 카리스마를 내뿜는 인물들도 '시작은 미약하였으나 끝이 창대' 해진 사람들이다. 그들의 거침없어 보이는 행동도 알고 보면 오랜 기간에 걸쳐 갖가지 지식과 요령을 꾸준히 축적한 결과다. 자세히 들여다보면 그들이 주변 사람들을 대할 때 얼마나 주의를 기울이는지 알 수 있다. 다만, 우리처럼 정석을 지킬 필요가 없다는 점만이 다를 뿐이다.

매너뿐 아니라 다른 분야도 마찬가지다. 위대한 화가 피카소(Picasso)가 처음부터 독특한 그림 세계를 펼쳐 보인 것은 아니다. 그도 처음엔 기성 화법을 일일이 다 익혀야 했다. 그런 다음에야 비로소 규칙을 타파하고 눈 한쪽과 삼각형의 얼굴을 가진 여인의 초상을 그리기 시작했다. 작곡가들도 비슷하다. 먼저 기존의 작곡법을 철저히 배워야만 획기적인 음악을 작곡하는 일이 가능하다. 어떤 일이든, 맨 처음에는 그것이 원래 어디서 시작했고, 기본 법칙은 무엇인지 완전히 소화해내야 한다. 기초가 튼튼한 사람만이 구체적인 상황에 따라 적절하게 대응하고 선택할 수 있는 뚜렷한 기준을 갖는다.

● 이렇게 시작합시다

당신의 개성과 인품을 어필하라

나는 이 책을 통해, 자신의 개성을 긍정적으로 드러낼 수 있는 방법을 일러주고자 한다. 그런다고 결점이 말끔히 사라지진 않겠지만, 대신 당신만의 독창적인 매너로 결점을 커버하는 방법을 배우면 된다. 그러면 당신을 보는 시선도 사뭇 달라질 것이다. 자신만의 개성으로 자연스럽게 어필하고, 독특한 스타일을 창조하며, 심지어 자기도 깨닫지 못한 내면의 카리스마를 끄집어낼 수 있는 비결을 다루고자 한다.

일할 때 당신은 멋쟁이!

직업은 누구에게나 중요하다. 요즘처럼 일자리 구하기도 어렵고 경쟁도 심한 시대에는 동료, 상사, 거래처와 완벽하고 원만한 관계를 유지하는 능력이 커다란 장점으로 부각된다. 성공한 사람들은 늘 행동거지가 바르고 품위가 있으며, 불리한 상황에서도 신중한 태도 덕분에 위기를 모면한다. 특히 사람을 대하는 직업은 교양 있는 매너가 더욱 중요하다. 고객을 직접 만날 때도 그렇지만 인터넷과 전화 같은 매체를 이용할 때도 매너는 큰 요소로 작용한다. 특히 새로운 일터에 적응할 때, 같은 직장에서 업무 조건이 바뀌었을 때는 모든 행동에 세심하게 주의를 기울여야 한다.

우아하게 먹고 품위 있게 마신다

올바른 매너의 기초는 바른 식사 예법에서 출발한다. 가족과 친지,

벗, 거래처와 함께 즐겁게 밥을 먹는 것만큼 기분 좋은 일이 또 있을까? 이 책에서는 식사할 때 어떤 점에 유의해야 하는지, 가정집 같은 사적인 공간 혹은 공식 석상에서 손님 혹은 주최자로서 어떻게 처신해야 할지 여러 장에 걸쳐 자세히 설명하겠다.

집에서도 귀족처럼

매너가 필요한 경우는 일할 때나 낯선 사람들과 만날 때뿐이라고 생각하지 말라. 가족, 배우자, 아이들과 있을 때도 올바른 처신은 필수다. 사생활에서 배우자, 아이들, 이웃을 어떤 매너로 대해야 할지 소상히 알아본다.

안에서 튼튼한 바가지, 밖에서도 튼튼!

책 끝머리에는 여행에서의 바른 몸가짐과 주의할 점을 집중적으로 다루었다. 해외에 나가면 행동에 특히 조심해야 한다. 그래야 본고장 사람들한테서 불필요한 오해를 사지 않고, 그로 인한 위험을 미연에 방지할 수 있다. 나라마다의 특성과 안전한 여행을 위한 주의 사항을 꼼꼼히 체크한 뒤 길을 떠나는 건 어떨까?

공공 교통 수단을 사용할 때 어떤 점을 명심해야 하는지도 언급된다. 자동차, 기차, 비행기를 이용할 때는 어쩔 수 없이 타인과 접촉하는 일이 발생하므로 배려와 예의범절이 매우 중요하다.

다시 말하지만, 진정한 매너는 규칙을 기계적으로 외우고 지키는 것이 아니다. 훌륭한 매너를 갖추는 일은, 당신의 인품을 긍정적으로 발달시키는 일이다. 그러니 내가 이 책에서 이야기하는 것을 일일이, 놓치지 말고 검토하길 바란다. 그 안에서 당신의 성격과 생활에 맞고, 편하게 느껴지는 것을 고른 뒤 자기 것으로 만들어라. 자신과 남들을 끊임없이 연구하고 관찰하라. 어느새 당신은 타인과의 만남에서 당당하고 멋진 스타일을 가진 눈부신 "매너 짱"으로 거듭나 있을 것이다.

브리기테 나길러(brigitte.nagiller@aon.at)

CONTENTS 목차

CONTENTS 목차

제1장

남과 더불어 산다는 것

- 왜 다시 매너인가?
- 남자들은 더 어려워
- 똑똑한 여성을 위한 행동 지침
- 매너를 위해 알아야 할 기초 지식

남과 더불어 산다는 것

왜 다시 매너인가

　최근 몇 년은 경제적으로 힘든 시기였다. 그리고 그런 경제 문제가 사회 전반에 미친 영향은 적지 않다. 예전에는 유연성과 변화, 기동력이 가장 중요한 요소로 꼽혔다면, 지금은 신뢰와 안정, 겸손함이 유용한 덕목으로 인정받는다.

　지난 세대를 풍미한 리더들은 하나같이 모험심과 상상력으로 경제를 이끌었다. 특히 신경제(New Economy)라는 단어는 역동성과 충격의 다른 이름으로 군림했다. 그러나 과거의 영광은 빛이 바랬고, 영웅처럼 추앙 받던 경영자들도 속속 자리에서 물러나야 했다. 그 중에는 정말 괜찮은 사람들도 많았다. 학벌을 타파하고, 직장 내 권위주의와 서열 체계를 철폐하고, 넥타이와 셔츠의 위엄을 무너뜨린 이도 있다. 이제 그들의 자리에 다시 좀더 나이가 많고, 안정을 추구하는, 그래서 모험과 도전은 기대하기 어려운 타입들이 들어앉았다.

불안정한 시대, 다시 형식과 질서 속으로

이제 매너와 규율과 형식이 다시 중요한 테마로 떠올랐다. 삶에서 온갖 불확실하고 형태가 없는 것들에 일정한 형식을 부여하고 싶어하는 건 당연하다. 아무것도 확신할 수 없는 변화무쌍한 시대에 살아남으려면 규칙이라는 기준이 필요하기 때문이다.

사회 여기저기서 '착실한 것'을 요구한다. 따분하다고 외면 받던 공무원, 지금은 안정된 일자리라는 단 하나의 장점 때문에 지원자들이 몰리고 있다. 연수와 재교육으로 새로운 자리를 얻는 교사들도 부러움의 대상이다. 신용기관은 가장 선망하는 직장으로 떠올랐다. 스톡옵션보다 연금이 더 든든한 노후대책이라고 말하는 사람들도 있다. 몇 년 전만 해도 연금, 보험료 등 각종 사회보장 시스템을 교묘하게 빠져나간다는 이유로 봉급생활자들이 부러워하던 프리랜서들도 이제는 고정된 일자리와 월급을 간절히 원한다. 주저 없이 큰돈을 내놓던 투기꾼들과 그들의 동조자였던 경제동향 애널리스트들도 슬그머니 그 모습을 감추었다.

잘 하고 있나요, 지금 매너?

요즘엔 예의범절의 코드가 무척 다양하다. 고정된 방식과 예법이 통하던 시대는 지났다. 그만큼 다양한 상황에서 적절한 행동을 취하기란 생각만큼 쉽지 않다. 지나치지도, 모자라지도 않은 중용(中庸)의 도를 단번에 익힐 수야 없는 노릇이다.

오스트리아는 수백 년 동안 왕실 문화를 유지해온 덕분에 꽤 세련된 예법이 발달했다. 특히 비엔나에는 그 전통이 잘 보존돼 있다. 완벽하리만치 정중한 태도를 보고 있으면, 겉치레와 허위에 찬 의식도 꽤 눈에 띈다. 앞에서는 극도로 친절하고 상냥하다가도, 돌아서면 퉁명스런 말을 내뱉는 사람을 만나면 얼마나 실망스러운가. 가진 것 많은 '높으신 분'들은 극진하게 대접하고, 자신보다 못하다고 여기는 '아랫사람'들한테는 함부로 대한다는 건 정말 가슴 아픈 일이다.

백 점짜리 매너에는 정답이 없다

글자 그대로 완벽한 매너를 갖춘 사람은, 어떤 환경에서 어떤 계층의 사람들과 어울리더라도 훌륭하게 처신할 능력이 있다. 자신이 처한 상황에 맞는 태도를 정확하게 선택하고 무난하게 소화해내는 것. 그렇다고 그들의 행동이 꾸며진 것도 아니다. 그들의 품행은 '진짜'다.

덴마크의 여왕 **마르가레테 2세**(Margarethe II)는 자기 성에 있을 때는 온갖 왕궁 행사에 고상하고 우아한 자세로 임했다. 공식 석상에 모습을 드러내는 일은 왕녀로 태어난 사람으로서 숙명처럼 받아들여야 할 의무였다. 하지만 그린란드를 방문하자, 에스키모들과 어울려 마치 부족의 일원인 양 거칠고 자유롭게 춤을 추었다. 여왕은 때와 장소에 맞춰 변화무쌍하게 처신할 줄 알았고, 그래서 늘 국민들의 신뢰를 한 몸에 받았다.

현재 일본 황태자비 **오와다 마사코**(小和田雅子)는 원래 국제적인 경력을 가진, 무모할 정도로 활달한 성격의 외교관이었다. 그러나 일본 황태자 나루히토(德仁)와 약혼한 순간부터 대중의 눈에 보이는 그녀의 품행은 완전히 달라졌다. 마사코는 흐트러짐 없이 얌전하고 단정한 행실을 보여, 일본 국민들이 황태자비에게 거는 기대를 저버리지 않았다.

여왕이나 황태자비가 당신과 무슨 상관이냐고? 상관이 있어도 크게 있다! 당신의 처신도 바로 그래야 하기 때문이다. 왕족은 아니지만, 우리도 그들 못지않게 다양한 상황에 처하면서 산다. 상황을 재빨리 간파하고 그에 상응하는 모드로 빨리 빨리 전환해야 한다. 눈치가 없으면 엉뚱한 행동과 태도 때문에 '개밥의 도토리' 신세가 되고 마는 곳, 그것이 요즘 우리가 사는 세상이다.

✓ 격식 있는 만찬, 고급 레스토랑, 큰 연회, 공식 인사들이 참석한 행사, 기념식, 수여식에 초대받은 경우에는 품격 있는 매너를 선보일 기회다. 장소와 행사의 성격에 맞는 옷을 입고, 식탁의 적당한 자리에 앉아 식기를 올바르게 사용하면서 옆에 앉은 사람과 수준 있는 대화를 나눈다. 남자들은 식탁에 앉은 여성이 자리에서 일어날 때 잠깐 같이 일어난다.
하지만,

✓ 만약 친구들과 맥줏집에 들어가서 그런 행동을 한다면 금세 좌중의 웃음거리가 되고 말 것이다. 공식적인 자리에서는 아무렇지도 않은 몸가짐도, 사적인 모임에서는 이상하게 보인다. 웃옷을 벗어 젖히는 것이 실례라는 생각에, 콤비양복을 쫙 빼입고 땀을 뻘뻘 흘리며 앉아 있으면 고집덩어리로 비춰진다. 흉이 될까봐 목소리를 낮출 필요도 없다. 게다가 같이 앉은 여자 친구가 자리에서 일어날 때 예의를 갖춘답시고 같이 일어났다가는, 좋은 인상은커녕 분위기 파악 못하는 벽창호로 취급당하고 말 것이다.

이처럼 예의 바른 태도와 쓸데없는 '오버'는 백짓장 하나 차이이다. "귀부인이 있는 곳에서는 모든 남자가 다 신사가 된다"는 말도 있지 않은가. 명심하자. 언제나 나와 남, 나와 환경의 조화를 생각하고 행동하자. 당신의 행동이 과연 상황에 맞고, 무리 없이 받아들여질 것인가를 따져 본다. 상대방의 반응이 안 좋으면 아무리 점잖은 태도도 소용이 없다. 그러나 한번 인정을 받으면, 당신을 대하는 사람의 태도 역시 달라진다. 물론, 개중에는 거리낌 없이 마구잡이로 처신하는 사람들도 있다. 그런 것에 개의치 말자. 똑바른 자세로 예의를 지키는 편이 주변 사람들과 어울려 살아가는 데 훨씬 도움이 된다.

• • • 주근깨? 어디?

한 주근깨투성이 처녀가 평생을 같이 할 남편을 만난 낭만적인 사연이 있다. 수줍음을 잘 타는 한 처녀가 있었는데, 그녀는 얼굴에 주근깨가 굉장히 많았다. 어느 날 성실하고 인물 좋은 청년을 만나 이야기를 하다가, 주근깨가 너무 많아 몹시 괴롭다고 털어놨다. 그러자 청년은 그녀의 눈을 들여다보며 이렇게 말했다. "에이, 그거 몇 개 난 것 가지고 뭘." 자신의 단점을 다정하고 세심하게 덮어주는 태도에 처녀는 무척 감명을 받았다. 그녀의 마음속에 사랑이 싹트기 시작한 순간이었다.

두 사람이 함께 외출하기로 한 어느 날, 처녀는 청년을 만나기 위해 그의 자취방을 찾았다. 그가 준비하는 동안 탁자 위에 놓인 생활 매너 안내 책을 무심코 집어들었는데 처녀의 눈에 이런 구절이 들어왔다. "친구들이 자신의 단점이나 잘못을 부풀려 생각하고 있다면 조심스럽게 대해야 한다. 예를 들어, 얼굴에 주근깨가 많다고 걱정을 하면 이렇게 말해준다. "에이, 그저 몇 개 난 것 가지고 뭘……"

그걸 읽은 처녀의 마음은 감동으로 흔들렸다. 훗날 두 사람은 결혼하여 아이도 낳았고, 죽을 때까지 서로를 인정하고, 너그럽게 보듬으며 행복한 인생을 살았다. *

남자들은 더 어려워

첫 번째 장면. ㅂ 씨는 근사한 40대 중반의 남성이다. 그는 매력적인 한 동료에게 반해 있다. 그녀는 주관이 뚜렷하고, 일도 열심, 인생도 열심인 맹렬 여성이다. 어느 날 회사 매점에서 우연히 그녀를 마주치자, 그는 최대한 예의바르게 행동하려고 애를 썼다. 그리고 그녀가 재킷을 입을 때 뒤에서 도와주려고 손을 뻗었다. 하지만 돌아온 것은 퉁명스런 핀잔뿐이었다. "손 치워요. 혼자서 입을 수 있다고요!"

두 번째 장면. ㅂ 씨는 포기하지 않는다. 남녀평등주의자인 그녀도 언젠가는 꺾일 날이 있을 것이다! 그 순간 온갖 서류철과 파일을 잔뜩 껴안은 그녀가 바쁜 걸음으로 저쪽 모퉁이에서 이쪽으로 다가온다. ㅂ 씨의 심장이 뛰기 시작한다. 그녀와 자기 사이에 있는 유리문 하나만 열어주면 되는데. 아니, 그러나 그건 어리석은 짓이야. 이번에는 제대로 해야지. 그는 팔짱을 끼고 미소를 띤 채 그녀를 바라보며 앉아 있다. 하지만 이번 역시 잘못 짚었다. "ㅂ 씨, 열심히 일하는 여자 동료를 도와주면 어디가 덧나요? 남자들이란!"

내가 **혼자서** 이것도 못할 것 같아요?

똑같은 사람인데, 어떤 상황에서는 남자들이 도와주는 것에 기겁을 하고, 다른 상황에서는 두 팔을 벌려 환영한다. 남자들은 때론 여자들을 어떻게 대해야 할지 무척 난감하다.

예전에는 고상한 신사가 되는 법이 조금 더 쉬웠던 것 같다. 그저 일관성 있게 귀부인을 받들어 모시고, 온갖 감언을 쏟아 부으며 공식 같은 예법에 따라 행동하기만 하면 됐었다. 하지만, 매너의 창시자, 매너의 왕 **프라이헤어 폰 크니게**(Freiherr von Knigge, 1751~1796)가 태어난 지 250년이나 지났으니 이젠 그만 딱딱한 에티켓 규칙들에서 벗어날 때가 되지 않았을까? 그뿐인가? 헤아릴 수 없이 넘쳐나는 온갖 예법전서들은 또 어떻고!

페미니스트냐 아니냐의 여부를 떠나, 누군가 입바른 소리를 하는 걸 꼴불견으로 생각하는 여자들도 많다. 그러니, 여자들의 비위를 맞추는 일이 쉽다고 생각하면 그건 절대 오산이다!

설문 조사를 믿어 봅시다

하지만 과거를 풍미한 에티켓의 망령은 아직도 우리 곁을 떠나지 않고 있다. 한 여론 기관이 실시한 설문 조사에서, 아직도 정중한 몸가짐이 중요하다고 생각하는 사람들이 많은 것으로 드러났다. 다만 대부분의 '구식 매너'는 젊은 여자들보다 나이가 지긋한 어르신들한테서 호응을 얻고 있는 것으로 조사됐다.

✓ 버스나 지하철에서 엄마들이 유모차를 끌어올리거나 내리는 걸 도와주면 나이에 상관없이 무척 고마워한다.

✓ 문을 잡아주거나 겉옷 입는 것을 도와주는 일은 60세 이상 여성들 중 96퍼센트가 좋게 여기지만, 30세 이하 여성들 중에서는 71퍼센트 내지 86퍼센트만

괜찮은 행동이라고 평가했다.

✓ 인사를 할 때 자리에서 남자가 일어나기를 바라는 여자들의 비율은 50세 이상에서 95퍼센트에 달했다. 반면 30세 이하 여성들은 4명 중 3명 정도만 그런 행동을 기대한다고 답했다.

✓ 자동차 문을 열어주는 일은 60세 이상에서 92퍼센트, 30세 이하에서는 73퍼센트가 예의바른 태도라고 평가했다.

✓ 레스토랑에서 만날 때 자리에서 일어나거나 의자를 안으로 들여 넣어주는 일을 기대하는 여성들은 30세 이하에서는 3명에 1명 꼴, 60세 이상에서는 85퍼센트였다.

✓ 식사한 비용을 남자가 내는 일에서는 30세 이하 여성 중 41퍼센트, 60세 이상에서는 72퍼센트가 찬성한다고 답했다.

똑똑한 남자들이라면 이 설문 조사에서 배울 점이 무언지 퍼뜩 알아챘으리라. 지나치지만 않다면, 어느 정도 예의를 차리는 편이 여자들한테 후한 점수를 얻는다. 거기다 상대방이 나이가 든 여성이면 의례적이고 신사적인 태도를 긍정적으로 평가한다.

하지만 남자만 배우라는 법이 있나? **똑똑한 여자**들도 이 설문 조사를 보고 분명히 배울 점이 있다. 같이 앉은 남자가 애써 칭찬을 해주고 비위를 맞추려 노력한다면, 그냥 받아들여라. 상대방을 존중한다면 예의바른 태도에 긍정적인 반응을 보여주는 것 또한 예의다.

사실, 거의 모든 여자들은 신사적인 태도를 좋아한다. 세상에 진짜 '신사'가 어디 있느냐고? 그럼 하나 빌리면 된다. 이번 주말에는 가까운 비디오 대여점에 가서 눈과 귀를 즐겁게 하는 진짜 신사를 빌려달라고 하라. 〈센스 앤 센서빌리티〉의 휴 그랜트, 〈엠마〉의 제레미 노텀, 〈퍼플 로즈 오브 카이로〉의 제프 다니엘스, 〈아프리카의 여왕〉의 전대

미문의 신사 험프리 보가트……. 휴, 현실에는 왜 그런 남자들이 없는 건지!!

진실! 혹은 대담?

한 친구가 또 다른 친구에게 전형적인 '그런 놈들' 중 한 남자와 했던 소개팅 얘기를 하고 있었다.

"걔, 아예 처음부터 자기 무덤을 파더라니까."

"왜?" 하고 친구가 물었다.

"내가, 내 건 내가 낼게 이랬거든. 그럼 예의상, 아냐 내가 낼게, 뭐 이래야 되잖아. 근데 아무 말 없이 나한테서 돈을 받는 거야. 그리고는 웨이터한테 팁이라고는 십 원 한 장 안 주고는 거스름돈을 싹싹 챙기더라니까. 순간 놈이랑 어떻게 해보고 싶은 마음이 싹 가시더라, 얘."

말을 듣고 있던 친구도 맞장구를 치며 자기 얘기를 꺼냈다.

"야, 말도 마. 내가 만난 놈들은 왜 하나같이 그 모양인지! 내 생일 때 몇몇 애들하고 어울려 식사를 한 다음에 계산을 똑같이 나눠서 하자고 했더니, 이렇게 불평을 하는 거야. '난 와인 안 시켰어! 케이크는 손도 안 댔고!' 아, 더 자세히 말하면 기분만 나빠질걸. 돈 한 푼에 목숨 거는 것들은 가까이 하질 말아야 돼. 속 좁고, 자기 생각만 하고, 속물 근성에다가…… 조루증 걸린 남자들이나 그런 구질구질하고 인색한 짓들 하는 거 아니니?"

"그런 놈들이 사주는 밥은 먹고 싶지도 않다, 얘. 그리고 꼭 그런 놈들이 여자랑 자고 싶을 때는 언제 그랬냐는 듯 180도 바뀐다, 너? 그럴 땐 아주 입안의 혀처럼 굴어요. 그런 애들이 처음엔 얼마나 잘해주는데. 흥, 어림도 없지. 그런 놈들한테 넘어가느니, 평생 애인 같은 거 안 키우고 말지!"

똑똑한 여성을 위한 행동 지침

직장 여성은 여러 가지 능력을 열심히 키워야 한다. 한편으로는 남자 상사, 남자 동료들의 선입견과 싸워야 하고, 다른 한편으로는 편견을 가진 여자들의 공격까지 이겨내야 한다. 게다가 리더의 자리에 오른 여성이라면 뛰어난 재능뿐 아니라 적절한 매너도 갖춰야 한다. 남자가 승진하면 그런가 보다 하다가도, 여자가 리더가 되면 이를 바득바득 갈며 일거수일투족을 감시하고 토를 다는 것이 세상 이치다. 남자들은 늑대 같은 본성을 채찍질하며 온갖 술책을 이용해 원하는 위치에 오른다. 그러나 여자들이 똑같은 방식으로 리더가 되는 일은 거의 없다. 그래서 전문 분야에서 탁월한 능력을 발휘하는 여자들은 남자들한테 눈엣가시 같은 존재다. 그들은 너무 딱딱하고, 너무 참을성이 없고, 너무 공격적이고, 너무 잔인하다. 한마디로 융통성이 없는 것이다. 그런 이유로 똑똑하고 능력 있는 여성들이 곧잘 인간 관계 때문에 성공을 눈앞에 두고 좌절하는 일이 적지 않다.

스스로 정확하고 목적 의식이 뚜렷한 사람이라 자신하고, 권력을 가진 사람보다는 정의로운 사람이 되려는 여성 리더들. 하지만 한 회사의 간판 급 중역들조차 남자들의 텃세와 인간 관계의 어려움을 이겨내지 못해 저 꼭대기에서 밀려나고 만다.

그러나 이젠 제대로 똑똑해지자. 진짜 똑똑한 여성은 무엇이 문제인지 잘 안다. 사람들과 소통할 때는 **부드럽고, 나긋나긋하고 인간적으로** 대한다. 모난 태도는 금물. 한없이 부드럽고 또 부드러울 것. 그래야만 당신이 노리는 정상에 한 걸음 가까이 갈 것이다. 이제 전 세계에서 가히 최고라 할 위치와 권력을 누리는 여성, 콘돌리자 라이스 (Condoleezza Rice)의 사례를 들어 하나씩 그 노하우를 짚어 보기로 한다.

어깨를 펴고 당당하게

자신과 자신이 맡은 일을 선전할 기회를 절대로 놓치지 말자. 잘난 체하라는 말이 아니다. 온갖 긍정적인 상황이나 논평에 자신의 이름이 반드시 거론되게 만든다. 반대로 회사에서 안 좋은 일이 있을 때 당신의 이름이 들먹여질 가능성은 미리부터 차단한다. 그것은 당신이 여자든 남자든 마찬가지다.

콘돌리자 라이스. 미 백악관 안보 보좌관인 이 사람은 최고의 자리에 오른 사람이다. 그런 라이스도 전문적 지식 하나만 가지고서가 아니라, 탁월한 감성 지능을 유용하게 활용한 덕분에 성공을 거머쥐었다. 그녀는 자신의 피부색 때문에 당당함을 잃는 일이 없도록 부단히 노력했다. 미국 남부에서 흑인으로 살아간다는 것은 결코 쉽지 않은 일이었다. 그런 와중에서도 아주 어렸을 때부터 성공에 대한 애착을 갖도록 교육시킨 부모 덕분에, 그녀는 어디서나 고개를 들고 자신 있게 행동할 수 있었다.

인맥의 묘를 살려라

능력은 정말 좋은데 인맥이 없어서, 권력을 독점하려는 남자들의 계획적인 네트워킹에 가로막혀 생존 경쟁에서 도태되는 여성들이 많다. 따라서 회사 안팎의 중요하고 유용한 인맥을 잘 관리하고 활용하는 데 시간과 노력을 아끼지 않아야 한다. 회사의 요인들이 즐기는 골프나 사냥을 함께 하자. 그럴 만큼 남아도는 시간과 돈이 없다면, 높은 사람들이 잘 가는 헬스클럽에 다닌다. 아니면 여자 상사가 자주 들락거리는 뷰티 숍이나 온라인 동호회에 가입하는 것도 괜찮다. 구내 식당에서는 일부러 중역들 옆자리에서 식사를 하고, 일이 끝나면 그들과 자연스럽게 맥주라도 한 잔 한다. 책상에 앉아 야근을 하는 것보다 그 편이 훨씬 경력 쌓기에 도움이 된다.

✓ 콘돌리자 라이스가 조지 부시(George Bush)를 만난 것은 그의 휴양지에서였다. 거기서 부시와 함께 요트를 타고 조깅도 했다. 공통적으로 운동을 좋아한다는 사실이 두 사람을 더욱 가깝게 했다.

상사의 부인이나 애인, 여자 친구도 중요한 변수다. 그들과 친해져서 어떤 좋은 일이 생길 지 누가 알겠는가. 상사 주변의 가장 가까운 여자는 곧 당신의 출세를 돕는 도우미라는 것을 잊지 말자.

✓ 콘돌리자 라이스가 부시의 텍사스 농장이나 선거 캠프를 방문할 때면, 다른 일로 바쁜 부시 대신 영부인 로라(Laura)와 곧잘 긴 대화를 나누고, 산보를 나간다고 한다.

다른 사람을 깔아뭉개는 짓만 빼고 다 해라!

매우 중요하고 민감한 사안에 문제가 생겼을 때 용기를 내어 해결책을 제시해 보자. 상사와 동료들로부터 큰 호감을 얻을 뿐 아니라 당신만의 특별한 능력이 두드러질 것이다. 어쩌면 당신이 아쉬울 때 남들한테서 도움을 얻을지도 모른다. 다만, 언제든 상사의 영역을 침범해서는 안 된다. 당신이 그보다 훨씬 낫다는 인상은 금물. 혹시라도 수세에 몰리거나, 부당한 대우를 받거나, 해고 직전에 처해 있다 하더라도 늘 상냥하고 공손한 태도를 유지하자.

✓ 콘돌리자 라이스는 냉철하고 머리가 뛰어난 지략가다. 그래서인지 세인들은, 그녀가 부시보다 훨씬 명석하다고 입을 모아 칭찬한다. 하지만 라이스가 결코 자신의 상사인 대통령을 깔보는 법은 없다. 늘 그의 편에 서서 이런저런 의견을 제시하고, 부시도 그녀의 의견을 그대로 따른다. 라이스는 동료든 누구든 남을 업신여기거나 깔아뭉개서 그것을 발판으로 성공하려 든 적이 없다.

직장 여성들은 자신의 머리와 혀를 잘 갈고 닦아 남자 경쟁자들을 물리치는 법을 배웠다. 남자들이 만든 게임에서 그들보다 더 빠르고, 강하고, 완벽하기 위해 노력했다. 그러나 게임의 법칙은 자꾸만 변해 간다. 지금은 팀워크, 공감대 형성, 동기 부여 따위의 '부드러운' 기술이 요구되는 시대가 되었다. 또한 엄격한 서열이나 상명하달 체계 대신 금기를 깰 줄 아는 능력이 새삼 높이 평가된다. 그러나 아무리 급해도 직속 상사의 능력을 문제시하는 것은 현명한 해결책이 못된다. 여자든 남자든 이런 점은 꼭 유념하자.

여성 리더들을 위한 매너 교실

성공한 직장 여성들은 다시 본연의 부드러움으로 돌아가려고 애쓴다. 실리콘 밸리의 여성 중역들은 한 달에 한 번 모임을 갖는다. 'Bully Broad(끝내주는 여자들)'라는 이름의 이 모임은 직책이 꽤 높은 여성 매니저들의 자기 계발 프로그램이다. 그들은 말과 제스처를 다정하게 하는 법을 배운다. 회의를 할 때, 어처구니가 없을 때, 눈동자를 굴리거나 조롱하는 듯한 표정을 짓지 말 것, 고객과 협상할 때 굽이 너무 높은 구두를 신지 말 것 등등. 모임 참가자들은 35세에서 55세에 이르는 부사장, 부장, 재무이사 같은 중역 급이다. 이 모임을 거쳐 간 여성들은 모르긴 해도 더욱 널따란 성공 대로를 달리고 있을 것이다. 이 프로그램 참가자들 중 85퍼센트가 '애교' 교실을 수강했다는 점도 이채롭다.

매너를 위해 알아야 할 기초 지식

자기만의 독특한 스타일, 카리스마, 매끄러운 의사 소통. 하나같이 보기 좋고 듣기 좋은 말들이다. 하지만 꿈이 아니다. 당신도 분명 그렇게 될 수 있다. 자, 그런 능력을 갖추기 위해서는 반드시 알고 넘어가야 할 초급자 과정을 이제부터 시작해 보기로 하자!

서열은 매너의 기초

서열은 인류의 역사와 함께 발달하고 문화의 일부가 되어 전해오는 중요한 관습이다. 서열은 아직도 사람과 사람의 만남에서 중요한 역할을 하며, 특히 공식적이고 형식적인 관계와 상황에서는 더욱 그렇다.

인사, 악수, 소개, 말의 높낮음을 어떻게 해야 하는지는 서열에 따라 결정된다. 그러므로 의사 소통을 하는 사람들끼리의 서열 관계가 무척 중요하고, 그것도 사회적인 서열인지, 직장 내의 서열인지에 따라 많은 차이가 생긴다.

사회적인 서열은 문화적 전통에서 유래하는 규칙과 여성을 고려하는 것으로 구성된다. 남녀 평등과 여성 해방의 물결이 당연하게 여겨지는 시대이지만 아직도 여자들에겐 사회 전반적으로 일종의 특권이 부여된다.

총칙
✓ 남성보다 여성이 우위.
✓ 성별이 같으면 나이가 많은 사람이 적은 사람보다 우위.

√ 손님이 친척보다 우위.

√ 다른 조건이 같을 때, 외국인이 내국인보다 우위.

√ 식탁 좌석 배치에서 부인은 남편이 가진 등급과 동일.

일터에서는 또 다른 규칙이 적용된다. 사회적인 서열에서는 성별이나 나이가 주된 기준이 되지만, **직장 내 서열**은 회사의 지위 체계가 가장 큰 기준이다. 대부분의 기업은 직위에 따라 일련의 등급이 정해져 있으므로 분명한 위와 아래가 존재한다. 팀워크가 존중되고, 성 대신 이름이 불리고, 존댓말 대신 반말이 잘 오가는 친근한 분위기라 해도 근본적으로는 분명 서열이 존재한다.

총칙

√ 지위 체계에서 상대적으로 높은 사람이 당연히 우위.

인사는 빨리, 많이

예의바른 사람은 인사를 잘한다. 인사는 되도록 많이, 되도록 일찍 하라. 너무 적거나 너무 늦는 것보다는 그 편이 낫다.

총칙

√ 서열상 낮은 사람이 높은 사람에게 먼저 인사한다.

사례 :

√ 25세의 남자가 아파트에서 60세의 남자 이웃을 만났다. 이때 젊은 사람이 나이든 사람에게 먼저 인사한다.

√ 회사 건물 복도에서 40세의 여비서가 더 나이가 적은 남자 부장을 만났다. 이때 여비서가 남자 부장에게 먼저 인사한다.

실제로 이런 규칙은 나이든 사람들 사이에 잘 지켜진다. 인사는 상대방에 대한 예의의 기본적인 덕목이기 때문에 젊은 부장이 자기보다 나이 많은 부하 직원에게 먼저 인사한다고 해서 그의 권위가 실추되거나 하는 일은 없다. 그리고 그런 일은 실생활에서 비일비재하다.

잠깐만요! 상황은 '인사', 장소는 '야외', 성별은 '여자', 지위는 '하위', 나이, '먹을 만큼 먹은' 듯함……

손을 주세요, 악수합시다!

서양에서는 악수가 예의를 나타내는 한 표현이자, 상대와 대화를 주고받을 용의가 있음을 드러내는 표시이다. 짧은 만남에는 악수를 하지 않는 것이 보통이다. 하지만 그럴 때도 상대가 손을 내밀면 반드시 그것에 응해야 한다.

총칙
✓ 서열이 높은 사람이 낮은 사람에게 먼저 손을 내민다.

사례 :

✔ 남자 직원이 회사 엘리베이터에서 사장의 부인을 만나면, 남자가 먼저 말로 인사를 하고 여자가 손을 내민다.

✔ 젊은 대학생이 면접을 보러 갔다. 응시자가 면접 장소에 들어서자마자 먼저 말로 인사를 하고, 면접관이 손을 내밀어 악수를 청하면 그것에 응한다.

니콜 키드먼(Nicole Kidman)은 마지못해 악수하는 인상을 풍긴다. 손을 잠깐 내밀었다가 가도 얼른 뺀다. 악수하는 태도에서 그 사람의 인품이 얼마나 잘 드러나는지 모르는 모양이다. 우리는 손을 잡았을 때 상대에게서 받는 인상을 무의식적으로 기억한다. 그리고는 그 사람의 옷차림, 자세, 목소리, 말투 같은 다른 인상과 연결시킨다. 그러므로 악수를 할 때는 손바닥에 땀이 나지 않았는지 확인하고, 적당한 세기로 한번 꽉 쥔다. 그리고 악수하면서 늘 상대방의 눈을 똑바로 쳐다본다.

그 밖에 알아둘 것들 :

✔ 남자는 업무중이나 사생활에서나 악수를 할 때 자리에서 일어나는 것이 원칙이다. 그러나 직장 생활에서는 굳이 일어나는 행동이 필요할까 싶을 때, 몸을 일으키는 시늉만 해주어도 괜찮다.

✔ 남자는 손을 내밀기 전에 열렸던 윗도리 중간 단추를 하나 잠그는 것이 예의다. 여자도 완벽하게 격식을 차릴 때는 그렇게 한다. 바지 호주머니에 손을 넣고 있었다면 빼고, 입에 물었던 담배도 끈다.

✔ 악수를 거절하는 것은 명백한 모욕을 의미하므로 반드시 상대가 내민 손을 잡아주어야 한다.

인사하시죠, 이쪽은…

요즘에는 사람을 서로 소개시킬 때 지나치게 서열을 인식하지 않는다. 다만 공식적인 자리에서만 어느 정도 지켜지는 편이다.

총칙

✓ 서열이 높은 사람에게 낮은 사람을 먼저 소개한다.

✓ 사적인 자리나 격식을 덜 필요로 하는 업무 차원에서는 서로 알지 못하는 사람들을 큰 부담 없이 소개시켜도 괜찮다. 공식적인 자리에서도 양쪽의 서열이 비슷하다면 인사를 시켜준다. 그럴 때 굳이 소개 순서를 엄격히 지킬 필요는 없다. 그러나 기본적인 원칙은 몇 가지 따르는 것이 원만한 분위기를 위해 필요하다.

사례 :

✓ 새로 들어온 직원을 데리고 회사 전체를 돌아다니며 소개시킬 경우, 당연히 새내기의 이름을 먼저 기존 직원들에게 알리는 것이 좋다.

✓ 한 부부가 연회에 갔다가 남편의 남자 동료와 우연히 만났다. 아내가 그 동료를 모를 때 인사를 시켜주되, 동료의 이름을 먼저 아내에게 알려주고 다음에 아내의 이름을 알려준다.

✓ 중년 부부가 남편의, 나이가 더 적은 직장 여자 동료를 마주쳤다. 이럴 땐 두 여자를 서로 인사시키며 젊은 여자 동료의 이름을 먼저 알려준다.

여러 사람이 한꺼번에 만날 때는 그 중에서 다른 사람들을 가장 많이 아는 이가 서로를 소개시킨다. 여자 남자의 순서는 상관없다. 필요하다면 박사라든가 하는 학위나 직위를 곁들여 언급해 준다. 또한 부부라 해도 뭉뚱그려 소개하지 말고 되도록 따로따로 이름을 일러주는 것이 좋다.

"말씀 많이 들었습니다. 이렇게 직접 뵙게 되어 반갑습니다." 정도로 인사를 건네는 것이 좋다. 물론 다른 다정한 말을 직접 생각해내어 인사하면 더 좋다. 여러 사람 사이에 끼어 인사를 주고받을 때는 소개되는 사람에게 살짝 고개를 끄덕여주거나 "안녕하세요." 혹은 "반갑습니다." 같은 간단한 인사를 건네는 것이 적당하다.

자기 소개를 할 때는 성과 이름을 정확하게 말한다. 만약 "안녕하세요, 저는 준영이라고 합니다"라고 이름만 밝힌다면 자신한테 반말을 해도 좋다는 뜻으로 받아들여질 수 있다.

제1장 남과 더불어 산다는 것

제2장

스타일과 카리스마를 지배 하는 자가 인생을 지배한다

- 독창성은 당신의 생명이다!
- 카리스마, 그 위대한 흡인력
- 우아하고 세련된 나를 위하여
- 세상에 단 하나뿐인 나
- 겸손하지만 여유 있게, 고집스럽지 만 독특하게!

스타일과 카리스마를
지배하는 자가 인생을 지배한다

오스카 와일드(Oscar Wilde)는 "인생에서 첫 번째 의무는 태도를 갖는 일이다"라고 말했다. 안타깝게도, 현재 우리의 문화는 무언가를 소유하고 자기를 과시하는 일에 집중되어 있다. 그래서인지 꽤 많은 사람들이 맹목적으로 다른 사람을 흉내 내고 거만한 태도를 일삼는다. 하지만 그럴 필요가 뭐 있는가? 사람은 누구나, 남자든 여자든, 부자든 가난하든, 뚱뚱하든 말랐든, 못생겼든 잘생겼든 자신의 모습 그대로를 잘 포장하여 적재적소에 활용할 능력이 있는데!

프라이스워터하우스쿠퍼스(PricewaterhouseCoopers : 유명 경영 컨설팅 회사 PWC라고 줄여 부른다–옮긴이)에 따르면 한 상품에서 상표가 차지하는 가치가 무려 56퍼센트에 달한다고 한다. 메르세데스 벤츠, 리바이스 청바지, 코카콜라를 떠올려 보자. 이런 상품들은 품질 자체뿐만 아니라 상표가 가진 이른바 네임밸류 때문에 날개 돋친 듯 팔린다. 사람도 마찬가지다. 당신이라는 사람도 하나의 상품이고, 사람들이 당신을 기꺼이 '사고' 싶어할 만한 **특별한 브랜드로 탈바꿈해야 한다.**

독창성은 당신의 생명이다!

우리 주변에도 독창성이 뛰어난 사람들이 가끔 보인다. 모종의 박력과 엄청난 카리스마, 뚜렷한 자신감, 독특한 성격을 가진 이런 사람들은, 군중 속에 섞여 있어도 워낙 강한 개성 때문에 톡톡 튀기 마련이다. 특별히 잘생기지도, 옷을 빼입은 것도 아닌데 매력과 당당함이 넘쳐흐르며, 다른 사람들의 시선을 한번에 잡아끄는 힘이 있다. 다른 사람과 혼동이 될 수 없는 특이한 성격과 고집, 나름대로 강력한 인상이 배어난다. 그들이 나타나면 사람들의 마음이 움직이고, 그들이 내뿜는 인간적인 흡인력에 저절로 이끌린다. 과연 그들이 가진 독창성의 비결이 무엇일까?

솔직한 사람이 좋다

무엇보다도 솔직한 사람이 되자! 남한테도 솔직해야 하지만, 자신을 속이는 행동은 결코 오래가지 않는다. 자기의 진짜 모습이 아닌 방식이나 분위기를 억지로 붙들고 있어 봤자, 어차피 어색한 모양새 때문에 사람들의 반응은 차가울 것이다. 맞지 않는 행동은 맞지 않는 옷처럼 웃음거리가 되고 만다. 자신의 사회적 배경과 나이, 경제적인 능력을 항상 염두에 두고 그에 걸맞게 처신하는 것이 최고다.

✓ 작은 회사의 평범한 월급쟁이 직원인데다 아담한 월세 집에 사는 당신이 사장의 가족을 초대할 일이 생겼다. 그럴 때 분수에도 맞지 않는 출장 요리와 급사를 부른다면? 당신을 방문한 손님들은 좋은 인상은커녕 오히려 당신이 하는 짓이 기가 막혀 동정심마저 가질 것이다.

✓ 당신이 모는 차가 최신형 페라리인데다 집도 50평방미터나 된다. 하지만 집이 어수선한 동네에 있고 집안 장식도 전혀 하지 않은 상태라면, 누구나 그 부조화에 어색함을 느낄 것이다.

✓ 쉰 살이 넘었지만, 여전히 아름다움과 빛을 잃지 않은 여인이 있다. 그녀의 몸매는 18살 때 이후로 조금도 변하지 않은 환상적인 상태다. 하지만 자기가 입고 싶다고 해서 젊은 딸이 입는 미니스커트와 가슴만 가리는 탱크톱을 걸쳐 입는다면? 게다가 어깨까지 내려오는 머리카락을 산산이 풀어헤쳤다고 치자, 멀리서 보면 딸 또래의 젊은 사람으로 착각할 정도다. 그러나 멋이란, 다른 세대를 흉내 내서 생겨나는 것이 아니라, 자기 나이에 걸맞은 옷과 분위기를 올바르게 활용하는 데서 완성되는 것이다. 무모한 파격은 망신살만 뻗치게 한다.

따라하지 마!

200년 전, 프랑스 왕비 마리 앙투아네트(Marie Antoinette)가 탑처럼 길쭉하게 올려붙인 머리에 채소를 달고 다닌 적이 있다. 그러자 프랑스 귀부인이란 귀부인은 너도나도 채소를 구해다 하늘 높이 치솟은 머리에 달고 다녔다. 21세기에도 그와 똑같은 일이 벌어진다. 미국의 인기 TV시리즈 〈섹스 앤 더 시티 Sex and the City〉에서 주연 배우 사라 제시카 파커(Sarah Jessica Parker)가 에스카다 미니스커트에 프라다 핸드백을 들고, 마놀로 블라닉 구두를 또각거리며 뉴욕 5번 가를 활보하는 장면이 나오면, 다음날 똑같은 모델의 제품을 사고 싶어 하는 명품족들 때문에 의상실과 액세서리 가게는 발 디딜 틈 없이 북적거린다.

그렇다면 당신이나 나 같은 평범한 사람들은 그런 짓을 하지 않는다고 안심해도 될까? 웬걸. 사장실의 근사한 여비서가 며칠 전부터 네팔풍의 파시미나 목도리를 길게 늘어뜨리고 머리카락을 멋들어진 갈색으로 물들이고 다니는 걸 보면, 그것을 따라하고 싶어 좀이 쑤셨던 적은 없는가? 남이 해서 멋진 스타일도 무작정 따라하면 내 것이 되지 않는다. 차라리 **자신만의 독특한 멋을 찾아 새로운 스타일로 만드는 게** 훨씬 효과적이다.

"다른 사람의 견해에 매달리는 노예가 되지 말라. 자신만의 세계를 구축하라! 당신이 하고 싶어서 하는 일에 세상 사람들의 이목이 무슨 상관인가? 뚜렷한 주관 없이 이 사람 저 사람한테서 빌려온 천 조각으로 옷을 해입은 당신을 대체 누가 존중해줄 것인가?" 심지어 구닥다리 매너의 대가 폰 크니게조차 이렇게 말했다! 그리고 보면 그도 때론 바른 소리를 할 줄 알았던 모양.

난 최고만을 원해

"난 소중하니까요." 전 세계를 휩쓴, 로레알의 대표적인 광고 문구다. 그렇다. 당신은 정말 소중하다. 당신에게는 물건을 사든 서비스를 사든 언제나 자신에게 가장 잘 맞고 편한 것을 선택할 권리가 있다. 당신이 무언가를 누릴 권리가 있다고 생각이 들 때, 그래야 당신이 더 아름답고 매력적으로 보일 거라고 확신이 든다면 걱정 말고 그냥 그렇게 해버리자. 그럴 만한 돈이 필요하지 않느냐고? 염려 붙들어 매시라. 최고만을 원한다고 반드시 돈이 많이 드는 것은 아니다.

- ✓ 세상에 하나밖에 없는 옷을 입는다. 손수 만든 옷이나 동네 양장점 재단사가 만들어준 옷은 어떤 비싼 브랜드 옷보다도 값어치가 있다.
- ✓ 자연을 살린 재료로 무장을 하자. 면, 모, 비단, 캐시미어, 가죽은 고급스런 느낌을 준다.
- ✓ 쉽게 구할 수 없는 물건을 쟁취한다. 솜씨 좋은 장인의 가게나 공방을 물어물어 찾아간다. '산 넘고 물 건너' 찾아가 사온 물건은 어느 것보다도 값지고 빛나 보인다.
- ✓ '핸드메이드'와 '홈메이드'는 무조건 값어치가 있다. 아무리 맛이 떨어져도, 고급 프랑스 식당의 고급 요리보다 손수 만든 음식이 훨씬 좋은 인상을 남긴다.
- ✓ 가끔 옛날식으로 노는 것도 재미있다. 가지고 있는 옷이나 장신구, 가구를 잘 손질하고 고쳐서 써보라. 색다른 느낌을 줄 것이다.

혈통과 출신은 생각보다 중요하다

집, 장신구, 골동품, 헌 책 따위를 사들일 때 그런 물건들에 얽혀 있는 옛 주인의 사연도 함께 사들이는 셈이다. 집안 대대로 전해 내려온 장신구에는 거기 들어 있는 귀금속의 물질적 가치보다도 더 귀한 세월이 서려 있다. 부모님한테서 유산으로 물려받은 구식 수납장은, 골동품 상점에서 비싼 돈을 주고 산 이름 모를 '앤티크'보다도 훨씬 값진 것이다.

중고 물품을 구입할 때는 언제나 그것에 얽힌 사연을 꼭 알아내는 습관을 들인다. 자살한 사람이 쓰던 께름칙한 물건보다는 화목하고 유복한 가정에서 쓰이던 물건을 사는 것이 한결 기분이 낫지 않을까? 값이 싸다고, 장물아비 손에서 나온 훔친 반지 같은 것을 무턱대고 사는 것은 어리석은 행동이다.

또한 아무리 경제적이라고 해도 **가짜는 사들이지 말자.** 어느 나라든 구치, 롤렉스, 루이뷔통, 프라다 같은 명품을 카피한 싸구려 모조품이 즐비하다. 진짜를 살 돈이 없다고? 그럼 아예 유명 브랜드 대신, 당신의 분수에 맞는 다른 저렴한 브랜드를 선택하라. 유명한 가짜를 차고 다니느니, 이름 없는 진짜를 사용하는 편이 훨씬 생각 있어 보인다. 가짜 유명 상표를 붙이고 다니면, 남들은 당신의 말과 행동마저도 가짜로 생각할 것이다.

또 한 가지. 혈통을 따져 보아야 할 때는, 개를 들일 때만이 아니다. 배우자를 선택할 때도 혈통은 반드시 중요하다. 그렇다고 귀족이나 순수 혈통 따위에 목을 매라는 건 아니다. 혼혈이 때로는 얼마나 아름답고 영리하며 건강한지 아는 사람은 다 안다. 그래서 혈통이 중요하다는 것이다. 내가 가지려는 것(사람)이 어떤 혈통과 출신에서 유래하느냐 하는 것은 결코 간과해서는 안 될 중요한 요소다.

외모를 가꾸지 않는 사람은 구제 불능

　유행은 참 신기한 환상이다. 사람들은 외모를 한정된 방식으로 가꿈으로써 그것을 통해 자신의 개성을 표현하고 싶어한다. 최근 유행하는 패션 동향에 동참할 수 있다면, 그만큼 시대의 흐름을 잘 인식하고 있으며 그것에 드는 비용을 감당할 능력이 있다는 뜻이다.

　하지만 진정한 멋은 유행을 정확하게 파악하면서도 그것을 무작정 따라하지 않는 데서 나온다. 자신에게 실제로 잘 어울리는 것을 찾아내고, 패션 잡지에서 철이면 철마다 바뀌는 변덕스런 유행 코드에 휘둘리지도 않는다. 때론 **유행하는 방식을 완전히 거스름으로써** 신선한 분위기를 연출할 수도 있다. 남이 만들어준 취향에 주관 없이 이끌려 다니지 말고, 다른 사람들이 갖는 안일한 기대를 아예 정면으로 뒤집자. 독특한 자기 표현은 그런 데에서 시작된다.

　단순하지만 남다른 특징을 정해, 그것을 분위기 있게 연출하는 것도 자기 브랜드를 창출하는 비결이다. 옷 색깔과 분위기에 맞춰 안경을 바꿔 낀다든지, 가지각색의 스카프를 많이 구비해서 장식으로 활용한다. 또, 다양하고 고풍스런 브로치를 특정 부위에 꽂거나, 눈에 띄는 특이한 귀걸이만 차는 것도 좋은 아이디어다.

　아니면 알프레드 구젠바우어(Alfred Gusenbauer) 오스트리아 사회민주당 의장이 새빨간 서류 가방을 들고 다니는 것처럼, 눈에 안 뜨이려야 안 뜨일 수 없는 물건을 가지고 다니자. 혹은 전화위복을 겪은 자동차 경주 챔피언 니키 라우다(Niki Lauda)가 큰 사고를 겪은 후로는 늘 빨간 챙 모자를 쓰고 나타나는 것을 보자. 오스트리아 수상 볼프강 슈셀(Wolfgang Sch ssel)은 수년 간 사람들이 싫어하는 해충인 파리를 자신의 트레이드마크로 삼았다. 물론 나중에는 자신이 고른 상표가 그다지 생산적이지 못하다는 것을 깨닫고 다른 이미지를 찾아 나서긴 했지만.

잘난 척은 금물

당신이 가진 것을 결코 자랑하지 말자. 이웃이나 동료들이 장만할 수 없는 물건을 갖고 있다거나, 남들에게 잘 없는 귀한 것을 가졌을 때는 그냥 조용히 혼자 그 사실을 즐기자. 비싼 물건일수록 가격이 얼마인지 떠들어대는 사람은 이미 고상한 스타일을 포기한 거나 마찬가지다. 싸구려 물건만 잔뜩 쌓아 놓는 것도 궁상맞아 보인다.

무언가를 보여주고 싶을 때도 겸손하게 표현한다. 얼마나 애를 썼는지, 얼마나 비싼 비용이 들어갔는지 일부러 강조하지 말자. 손님을 초대해 놓고, 음식을 만드느라 얼마나 고생했는지 모른다고 장광설을 늘어놓을 필요는 없다. 그냥 가볍게, 별로 힘들지 않았다고 말한다. 안 그러면, 손님들이 초대한 사람의 준비와 정성에 감탄하기보다는 양심의 가책에 시달리며 불편해할 것이 뻔하다. 당신의 행동과 태도는 당연하고 자연스럽게 우러나와야 한다. 그 뒤에 서린 땀과 시련을 남들에게 억지로 알려서는 안 된다.

차라리 약간 모자라게

값비싼 물건은 가격이 얼마인지 첫눈에 알아볼 수 없다. 어쩌면 그래서 그런 옷이 비싼지도 모른다. 자동차 같으면 상표와 모델이 있으므로 가격을 숨기기가 쉽지 않다. 하지만 유명 상표 옷을 좋아한다면 상표가 겉으로 잘 드러나지 않는 옷을 고르자. 가슴 한복판이나 등짝에 커다랗게 상표가 그려진 옷은, 명품으로서의 품위는커녕 악취미가 느껴질 것이다.

과장하는 것보다는 차라리 조금 모자란 편이 낫다. 보는 사람이 곤혹스런 자기과시는 그만두자. 정말 부자들은 어떻게 하는지 보자. **겸손하고, 차분하며 절약한다.** 자기 자랑은 벼락부자나 하는 짓이고 자기 체면을 깎아 내리는 짓이다.

남성들을 위한 스타일 테스트

- ✓ 터키까지 여행 가서 트레이닝복을 샀다.   −1점
- ✓ 주변 사람들에게, 공식 석상에서는 별명으로 부르지 말라고 당부한다.   3점
- ✓ 잠들기 전, 반드시 재떨이를 비운다.   5점
- ✓ 시 한편을 암송할 수 있다   3점
- ✓ 30살이 넘었는데 축구를 즐긴다.   6점
- ✓ 30살이 안 되었는데 포마드를 바른다.   −2점
- ✓ 와인에 대해 장광설을 늘어놓지 않으면서도 좋은 와인을 주문할 줄 안다.   3점
- ✓ 장미를 팔기 위해 식당에 들어온 사람의 농담이 재미있다고 생각한다.   −3점
- ✓ 어머니와 아직도 대화가 잘 된다.   5점
- ✓ 당신의 아내가 사랑을 나누고 싶어 할 때 함부로 거부한다.   −2점
- ✓ 휴대폰을 잃어버렸을 때 길길이 화를 내거나 당황하지 않는다.   3점
- ✓ 한 달에 한 번씩 신발을 통풍시켜 준다.   4점
- ✓ 양복 정장에 운동화를 즐겨 신는다.   −2점
- ✓ 별다른 감정이 없는 여성에게도 자동차 문을 열어준다.   4점
- ✓ 성관계를 갖고 난 뒤 "어땠어?" 하고 묻는다.   −2점
- ✓ 머리카락을 옆에서 끌어올려 대머리가 돼가는 부분을 가린다.   −1점
- ✓ 어둠 속에서 보지 않고도 넥타이를 맬 수 있다.   3점

한 권으로 끝내는 비즈니스 무드

√ 만화 주인공이 그려진 넥타이를 갖고 있다.   −2점

√ 힘이 들지만 애인과 깨끗이 헤어졌다.   3점

√ 집에 공작실이 따로 있다.   −1점

√ 옆집에 배달된 신문을 종종 훔쳐본다.   −2점

√ 책꽂이에 책 모조품을 장식해 두었다.   −2점

√ 난을 잘 길러 꽃을 피울 수 있다.   2점

√ 한 여성에게 그녀를 진심으로 사랑한다고 말한 적이 있다.   1점

√ 그리고 그 말이 정말 진심이었다.   4점

√ 손목보다 두꺼워 보이는 시계를 차고 있다.   −2점

√ 그러나 그 시계는 정말 큰 값어치가 있다.   3점

√ 바보처럼 보이지 않는 물건을 제 손으로 만들어 본 적이 있다.   3점

√ 마음이 슬플 때면, 그것을 솔직하게 이야기한다.   2점

√ 어딘가에 기부를 하고서도 그것을 떠벌리지 않았다.   4점

√ 무슨 말인지 모르면서도 외래어를 사용한다.   −2점

√ 레스토랑에서 멋진 술잔을 훔쳐 온 적이 있다.   −2점

√ 옛날 애인과 길에서 마주쳐도 외면하지 않는다.   2점

√ 발레 공연을 자주 보러 가도 하나도 부끄럽지 않다.   1점

√ 하얀 칼라가 붙은 푸른색 셔츠를 입는다.   −1점

√ 출 줄 아는 춤이 하나쯤은 있다.   3점

점수 매기기

0점에서 −31점 : 책을 덮고 잠이나 주무시구려.

1점에서 20점 : 당신은 열심히 노력하는 중이다.

21점에서 50점 : 스타일을 입으로만 아는 사람이 아닌 진짜 멋쟁이.

51점에서 69점 : 당신의 아내가 왜 늘 다른 여자들 때문에 노심초사하는지 알 것도 같다.

70점 : 혹시 이 책을 읽을 필요가 없는 매너 전문가는 아니신지?

결과에 동의하지 않는다면? 그렇다면 자기만의 스타일을 개발해도 좋다. 여기 나온 문제는 하나의 방안일 뿐, 정답은 아니다.

카리스마, 그 위대한 흡인력

많은 사람들이 갖고 싶어하지만, 늘 극히 일부만 가지고 있는 것, 카리스마. 옛날에는 신이 점지해준 특별한 능력처럼 여겨졌지만, 지금은 직장 생활과 일상에서 필요한 인성의 기본 요소가 되어 버렸다. 카리스마는 뛰어난 미모와는 관계가 없다. 그보다는, 강한 개성과 친근감이 카리스마의 원천이다.

왜 어떤 사람은 하루 종일 있는지 없는지도 모를 만큼 존재감이 없는 반면, 나타나자마자 남들의 시선을 확 잡아끄는 사람이 있는 걸까? 왜 어떤 사람한테는 아무런 관심도 가지 않다가, 특정 인물만 나타나면 저절로 그의 말에 귀를 기울이고 신경을 쓰게 되는 걸까?

카리스마를 가진 사람한테서는 특정한 기운이 발산된다. 그것이 남들의 시선을 끌고, 감동을 주고, 그 사람을 좋아하게 만든다. 영화나 연극 속의 인물이 아니라 실제 우리 앞에 살아 숨쉬기 때문에, 더더욱 그들이 가진 뛰어난 재능, 지식, 힘과 장점에 이끌린다. 그러나 진정한 카리스마는 인품에서 우러나온다. 카리스마의 소유자는 자기가 원하는 것이 무엇인지 정확히 알며, 그것을 가장 효과적으로 실현하는 방법도 뚜렷이 파악하고 있다.

카리스마는 뚜렷한 개성에서 나온다

사전적인 의미의 카리스마는, 신이 내린 은총이며 천성이고, 왕성한 기운이다. 신비감을 제거하고 심리학적으로 말하자면, 카리스마는 자신에 대한 믿음과 당당한 태도가 적당히 조화를 이룬 상태다. 카리스마가 있는 사람은 주변 사람들에게 온기와 안정감을 선사한다.

카리스마가 넘쳐 나는 당신의 모습은 아마 이럴 것이다.

√ 당신은 잘 감동한다. 타인이나 사물에 대해 감동할 줄 아는 사람만이, 다른 사람을 감동시킬 수도 있다. 감동에 젖은 사람의 눈동자는 빛이 나고 목소리는 활기를 띤다. 손발의 움직임도 힘이 넘쳐 난다. 아마 당신과 이야기하는 사람은 내내 확신에 찬 눈빛에서 잠시도 시선을 떼지 못할 것이다.

√ 당신은 자기 신념에 철저하다. 다른 사람들이 한다고 해서 따라하는 바보가 아니다. 있는 그대로의 자기 모습을 인정하고 묵묵히 실천한다. 가려져 보이지 않던 성격이 어느 순간인가부터 장점이 되어 있을 것이다.

√ 자신의 장점과 단점을 잘 알고 있다. 그래서 "내가 가진 것은 무엇이며, 내게 없는 것은 무엇인가?"를 언제나 정확히 꿰뚫고 있다. 그에 대한 답변이 바로 당신의 장점이 될 것이다.

√ 당신은 무엇보다도 지금 그리고 이곳의 의미를 중요하게 여긴다. 다감한 미소, 따뜻한 말 한마디, 친구한테서 오랜만에 걸려온 전화 한 통 같은, 일상 속의 작은 것에서도 기쁨을 찾아낼 줄 안다.

√ 위험을 감수할 줄 아는 용기가 있다. 부끄러운 상황이 벌어져도 침착한 표정으로 묵묵히 견딘다. 그런 태도에 사람들은 감탄한다. 일단 저지른 잘못을 시인하고 거기서 한결 나은 모습으로 발전한다.

√ 당신은 결단력이 있으며, 우유부단하게 결정을 뒤로 미루는 사람이 아니다. 이것도 저것도 아닌 미적지근한 상태는 인생의 비전을 흐릿하게 만든다. 잘못된 결정을 내렸다면 즉시 수정하는 것도 큰 용기를 필요로 한다.

√ 신체 언어를 잘 활용하는 것도 카리스마를 가진 사람의 재능이다. 당당한 태도와 안정적인 신체 자세 덕분에 마음가짐도 똑바로 유지되고, 기분도 편안하고 느긋해진다. 신체 언어가 당당하면 말하는 내용도 당당해진다. 이야기는 자신감이 넘치는데 자세가 꾸부정하다면, 사람들은 당신이 뭔가 거짓을 말한다고 여길 것이다.

√ 자신이 피해자라든지 손해를 보았다고 생각하지 않는다. 이미 지난 일은 지난 일이므로 그것에 연연하는 대신, 당장 그리고 앞으로의 일에 더 신경을 쓴다. 까다로운 문제가 생겨도 장애라고 생각하지 않고 도전해야 할 새로운 과제라고 생각한다.

√ 감정을 억누르지 않는다. "와 정말 기대되는 걸!" "정말, 정말 멋있다!"처럼 긍정적인 감정을 솔직하게 표현한다고 해서 손해볼 일은 없다. 불만족스런 일이 생겨도 남에게 화풀이를 하지 않는다. "짜증나니까, 건드리지 마!"라는 말 대신 "오늘 기분이 좀 안 좋아" 같은 말로 자신의 감정을 드러낸다.

√ 다른 사람들과 지식이나 재능을 교환한다. 남들에게서 늘 무언가를 배우고, 자기가 할 줄 아는 것으로 도움을 주기도 한다. 사교적인 능력 역시 카리스마의 항목에 포함된다.

우아하고 세련된 나를 위하여

주변을 둘러보면 대화 기술이 특히 뛰어난 사람들이 있다. 누구랑 이야기를 하는가는 중요치 않다. 그런 사람들은 상대가 신문 판매원이든 슈퍼마켓 계산원이든, 자기 몸을 진료 중인 의사든, 아니면 난생 처음 공원에서 만난 낯선 사람이든 상관없이 무조건 얘기를 술술 잘도 풀어낸다. 사교 모임에서도 끼어든다는 느낌을 주지 않고, 솜씨 있게 대화에 어울린다. 사람들은 대화를 조화롭게 이끌 줄 아는 사람한테서 호감과 애정, 동질감을 느낀다.

훌륭한 대화법이란 과연 무엇일까?

✓ 어떤 상황에서든 친절과 호의를 보이자. 아무리 불쾌한 일이 일어나도 중심을 잃지 말고 단정한 매무시를 흐트러뜨리지 않아야 한다.

✓ 다른 사람을 솔직하고 꾸밈없이 칭찬해 주고, 자신감을 북돋아준다. 자신을 존중해 주고 능력을 인정해 주는 것을 싫어하는 사람은 없다.

✓ 진심으로 타인에 대해 관심을 가져 보자. 눈과 귀를 활짝 열고 당신이 만나는 온갖 사람들을 관찰하자. 아는 사람이든 모르는 사람이든 기꺼이 질문을 던지고 답을 들어 보자. 오늘 당장 집배원이나 신문 가판대의 아주머니와 말문을 터보는 게 어떨까?

✓ 다른 사람들이 관심을 갖는 일을 화제로 삼자.

✓ 남의 말을 경청하는 습관을 들이자. 이야기를 들으며 때때로 고개를 끄덕거려 주고, 상대방이 마음 놓고 얘기를 계속할 수 있게끔 관련된 질문을 던진다.

✓ 사람마다 이름이 얼마나 중요한지는 말하지 않아도 알 것이다. 이름을 잘 기억하고 있다가 대화를 나누며 가끔 상대의 이름을 부르는 것도 아주 좋은 느낌을 준다.

✓ 대화를 긍정적인 방향으로 끌고 나가려고 노력하자. 다른 사람을 흉보거나 탓하는 일은 금물이다. 무언가를 비판하는 것은 가능해도, 비난하거나 점수를 매기는 일은 삼가자.

✓ 훌륭한 대화 파트너는 상대방과 자신을 존중하는 사람이다. 그리고 올바로 대화를 나눌 줄 아는 사람만이 사업상으로든, 사생활에서든 진정 마음에 맞는 친구를 사귈 수 있다.

세상에 단 하나뿐인 나

　자신의 독특한 취향과 지식, 직장이나 사교 모임 등 소속 집단 안에서의 직책, 심지어 인생에 대한 만족감까지 남들한테 드러내고 싶어하는 사람들이 꽤 있다. 다만 그것을 솜씨 좋게 표현할 것이냐, 아니면 유치하게 떠벌려서 주변 사람들에게 거부감을 불러일으킬 것이냐가 문제다. 진짜 멋있는 사람은 자기를 드러낼 때도 의식적이고 신중한 자세를 잃지 않고, 어떤 태도가 자신에게 이로울 것인가를 늘 생각한다.

자기 PR은 이렇게 한다

　이왕 돈을 쓰기로 마음먹었으면, 알차고 값진 것에 돈을 써야 한다. 싸구려 옷 다섯 벌보다는 솜씨 좋은 디자이너가 만든 한 벌이 훨씬 쓸모가 있을 것이다. 매번 값나가는 옷을 살만큼 주머니 사정이 좋지 않다면, 계절 별로 한 벌씩만 고급 옷을 마련하고 나머지는 저렴한 브랜드의 옷을 구입해 코디네이션 한다. 그러나 무조건, 유명 상표가 밖으로 버젓이 드러나지 않게 조심해야 한다. 베르사체 로고로 만든 큰 버클이 달린 허리띠나, 샤넬 프린트가 새겨진 눈이 튀어나올 만큼 비싼 핸드백 따위는 고급스런 이미지보다는 유치한 졸부의 이미지에 더 맞는다. 진짜 고상한 취향은 그런 화려하고 번쩍거리는 데서 나오는 것이 아니다.

　효과적으로 자기를 표현하는 요령은 따로 있다. 이런 요령은 직장에서 고객을 상대로 영업을 할 때나 자기 개성을 부각시킬 때 모두 활용이 가능하다. 물건을 사들일 때는 뚜렷한 주관을 가지고 사야하며, 특정 집단이나 **남들의 기호를 무조건 모방하지 말자.** 자신의 성격에 들어 맞는 상품을 요구하고, 개성을 지키는 것이 중요하다. 직장 동료들이 너도나도 신형 카메라 휴대폰을 장만했다고 해서 당신도 꼭 사야 할 필요는 없다. 고급 가죽으로 장정한 다이어리나, 깔끔한 디자인의 몽블랑 만년필이 훨씬 개성 있어 보일 것이다.

이유 있는 고집은 부려도 좋다

직장 동료들이 골프 클럽 회원권을 갖고 있다고 해서, 친구들이 요가를 배운다고 해서 당신도 덩달아 따라하지 않았으면 좋겠다. 몸 만들기 열풍이 불면 당신은 독서 모임이나 사진을 배운다. 채팅과 디지털 카메라가 유행이면 당신은 아마추어 무선 동호회나 구닥다리 수동 카메라에 관심을 가진다. 청개구리 같고, 외로운 짓일지 몰라도 남들 하는 대로 좇아가기만 하는 것보다는 훨씬 개성 있고 흥미로운 일이다.

당신이 하는 것, 혹은 하지 않는 것이 곧 당신이 어떤 사람인지 말해 준다. 다른 사람들과 식사를 하면서 술보다는 물을 마시고, 고기보다는 야채를 선호하며, 분식보다는 밥을 좋아하는 모습을 보여주었다면, 그들은 당신이 건강에 대해 얼마만큼 의식하고 있으며 인생에서 어떤 것에 더 가치를 두는지 따위를 어느 정도 파악한다. 먹는 것 하나만 보아도 그 사람의 성향을 알아차릴 수 있는 만큼, 남들에게 어떤 점을 보여줄 것인가를 의도적으로 선택하는 것도 자기 표현의 한 요령이다. **당신이 인생에서 반드시 고집하고 싶은 것은 무엇인가?**

명품을 진짜 명품으로 만드는 법

　진정한 명품의 가치는 희귀성에 있다. 만약 자신이 가진 브랜드가 여기저기 보이기 시작하면 이미 그것은 명품으로서의 가치를 잃은 상품이다. 귀한 상표일수록 보기 힘들고 사기 힘들어야 그 신비감과 광채가 더욱 커진다. 명품을 사용하는 행위에는 "나 부자요"라는 의미보다는, "나는 시대를 앞서간다"는 의미가 더 강하게 드러난다. 진짜 멋쟁이들은 늘 새로운 것을 좇는다. 촌스러운 꽃무늬 티셔츠, 통 넓은 청바지, 투박한 구두 굽, 1970년대 록큰롤과 디스코, 구멍가게에서 팔던 '불량식품'들이 다시 유행의 최전방에 서게 된 것도 새삼스러운 것을 찾는 사람들 덕택이다. 몇몇 도전자들이 복고 바람을 일으키지 않는다면 영영 부활의 기회가 찾아오지 않았을 물건이나 현상이 얼마나 많은가. 하지만 유행 리더들이 불러온 품목이 '일반인'들의 패션 목록에 편입될 무렵이 되면, 그들은 벌써부터 또 다른 새것을 찾아 주위를 두리번거린다.

　네팔 풍 파시미나 스카프가 홈쇼핑에 올라올 때는 이미 유행의 최전선에서 물러난 다음이라는 뜻이다. 그러니, 명품이나 라이프 스타일에 걸맞은 상품을 구할 때는 지금 유행하는 종류가 아닌, 계속 새로운 형식을 추구해야 한다는 것을 잊지 말자.

남들 눈에 비치는 당신의 모습

　물건이든, 사람이든 해당 상품의 상표 가치는 인기도에 따라 달라진다는 점을 잘 알고 있을 것이다. 상품의 품질(재능)이 얼마나 뛰어난가 하는 것도 인기도에 영향을 미치지만, 겉으로 드러나는 모습 자체도 매우 중요한 부분을 차지한다. 즉 당신이 어떤 모습을 보여주고, 어떤 모습으로 인식되는지가 인기를 가르는 결정적인 몫을 한다. 상품을 시장에 내놓고 팔 때처럼 자신이라는 상품을 되도록 멋지고 훌륭하게 보이도록 노력하자.

특히 새 직책을 얻었다거나 업무 혹은 주거 환경이 바뀌었을 때는 남이 바라보는 자신의 모습을 재성비할 필요가 있다. 그렇다고 돈으로 자리를 잡거나 해결하려 들지 말라. 그런 건 졸부나 하는 짓이고, 동질감과 소속감을 느끼려고 했던 행동 때문에 집단에서 따돌림을 당할 뿐이다. **자기만의 위치는 현명한 자기 표현에서 비롯된다.**

힘차게 물결을 거슬러

자기만의 독특한 스타일과 행동이 때로는 다른 사람들의 방식에 정면으로 대치하는 일이 될 수도 있다. 따라서 친구나 동료들과 무조건 똑같은 행동을 하지 않으려는 자세가 결국 남들의 시선을 더욱 잡아끄는 효과를 낳는다.

교양 있는 사람은 겸손하고 조심스러우며, 한마디로 '있는 척'을 하지 않는다. 카리브 해에 놀러 갔다 온 사진을 보여주며 자랑을 하는 대신, 꽃 시장에서 산 예쁜 화초로 새로 꾸민 정원을 구경시키는 일에 더 열을 올린다. 장담하건대, 그런 행동은 당신에게 독특함과 매력을 더해줄 것이다. 유명 디자이너 옷을 입을 돈이 있는데도 물 빠진 청바지를 오래오래 입고 다니는 당신의 여유. 자신을 표현하는 방법이 반드시 비싼 옷으로만 되는 일이 아니라는 걸 알고 있기 때문이 아닐까?

겸손하지만 여유 있게, 고집스럽지만 독특하게!

당신은 어떻게 살고 싶은가? 친구, 친척, 동료, 선후배들처럼 사는 게 훨씬 무난하고 편해 보일 때가 많다. 그들한테서는 그다지 획기적인 일이나 의외의 결과가 나올 일이 없으므로 한편으로는 안전하기까지 하다. 전통적인 인간 관계 요령을 그대로 따른다면, 위험 부담도 없고 큰 장애나 문제가 생길 염려가 없다. 그렇지만, 얼마나 답답하고 따분하겠는가! 당신이 도전 정신과 어느 정도 지위와 능력, 그리고 카리스마를 갖췄다면 그런 식의 단순한 틀에서 과감히 벗어나자. 번쩍번쩍 빛나는 에티켓의 제왕들도 있는 반면, 꽉 짜인 규약 따위에 콧방귀를 흥하고 뀌어줄 수 있는 귀여운(?) 반항아들도 있어야 한다. 선량하고 주체적이기만 하다면, 예절 교본에 나오는 규칙 따위는 무시해도 상관없다. 그래도 사람들은 그를 무례하다고 생각하지 않고 오히려 호감을 보일 것이다. 아무렇게나 함부로 행동하라는 말이 아니다. 당신은 전통 예법에 백퍼센트 순종할 수도 있지만, 상황이 요구하면 언제든지 그 규칙을 깰 수도 있는 것이다.

문학평론가이자 예술 애호가인 바비 도레빌리(Barbey d'Aurevilly)의 말이 생각난다. "사람들은 당연히 규칙을 준수해야 한다. 그러나 나는 그것에 신경 쓰지 않는다." 이런 대범함을 특히 훌륭하게 마스터한 사람들을 이제부터 만나보자.

필립 공(Prince Philipp)

영국 여왕의 남편이자 "심술쟁이 왕"이라는 오명을 가진 그는 에티켓이라고는 거의 무시하고 평생을 살아왔다. 최근, 영국으로 이민한 방글라데시 청소년들의 런던 동아리를 방문한 필립 공은 활기 띤 어조로 이런 질문을 던졌다고 한다. "자, 여기서 누가 약에 손대고 있지?" 그리곤 14살짜리 소년을 하나 가리키며, "저 아이가 딱 그런 짓을 할 것같이 보이는데!?"라고 외쳤다. 동아리 지도 선생들과 소년들은 아무도 입도 뻥긋 못했다니, 어지간히 당황하고 곤혹스러웠던 모양이다. 필립 공은 여왕한테서 말하는 법도를 따로 배워야 할지도 모른다.

클라우스 공(Prince Claus)

베아트릭스 네덜란드 여왕의 남편이자 최근 유명을 달리한 클라우스 공은, 원래는 사려 깊고 재치 있고 말주변이 좋은 매력적인 사람이었다. 하지만 말년에는 그도 예의범절 같은 것을 종종 무시하는 장면이 세인들에게 목격되었다. 게다가 암스테르담의 한 패션쇼에서 자기는 넥타이 매는 걸 좋아하지 않는다고 공공연히 밝혔다. 그는 그 말이 끝나자마자 목에 맨 넥타이를 풀어내 관객들에게 던지며 이렇게 외쳤다. "이제야 해방이군! 다시는 넥타이 같은 거 매지 않으려오!" 그리고는 그 장소에 있던 "남성 해방론자"인 남성들에게 자기와 행동을 같이 해달라고 촉구하기까지 했다. 그 자리에서 넥타이를 풀어헤친 사람들은 얼마 안 되었지만, 다들 클라우스 공의 퍼포먼스를 호의적인 시선으로 바라보았다. 네덜란드 전체가 그를 사랑했다. 규범에 얽매이지 않고 솔직 담백한 그를.

제이미 올리버(Jamie Oliver)

세계에서 가장 이름난 요리사들은 대단한 스타로 각광받는다. 폴 보퀴즈(Paul Bocuse : 프랑스의 유명 요리사), 에카르트 비치히만(Eckart Witzigmann : 독일의 유명 요리사)이 바로 그런 예다. 얼마 전부터 기존의 규칙을 전부 깨뜨리는 또 한 명의 스타가 이 분야에 혜성처럼 등장했다. 이 영국인의 이름은 제이미 올리버, 일명 "벌거벗은 요리사"로 불린다. 그는 질서와 체계가 지배하는 부엌 문화를 무시하고 혼란과, 속도, 무법의 요리를 선보였다. 갖가지 식 재료를 퍼포먼스에 이용하는 것뿐 아니라 관객들의 관심과 참여를 끌어들여 요리를 하는 것도 특이한 점이다. 토마토를 으깰 때도 도구를 사용하지 않고 그냥 맨손으로 사정없이 터뜨린다. 소위 '주류' 요리사들이 만들어 놓은 예법과 딴판으로 노는, 이 파격의 요리사는 젊은 층으로부터 많은 사랑을 받는다.

칼 라거펠트(Karl Lagerfeld)

패션의 제왕 칼 라거펠트(독일의 유명 디자이너)는 누가 뭐라 해도 스타일로 똘똘 뭉친 사나이다. 하지만 평균 수준의 경제 능력, 평균적인 문화 코드를 향유하는 '일반인'이라면 그가 하는 '짓'들을 곱게 봐줄 리 없다. 날이면 날마다, 어디를 가든 그가 '눈 덮개'라고 표현하는 선글라스를 절대 벗지 않는다. 아스파라거스 먹을 때 쓰는 집게는 허세 부리는 것 같아 싫다고 그냥 손으로 집어먹는 사람, 신선한 굴 요리를 보고 "아이고머니, 내가 감기 걸렸을 때 코에서 나오던 거랑 비슷하네"라는 독설을 내뿜을 줄 아는 사람이 라거펠트다.

카티 체히너(Kathi Zechner)

오스트리아 공영 방송의 프로그램 디렉터였던 카티 체히너는 활동 초기부터 파격적인 행동으로 대중에게 충격을 주었다. 로미 슈나이더 상 수상식장에 등장한 그는 말괄량이 삐삐를 흉내 낸 옷차림을 하고 나와 축사를 했다. 머리는 두 갈래로 길게 땋고, 양말도 한쪽은 검은 색, 한쪽은 흰색을 신었다. 시청자들은 그런 모습을 보고 방송국으로 항의 전화를 퍼부어댔다. "그게 프로그램 디렉터란 사람이 입을 옷이 요?"

물론 시간이 지나면서 그이의 외양도 점점 관리자의 모양새를 갖춰 갔다. 그러나 다혈질에다 불 같은 성격은 여전했다. 그런 성격 덕분인 지, 빛도 못 보고 사장될 뻔한 몇몇의 프로그램 기획안이 카티 체히너 의 정열적인 설득 덕분에 제작되었고, 결국 인기 프로그램으로 떠오르 기도 했다고 한다.

• • • 왕족과도 같은 섬세함으로

진정 우아하고 고상한 매너를 아는 사람에게는 섬세한 분별력이 있 다. 정중한 사교술이 중요하게 취급받는 가문에서 자란 아이들은 아주 일찍부터 예법과 태도 요령을 배운다. 특히 왕실에서 태어난 사람들이 대표적인 사례인데, 일반인들이 참고할 만한 내용을 소개해보겠다.

언젠가 독일 연방대통령인 테오도르 호이스(Theodor Heuss)가 영 국 여왕에게 초청을 받아 간 적이 있었다. 탁자 위 정교하게 장식된 그 릇에는 각설탕이 담겨 있었다. 하지만 설탕을 집는 집게가 마련돼 있지 않았다. 손가락을 집어넣는 것이 무례한 행동이라고 생각한 테오도르 호이스는 설탕을 끄집어내려고 그릇을 기울이기도 하고, 흔들기도 하는 등 불편스런 동작을 취해야 했다. 그러자 여왕이 재빨리 손가락을 그릇에 집어넣어 설탕을 잡더니 이렇게 말했다. "저도 이 그릇 쓰기가 참 불편하더라고요."

오스트리아 황제 프란츠 요셉(Franz Josef)과 얽힌 이야기 중에도 비슷한 내용이 있다. 어느 날 황제는 아프리카 어느 나라의 왕을 초대해 함께 식사를 했다. 그 자리에는 왕궁 대신들, 고위 관리, 왕족, 장교, 귀족들이 즐비하게 앉아 있었다. 그런데 아프리카 왕이 다 먹은 고기 뼈를 자기네 나라에서 하듯 등뒤로 휙 하고 던져버리는 것이 아닌가. 좌중은 순식간에 찬물을 끼얹은 듯 잠잠해졌고, 아프리카 왕도 자신이 잘못을 저질렀다는 점을 퍼뜩 깨달았다. 다들 황제만을 바라보며 긴장된 몇 초가 흘렀다. 자기가 어떤 행동을 하는 것이 가장 현명한 것인지 잘 아는 황제는 거리낌 없이 접시에 있는 뼈다귀를 등뒤 멀리로 던져버렸다. 그러자 참석한 모든 사람들도 너나 할 것 없이 똑같이 그 행동을 따라 했다. 그날 오스트리아의 높으신 분들은 평소에 신봉하던 예의범절을 완전히 무시함으로써, 손님인 아프리카 왕의 명예를 지켜주었던 것이다.

위의 이야기들이 사실이라면 우리의 모범으로 삼고 실천할 수 있을 것이고, 지어낸 얘기라면 좋은 교훈을 주는 동화 정도로 기억할 수 있을 것이다.

제3장

외모가 당신에 대해 말해주는 모든 것

외모가 당신에 대해 말해주는 모든 것

댄디한 상사가 나는 좋아!

외모가 뛰어나면 사생활이든, 업무에서든 유리한 일이 많다. 외모의 중요성도 수많은 세월이 흐르면서 때마다 달라지고 뒤바뀌곤 했다. 예로부터 여자한테 외모는 무척 중요한 것이었지만, 이제는 남자들도 호감을 사기 위해 준수한 외모가 필수 요건이 되었다.

세크리터리 서치(Secretary Search : 오스트리아의 사무직 전문 취업 사이트—옮긴이)가 조사한 결과를 살펴보면 비서와 조수, 관리직에 종사하는 여성들이 대체로 어떤 것을 원하는지 자세히 나타난다. 응답 여성 중 44퍼센트가 자기 관리를 하지 않는 남자 상사를 싫어한다고 대답했다. 땀에 찌든 셔츠를 입고 다니는 상사는 무능력하거나 성격 나쁜 상사만큼 정이 떨어진다고 한다. 여성 사무직 종사자들은 적성에 맞는 직업이나 두둑한 봉급보다도, 매력 있고 매너 좋은 상사를 더 선호한다고 밝혔다. 상사에게 호감이 가지 않는다는 이유만으로 직업을 바꿀 용의가 있다고 말한 응답자는 58퍼센트에 달했다. 마초 타입의 남자들이여, 하루 빨리 시대의 흐름을 접수하라. 안 그러면 사무실에서 일할 직원 한 명조차 구할 수 없을지도 모른다.

옷 잘 입는 남자, 옷 못 입는 남자

완벽한 외모를 지향하는 일이 남자에게는 별로 중요한 일이 아니라고? 완전히 잘못된 생각이다. 복장, 머리 모양, 얼굴이 주는 정보는 무의식적으로 다른 사람들에게 특정한 인상을 남긴다. FPÖ회원인 외르크 하이더(Jörg Haider) 오스트리아 케른텐 주지사는 어떻게 하면 능숙한 연출을 통해 자기 표현을 할 수 있는지 일찍부터 간파한 사람이었다. 그 솜씨가 너무 뛰어나 도리어 유권자들에겐 외모와 매너에만 관심 있는 사람처럼 비치기도 했다. 하지만 그는 진정한 '처신의 황제'였기 때문에, 자신이 처한 상황에 걸맞게 행동하는 법도 알았지만, 반대로 '걸맞지 않게' 행동하는 법도 정확히 꿰뚫고 있었다.

칼-하인츠 그라써(Karl-Heinz Grasser) 현 오스트리아 재무장관도 특이한 경우다. 오스트리아 국민들은 사상 최고의 세금에 시달리지만, 그를 가장 인기 있는 정치가로 손꼽는 데 주저하지 않는다. 왜 그럴까? 어쩌면 그가 젊고 똑똑한 것뿐 아니라, 언제나 완벽할 정도로 옷을 잘 입어서는 아닐까? 기자들이 아무리 짜증스런 질문을 던져도 결코 분별을 잃지 않고 늘 다정하고 호감 가는 태도로 답변을 잘 하기 때문은 아닐까?

벌써 100년 전에 한 사람은, 물건을 파는데 안의 내용물보다 겉포장

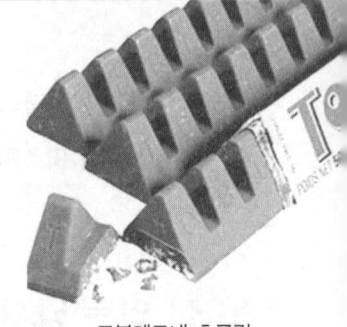

과 외양이 훨씬 중요하다는 것을 깨달았다. 바로 유명한 삼각형 아몬드 초콜릿 토블레로네(Toblerone)를 발명한 스위스 사람 테오도르 토블러(Theodor Tobler)다. 그는 네모진 판자 모양 일색이던 초콜릿의 모양을 과감하게 바꾸어 놓았다. 그의 영감을 일깨운 것은 스위스를

토블레로네 초콜릿

둘러싼 뾰족한 산봉우리 따위가 아니었다. 그에게 캉캉 춤을 추는 무희의 역동적인 다리가 눈에 띄었고, 이것이 현재 유럽인들이 즐겨 찾는 희한하고 재미있는 삼각형 초콜릿으로 개발되었다. **스위스 삼각형 초콜릿은 겉모습의 중요성에 대한 한 선구자적 깨달음에서 나왔다.**

다시 양복과 넥타이로

20년 전만 해도 화이트컬러라고 불리는 사무직 직원들은 거의 모두 셔츠에 넥타이, 전통적인 정장 저고리와 바지를 입어야 했다. 1990년대 들어서자 젊은이들이 세운 젊은 기업들에서 종래의 규칙을 깨뜨리는 복장의 새바람이 일기 시작했고, 그 추세는 점점 모든 직장으로 퍼져 나갔다. 자기 회사가 "혁신적인 사고"를 하고 있음을 대내외적으로 보여주고 싶어하는 기업들이 늘어났고, 그들은 오랜 관습이 주는 부담을 과감히 떨쳐버렸다. 그러면서 회사원이라면 반드시 걸쳤어야 할 비즈니스 정장을 벗어던졌다.

그래서 회사원들이 복장의 부담에서 벗어났느냐? 안타깝게도 문제는 조금 더 복잡해졌다. 소위 "비즈니스 캐주얼"의 시대가 오자, 적당한 옷차림을 선택하는 시간과 노력이 만만찮게 소요되었던 것이다. 딱

히 정해진 복장 규격은 없어졌지만, 그래서 최근 몇 년 전까지만 해도 남자들의 옷 입기의 불편함과 혼란이 더욱 가중된 것이 사실이다.

그런데 지금은 다시 전통적인 비즈니스 정장이 힘을 얻는다. 특히 회사의 대외 홍보를 맡거나 고객을 직접 만나는 외근직종 사원과 경영진들이 제일 정장을 즐겨 입는다. 내근직종이라고 크게 다를 건 없다. 고객을 직접 만나는 일이 없어 좀더 자유롭긴 하지만, 여기에도 따로 정해진 룰이 없다 보니 사원들은 경영자의 복장 코드를 주로 따라가는 경우가 많다. 사장이 양복을 즐겨 입는 경향이라면 사원들도 아주 편하게 스웨터에 청바지 차림을 하지는 않을 것이다.

뉴욕의 〈월스트리트 저널 *Wallstreet Journal*〉은, 이런 태도가 일자리를 지키고 싶은 마음이 반영된 결과라고 분석했다. 전반적으로 경기가 안 좋은 요즘, 직장인들은 일자리에 대한 불안한 심리 때문에 양복이나 정장을 차려 입는 것이 더 안전하다고 생각한다는 것이다. 튀는 옷차림을 했다가 괜히 자신에게 불똥이 튀면 어쩌나 하는 걱정에는 '규칙을 따르는 것이 최고'라는 기본 심리가 자리하고 있다. 물론 여성들처럼 자신의 외모에 새로운 도전과 실험을 거듭하는 남성들도 여전히 존재한다. 다만 그런 변화의 시도가 불안정을 전제로 한다는 것은 어쩔 수 없다. 싫어도, 지금은 지속성과 진지함이 요구되는 시대이기 때문에.

"남자의 양복은 무기다"라고 유명 디자이너 토미 힐피거(Tommy Hilfiger)가 말했다. 남자들은 끊임없이 일정한 '유니폼'으로 몸을 감싸는 것이 익숙하도록 교육받는다. 그래서인지 미국, 영국, 러시아, 일본, 한국, 중국 등 세계 어느 나라, 어느 도시를 가든 정치인과 재계 인사들이 모이는 자리에서는 늘 같은 디자인, 비슷한 색상, 비슷한 질감의 양복만 눈에 보인다. 한마디로 양복은 민주적인 옷차림이다. 양복은 정장이라는 테두리 안에서 평등하지만, 어떤 셔츠와 넥타이와 저고리, 바지를 입느냐는 어쨌든 개인의 자유에 달려 있으니까. 믿거나 말거나.

최고로 싼 항공권은 양복을 입지 않는다?!

아일랜드의 염가 운임 항공사인 라이언에어(Ryanair)는 비즈니스 정장에 대해서는 전혀 신경을 쓰지 않는 회사 중 하나다. 양복과 넥타이는 편리함을 추구하는 라이언에어의 스타일과 들어맞지 않는다. 그래서인지 최고 경영자 마이클 오리어리(Michael O'Leary)와 사원들은 청바지와 티셔츠만 입고 다닌다. 이 회사의 방침은 이것. "라이언에어 사람은 두 가지 경우에만 넥타이를 맨다. 법정에 설 때, 그리고 수주 경합에서 고객을 유치하기 위한 설명회를 할 때." 이것이야말로 유니폼에 대한 가장 명쾌하고 꼭 필요한 규정이 아니고 무엇이겠는가!

옷, 품질과 디자인이 관건이다

초보자는 옷의 질을 잘 알아보지 못한다. 가격이 비싸다고 상품의 품질이 다 좋은 것은 아니다. 아무리 유명 디자이너의 셔츠라도 한 번

빨면 우글쭈글해지는 일이 다반사다.

파리나 밀라노에 가본 사람 중 눈썰미가 있다면 그곳 남성들이 얼마나 옷을 잘 입고 다니는지 눈치 챘을 것이다. 거기다 젊은 사람들일수록 나이든 세대보다 훨씬 더 옷의 질에 관심을 갖고 신경을 쓴다는 것도 주목할 만한 일이다.

셔츠, 이렇게 입자

신사복 코너에 가보면 셔츠는 대부분 예쁘게 접혀서, 혹은 옷걸이에 걸린 채 색상과 치수에 따라 가지런히 진열되어 있다. 옷감과 바느질이 얼마나 잘 되어 있는지, 세탁기에 돌리고 나서도 모양이 그대로 유지될지 어떻게 알아볼 수 있을까? 여기 셔츠 구석구석마다 품질도 살펴보고 자신한테 잘 맞는지 체크할 수 있는 방법을 안내한다.

셔츠 칼라 : 칼라 심지가 들어 있는 옷은 빨아도 칼라 모양이 흐트러지지 않고 그대로 유지된다. 칼라와 목둘레는 너무 딱딱하거나 거북하지 않고 편안하고 맵시가 나는지 잘 살펴보아야 한다. 또 너무 느슨해서도 너무 조여서도 보기 흉하므로 0.5센티미터 정도 여유 있는 것을 선택한다. 셔츠 칼라가 윗저고리 밖으로 1센티미터 정도 드러나 보이는 것이 가장 좋다.

소매 : 소매 길이와 소맷부리 폭은 쉽게 손목시계를 볼 수 있을 만큼 너무 길거나 좁지 않은 것을 고르자. 소매 단춧구멍은 되도록 짧은 땀으로 마무리되어 있는 것이 좋다. 완전 정식 디자인은 소매가 좀 긴 편이다. 소맷부리가 엄지손가락이 시작되는 부분을 살짝 덮을 정도에,

저고리 소매 밖으로 1~1.5센티미터 가량 보이면 적당하다. 소매가 짧은 셔츠는 정통 비즈니스 정장용은 아니고 캐주얼 타입이다.

패턴 : 무늬가 있는 셔츠라면 이음 부분에서 무늬가 자연스럽게 연결되는지 살펴본다. 특히 줄무늬나 체크무늬는 옆선, 칼라, 소맷부리 이음새가 잘 처리되었는지 꼼꼼히 확인한다.

바느질 : 바늘땀이 1밀리미터 이하로 박음질이 잘 되어 있는 옷은 그만큼 공이 많이 들어간 옷이다. 길이는 허리 아래로 적어도 15센티미터 정도 내려와야 움직일 때 셔츠가 밖으로 나오지 않는다. 너무 길면 바지 앞부분이 불룩해져 보기 흉하다. 뒷판이 앞판보다 좀더 긴 것이 일반적.

단추 : 배열이 가지런한지 잘 보고, 단추 밑동을 실로 여러 번 튼튼하게 감았는지 살핀다. 그렇지 않으면 단추를 잠그고 푸는 것이 매끄럽지 못하다. 덜렁덜렁하는 단추는 나중에 반드시 한 번 더 손이 가므로 주의하자. 칼라 끝에 달린 단추는 앞여밈과 소맷부리에 달린 단추보다 작아야 한다.

주머니 : 가슴에 달린 주머니는 적당한 크기에 주머니 입구가 늘어지지 않을 정도로 빠듯하게 재단되었는지 확인하자. 박음질이 겉으로 드러나는 만큼 깔끔한 바느질이 중요하다.

넥타이는 스파이다

넥타이는 시대의 흐름과 장소, 분위기에 따라 매는 것이 정식이 되기도 하고, 안 매는 것이 더 자연스러워 보이기도 한다. 이른바 '닷컴 세대' 들은 넥타이 안 매는 옷차림이 일반적일 테고, 가끔 진보적인 경제계 인사나 공무원들도 넥타이를 착용하지 않는 경우가 꽤 있다. 하여튼 넥타이는 200년 동안의 유행 변천사 속에서도 지금까지 꿋꿋이 살아남았다. 때로는 사교 형식의 필수 요건으로, 때로는 평범하고 세속적인 사회 계층의 대명사로 자리 잡으면서 말이다. 그리고 이제 다시 넥타이의 유행이 되돌아왔다. 결코 넥타이를 안 매기로 유명했던 요슈카 피셔(Joschka Fischer) 독일 외무장관이나 볼프강 슈셀 오스트리아 수상도 결국에는 시대의 추세에 고집을 꺾을 정도다.

넥타이는 남성의 옷차림을 구성하는 작지만 꼭 필요한 소품이며, 그 남자를 나타내는 명함 같은 것이다. 넥타이가 어떤 의미에서 생겨나 지금의 모습에 이르렀는지는 분명하지 않다. 짓궂은 사람들은 남성의 성기를 나타내는 상징이라고도 말한다. 넥타이의 기원은 불분명해도, 질감, 무늬, 매듭 방식은 그것을 착용한 사람에 대해 많은 정보를 알려주는 스파이 같은 구실을 한다.

예전 오스트리아 수상이던 빅토르 클리마(Viktor Klima)는 평생 단 한 개의 빨간 넥타이로 정치 인생을 시작하고 끝냈을 만큼 못 말리는 구두쇠였다. 그러나 세상에는 철 따라 유행 따라 시시때때로 넥타이를 바꾸는 패션 광들도 있다. 트위드 양복에 체크무늬 모직 넥타이를 즐겨 매는 스포티한 젊은이, 대각선 줄무늬가 그려진 스탠더드 형식의 넥타이를 매는 평범한 타입, 광택 나는 비단 소재 위에 거미줄 무늬나 변화무쌍한 페이즐리 무늬를 선호하는 스타일 지상주의자 등등 각양각색의 넥타이가 그 사람의 성향을 은근히 드러내준다는 점은 틀린 말이 아니다. 루돌프 에틀링거(Rudolf Edlinger) 전 오스트리아 재무장관은 토끼나 아기 돼지가 그려진 넥타이를 자주 매고 나와 사람들에게 신선한 충격을 안기기도 했다.

넥타이를 잘 고르는 방법도 따로 있다.
- ✓ 좋은 넥타이는 당연히 좋은 천으로 만들어져 있다. 곱게 짠 비단 천이 가장 알맞다.
- ✓ 적당한 각도로 재단이 되어 있고 세 부분의 구분이 확실히 나눠져 있다.
- ✓ 균일한 배색인지, 무늬는 단정하고 고상한지 살핀다.
- ✓ 작은 날(폭이 좁은 쪽)이 큰 날(폭이 넓은 쪽)의 뒤에 붙은 상표 안으로 쏙 들어갈 수 있는지 본다.
- ✓ 매었을 때 끝이 허리띠(바지 허리선)에 닿을락말락할 정도 길이가 되는지 살핀다. 남자들은 넥타이를 너무 짧게 매는 경향이 있으니 주의하자. 또, 키가 크거나 몸집이 좋은 사람에게는 일반 넥타이가 좀 짧다. 상점마다 긴 디자인의 넥타이가 구비되어 있으니 참고하자.

오스카 와일드는, 인생의 중요한 첫걸음은 넥타이를 훌륭하게 매는 일이라고 한 적이 있다. 그 정도로 넥타이는 남자에게 중요한 의상 코드다. 넥타이 매듭 하나가 그 사람의 전체 인상을 말해주기도 하니까. 그럼 대체 어떤 매듭이 어떤 모양의 셔츠 칼라에 어울리며, 여러 가지 매듭은 어떻게 매는 것일까?

얼굴형과 목 길이, 칼라 모양, 거기다 넥타이 매듭까지 잘 들어맞으면 그 남자의 스타일이 완성된 것이라고 봐도 좋다. 칼라는 답답하거나 퍼진 인상이 들지 않게 너무 높거나 낮지 않은 것을 선택하고, 넥타이는 고개를 좌우로 많이 돌려도 매듭이 칼라를 건드리지 않도록 적당히 느슨하게 매야 한다.

폴로 경기를 할 때 칼라가 펄럭거리며 방해가 되자 단추를 달아 고

정시킨 데서 유래한 **버튼다운 셔츠**는 부드럽고 스포티한 인상을 준다.
여기에는 균형 있는 삼각형의 약간 도톰한 **미국식 매듭**이 어울린다. 짧
은 넥타이를 맬 때 사용하는데, 매기도 쉽고 거의 모든 칼라 모양에 어
울린다. 비공식적인 자리에 나갈 때 이 매듭을 하는 것이 좋다.

✓ 미국식 매듭을 잘 하는 사람 : 하인츠 피셔(Heinz Fischer) 오스트리아 사회민
　주당원(SPÖ)이자 국회의장과 이케아(IKEA : 유명 국제 유통업체) CEO인 페르
　벤트슐락(Per Wendschlag)

　레귤러 칼라는 가장 클래식한 정장에 어울리는 보편적인 칼라 모양
이다. 깃 끝이 유행에 따라 짧고 넓게 퍼지기도 하고, 길고 갸름하게 바
뀌기도 한다. **플레인 노트(Plain knot)**, 혹은 **포인핸드 노트(Four-
in-Hand knot)**라고 불리는 방식은 뾰족한 깃 끝과는 약간 어긋나는
듯한 느낌을 주며, 짧고 폭이 넓은 넥타이에 적당하다. 가장 간단한 방
식이므로 넥타이 초보자들에게 권한다.

✓ 포인핸드를 잘 매는 사람 : 조지 부시(George Bush) 미 대통령, 영화배우 마
　이클 더글러스(Michael Douglas), 〈베스트도이체 알게마이네 차이퉁
　Westdeutsche Allgemeine Zeitung〉(독일 서부지역 유력 일간지—옮긴이)
　CEO인 에리히 슈만(Erich Schumann)

　윈저 칼라는 레귤러 칼라보다 깃 끝이 넓게 퍼졌다. 이 칼라의 셔츠
를 입을 때는 **더블 윈저(Double Windsor)**같은 두툼한 매듭이 어울
린다. 매고 나면 정삼각형이 생기고 칼라 끝의 각도와 정확히 균형을

이룬다. 큰 넥타이를 사용하면 지나치게 두껍고 넓어지므로, 좁고 얇은 넥타이로 매는 것이 바람직하다. 그러나 강한 인상을 주기 위해 일부러 두꺼운 질감의 넥타이로 더블 윈저를 매는 경우도 있다.

✓ 더블 윈저를 잘 매는 사람 : 게르하르트 슈뢰더(Gerhard Schröder) 독일 수상, 외르크 하이더 케른텐 주지사, 2002년 암살된 네덜란드 극우정당 지도자 핌 포르트와인(Pim Fortuyn)

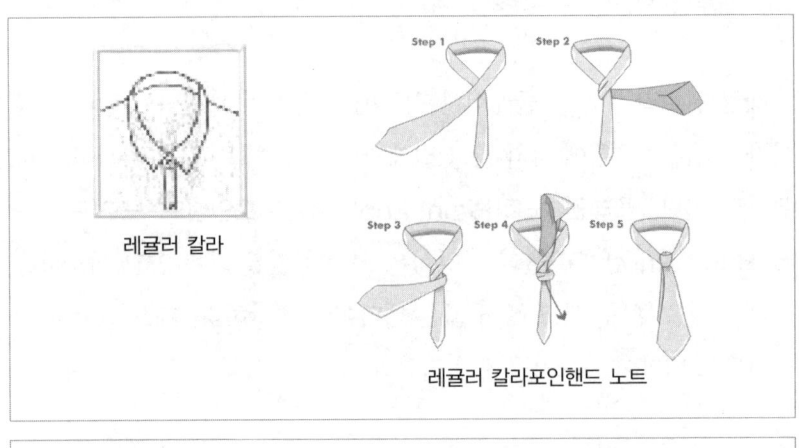

레귤러 칼라

레귤러 칼라포인핸드 노트

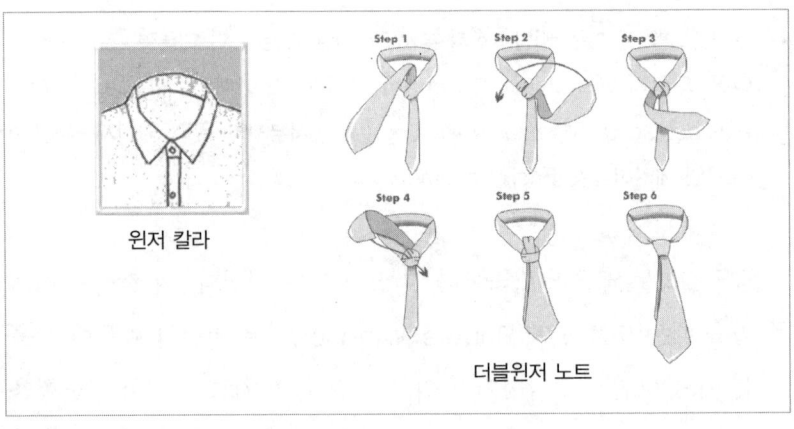

윈저 칼라

더블윈저 노트

신발 고르기

　신발이야말로 품질과 깔끔한 마무리가 중요한 품목이다. 신사 정장에는 끈 달린 검정이나 짙은 갈색의 고전적인 가죽 구두가 어울린다. 깔창도 합성 고무보다는 가죽이 더 우아해 보인다. 그러나 뭐니뭐니해도 은은한 광이 나게끔 자주 구두를 닦아주고 손질하는 일이 중요하며 뒤축이 심하게 닳으면 갈아주어야 한다. 캐주얼이나 세미 정장에도 클래식한 구두를 신으면 고급스런 이미지가 돋보인다. 다만 일할 때 운동화나 모카, 샌들을 신는 것은 금물. 끈이나 실로 엮어 짠 신발도 업무용 복장에는 전혀 어울리지 않으므로 주의한다.

● ● ● ●
구두끈 빨리 매기

　가장 바쁜 시간 어떻게 하면 구두끈을 가장 빨리 맬 수 있을까? 독일의 한 수학자[멜버른 대학 부르카르트 폴스터(Burkard Polster)가 2002년 발표─옮긴이]가 수학과 물리학 방정식을 이용하여 이 수수께끼를 풀었다. '십자 매기'는 양쪽 끝을 잡아당길 때 가장 손쉽고 힘을 잘 받는 방법이다. 가장 길이가 짧고 시간이 덜 걸린다는 계산이 나온 방법은 '보우타이' 법. 잘려 나가 짧아진 끈으로도 신발을 묶을 수 있어 유용하다고 한다.

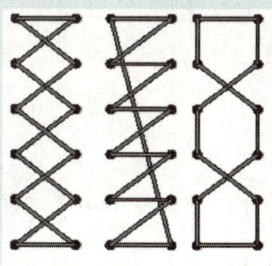

왼쪽부터 십자매기, 직선매기, 보우타이

양말, 아무렇게나 신지 말자

정장에는 되도록 짙은 색의 양말을 신고, 무늬가 있는 것은 피하자. 면, 모, 비단 재질이 남자 양말로 가장 좋다. 앉았을 때 바지 밖으로 다리가 드러나 보이지 않을 만큼 목이 길어야 한다. 답답함을 잘 안 느끼는 남성들에게는 무릎 양말을 추천한다. 무늬가 있거나 희고 옅은 색의 양말은 여가에 입는 옷차림에 어울린다.

멜빵을 쓰시나요?

몸매가 약간 불균형한 남성에겐 멜빵이 무척 쓸모 있는 품목이다. 영화 〈월스트리트〉에서 멜빵을 맨 마이클 더글러스의 '쿨'한 모습이 기억나는가? 젊은 세대들은 멜빵을 우스꽝스럽게 생각했지만, 영화나 기타 매체에서 멜빵을 한 배우나 모델의 근사한 모습이 심심찮게 보이자 다시 유행 아이템으로 자리 잡는 추세다. 멜빵은 아주 세련된 느낌은 주지 않으므로 기능성이 필요치 않다면 신중히 고려해서 착용하는 것이 좋겠다.

한 권으로 끝내는 비즈니스 매너

모험과 야만을 즐기고 싶을 때

포켓치프(Pocket-chief)로 코를 풀지 말아요.

과거에는 포켓치프가 완벽한 신사 정장의 마무리 장식 같은 것이었다. 지금은 많이 사라져 거의 볼 수 없고, 양복 안주머니에 손 따위를 닦기 위한 손수건을 넣고 다니는 사람들이 대부분이다. 모던한 느낌 대신 고풍스런 분위기를 내고 싶다면 포켓치프를 꽂는 것도 괜찮다. 다만 넥타이 색깔이나 무늬와 겹치지 않도록 주의한다.

남자들이여, 핸드백을 들어라!

핸드백을 따로 들지 않는 남성들에겐 집과 자동차 열쇠, 잔돈을 넣고 다닐 주머니가 마땅치 않아 걱정일 것이다. 양복 주머니에 잡동사니를 넣으면 불룩해 보인다. 우선 열쇠와 잔돈은 바지 주머니에 넣고, 작은 빗과 볼펜은 셔츠 가슴 주머니에 꽂는다. 노트북이나 서류가방을 가지고 다니는 경우에는 가방 앞주머니에 필요한 물건을 다 집어넣을 수 있어서 편리할 것이다.

한때, 남자들이 핸드백을 가지고 다니면 이상한 눈초리로 쳐다보던 시절이 있었다. 핸드백 든 남자들이 동성애자나 이상한 비정상으로 직결되던 시절은 이미 지나갔다. 지금은 사회 전반에서 개성이 존중받고 여성적이고 섬세한 것에 관심이 쏠린다. 각자 취향과 편리를 위해 작은 손가방을 드는 것이 전혀 흉이 아니다. 몇 년 전부터 남성용으로 디자인된 핸드백도 각양각색으로 판매되고 있다. 남자들도 화장하고, 향수를 뿌리는 이 시대에 휴지며 손수건, 수첩, 로션 따위를 넣고 다닐 작은 가방을 마다하는 일은 어쩌면 어리석은 태도일 것이다.

소품과 액세서리 멋지게 코디하기

장갑 : 방한용으로도 쓰이지만 흰 장갑처럼 예복과 맞춰 깔끔하고 겸손한 태도를 표현할 때도 쓰인다. 매끈하고 짙은 색깔 가죽장갑이 갈색, 감색, 검은 겉옷과 잘 어울리므로 무난하다. 두꺼운 외투나 재킷을 걸쳤을 때는 장갑을 끼는 편이 편안해 보인다.

소매 단추 : 더블커프스가 달린 셔츠에는 단순한 디자인의 단추가 우아해 보인다. 연미복 전용 셔츠에는 단추가 달리지 않는다. 소매 단추는 꽤나 까다로운 액세서리이지만 성장을 할 때에는 반드시 필요한 품목이고 의외로 눈에 잘 띄므로 신경 써야 하는 부분이다. 넥타이를 매지 않는 사람도 소매 단추를 사용해 보는 것이 좋을 것이다.

넥타이 핀 : 넥타이 색상이나 디자인이 단조로울 때 핀을 사용해 보자. 다만 사선 무늬 넥타이에는 절대 금물. 젊은 세대는 점점 핀을 사용하지 않는 추세다.

모자 : 모자는 50년 전까지만 해도 넥타이, 신발, 셔츠만큼이나 중요한 남성 품목이었다. 당시, 모자 없이 외출한다는 것은 곧 사회적인 규범을 거스르는 표시로 받아들여질 정도였다. 누군가를 만났을 때, 어떤 장소에 들어갈 때는 예의상 모자를 벗어야 했다. 모자에는 비나 안개, 오염 물질, 추위, 햇볕을 막기 위한 기능 외에도 사교적인 기능이 강하게 담겨 있었다. 지금은 작은 베레모나 야구 모자, 캐주얼 모자가 더 애용된다.

고전적인 모양의 챙 모자는 나이든 남성들이 가끔 사용하며, 젊은이들은 특별한 효과를 노리지 않는 한 거의 쓰지 않는다.

일하는 여성을 위한 맵시 섹시 옷 입기

한 설문 조사에서 전체 응답여성 3만 5,000명 가운데 57퍼센트가, 겉모습이 멋진 사람이 업무상 더 나은 성과를 얻어낼 것이라고 답했다. 1978년에 똑같은 질문을 던졌을 때는 3명 중 1명만 그런 생각을 가졌다고 답변했다. 또, 그때는 자신의 외모에 만족하느냐는 질문에 그렇다고 응답한 여성이 56퍼센트였지만 지금은 41퍼센트에 불과하다.

날이 갈수록 외모의 중요성은 더욱 강조된다는 뜻이다. 여성의 외모와 스타일에 대한 논의는 더 활발하고 적극적으로 다뤄질 것이다. 스스로를 존중하는 사람은 자기가 입는 옷에도 큰 가치를 둔다. 여성들, 특히 경영이나 관리직에 종사하는 여성들은 점점 맵시 있고, 세련되고 우아한 스타일을 추구한다. 자기 의지를 관철하기 위해 남성의 방식을 빌리지도 않는다. 일부러 알맞은 양의 여성성, 즉 섬세함과 부드러움을 활용하여 원하는 바를 이룬다. 남자 같은 여성, 그리고 지나치게 성적인 매력을 강조한 여자들은 목표를 달성하거나 성공한 사례가 거의 없다는 점을 잊지 말자.

승진과 경력을 목표로 하는(혹은 이미 그런 자리에 오른) 여성이라면 남자 동료들과의 관계에서 과감하고 유연한 자기 연출이 필요하다. 비록 딱딱한 정장이 지배하는 비즈니스 세계지만, 여자들에겐 옷 색깔, 액세서리, 유행을 이용한 갖가지 악센트를 활용해 타인의 관심과 주의를 환기시킬 방법이 무궁무진하다.

당신의 외모 중에서 옷이 제일 먼저 눈에 띄어서는 안 된다. 어디까지나 옷은 두 번째로 눈길이 가야 하는 부분이므로 지나치게 개성적인 옷차림은 피한다. 오스트리아의 건축가 아돌프 로오스(Adolf Loos 1870~1933)는 100년쯤 전에 다음과 같은 유명한 말을 남겼다.

옷은 어떻게 입어야 할까?

현대적으로.

현대적인 옷차림이란 무얼까?

가장 눈에 띄지 않는 옷차림.

치마정장, 여성의 무기

기업이나 정치 단체에서 일하는 여성이든, 가사를 돌보는 주부이든, 치마정장은 격식을 갖춘 자리에서 늘 요구되는 형식이다. 남자들이 윗저고리와 바지를 입는 대신 여자들은 재킷과 치마를 입는다. 셔츠 깃, 포켓치프, 핸드백, 소매단추에 대한 원칙은 남성 정장과 비슷하다.

바지정장을 활동적이고 맵시 나게

근래 들어 일하는 여성에게 가장 사랑 받는 의상 코드는 바지정장이다. 편하고 활동적이면서도 격식을 차린 인상을 주기 때문에 사업상 미팅이나 각종 이벤트에서도 무난하게 입을 수 있다.

질감은 약간 흐르는 듯한 부드러운 천에 은은한 색상을 고르는 편이 여러 가지 상황에 다 잘 맞을 수 있다. 무엇보다도 활동이 편해야 하고, 단정한 인상을 주려면 서 있을 때는 반드시 상의 단추를 채우고 있는 것이 좋다.

저녁 시간에 행사가 있을 때는 단조로운 블라우스와 티셔츠 대신 꽉 끼는 상의나 화려한 탑을 입고 번쩍이는 허리띠와 장신구를 곁들여 독특한 분위기를 연출한다.

바지의 주인은 누구인가

옛날 옛적에는 남자든 여자든 모두 치마, 정확히 말해 위아래가 붙은 한 벌 형태의 옷을 입었다. 의복을 사용하는 데 성별 구분이 시작된 것은 14세기 중반이었다고 한다. 이때부터 치마는 여자를 위한 것이었고, 바지는 남성의 전유물이 되었다. 아주 어린아이들에게도 이런 구분은 엄격하게 적용되었다.

그러던 것이, 프랑스 혁명을 거치면서 왕정 해체와 계급 타파에서만이 아니라 복식에서도 자유, 평등, 박애를 부르짖고 나선 여성들이 생겼다. 그들은 여자들도 바지를 입어야 한다고 주장했지만 별로 큰 성과를 보지는 못했다.

제2차 세계대전이 터지고 나서야 여자들이 바지를 입는 일이 보편화되었다. 그러나 그때도 본격적인 패션 아이템이나 여성 의류로서 자리 잡지는 못했다. 남자들이 떠난 공장에서 작업할 때나 유사시에 더 안전하고 편리하다는 이유로 바지를 입었을 뿐이었다.

당시에는 과감한 유명 인사들이나 마를렌느 디트리히(Marlene Dietrich) 같은 대 스타들만 바지를 입고 대중 앞에 나설 수 있었다. 그러나 1960년대에 들어서자 바지는 여성 패션의 가장 각광받는 아이템이 되었고 젊은 층을 대상으로 한 각양각색의 디자인과 엄청난 물량이 쏟아져 나왔다. 오히려 치마는 젊은 여성들에게 냉대를 받을 정도다.

오스트리아의 유명한 여배우 젠타 베르거(Senta Berger)는 1969년 런던의 한 고급 호텔 문 앞에서 수위에게 입장을 거부당했다. "런던에서는 저녁에 숙녀가 바지를 입는 일이 없습니다"가 그 이유였다. 불과 30여 년 전에 일어난 일이고 지금 같으면 상상도 할 수 없는 상황이지만, 당시 보수적인 영국에서는 여성의 바지가 하나의 금기 사항이었던 모양이다.

제3장 외모가 당신에 대해 말해주는 모든 것

모자

　예전에는 여자들이 겸양과 품격의 의미로 모자를 썼다. 외간 남자에게 유혹이 될 수 있는 아름다운 머릿결을 감추고, 얼굴도 망으로 가렸다. 해봤자 모자에 가려지기만 할 머리 장식은 나이든 귀부인이나 왕족에게만 허용되었다. 하지만 오늘날 숙녀용 모자를 쓴 여성을 찾기란 거의 불가능하다. 교양 있는 여성의 상징이었던 모자가 이제는 특이한 패션 아이템으로만 소화될 뿐이다.

　어느 날 마돈나가 카우보이모자를 즐겨 쓰고, 카메룬 디아즈(Cameron Diaz)가 멋들어진 보르살리노(Borsalino : 유명 남성 모자 브랜드—옮긴이)를 쓰고 골든 글로브 시상식장에 등장했다. 랩퍼와 록 가수들도 마피아 식 모자나 털모자를 쓰자, 너도나도 모자라는 새 유행에 휩쓸려 들어갔다.

　머리에 무엇을 얹고 무엇을 덮느냐는 패션과 유행을 진단하는 기준이 되었다. 멋쟁이들은 실내에 들어와서도 모자를 벗지 않는다. 다만 챙이 너무 넓은 모자일 경우에는 영화관, 극장, 교회에서 다른 사람들의 시야를 가리므로 벗는 것이 당연히 예의다. 결혼식, 장례식, 정원 파티, 다과 모임에 손님으로 참석했을 때는 모자를 쓰고 있어도 된다. 단, 행사를 주최하는 측에서는 모자를 벗는 것이 바람직하다. 그 밖에 경마, 경륜, 조정 따위 야외 운동 경기를 관전할 때는 모자를 쓰고 있어도 괜찮다.

　젊은 사람이 모자를 쓴다고 해서 나쁠 건 없지만, 모자는 약간 나이 들어 보이게 하는 효과가 있다. 특히 겨울 외투에 클래식한 모자를 쓰면 중년으로 보이기도 하므로 주의하자.

핸드백이 여자를 말해준다

여자들이 가장 자주, 즐겨 쓰는 소품들에서는 패션이나 유행을 넘어 그것을 소유한 사람이 어떤 사람인지가 읽힌다. 그런 물건들은 왠지 그것을 가진 사람과 조금 닮아 있기도 하고, 그 사람의 사회적인 구실과 지위를 드러내기도 한다. 파리에 있는 한 시장 연구기관이 핸드백에 얽힌 사회적·역사적·성적 의미를 조사할 때 드러난 내용이다.

패션에 관심이 있는 여자들은 핸드백을 많게는 16개까지 가지고 있다고 한다. 핸드백은 저마다 조금씩 기능이 다르다. 낮에는 실용적인 용도로 많이 쓰이며 주로 업무를 처리하고 비상시에 있어야 할 이런저런 필수품이 들어 있는 서바이벌-키트 같은 것이다. 열쇠 꾸러미, 휴대폰, PDA, 향수, 지하철에서 읽을거리, 약, 화장품, 지갑, 안경, 휴지…….

핸드백 속이 얼마나 잘 정리되어 있느냐 하는 것도 그 사람의 성격을 말해준다. 마릴린 먼로가 영화 〈기인들 The Misfits〉에서 들고 다니던 핸드백은 조그맣고 둥그스름하며 하얀 샤넬 제품이었다. 이런저런 잡동사니가 꽉 들어차 잘 닫히지도 않을 만큼 불룩한 핸드백. 그것은 정확히 먼로 자신과 똑같았다. 천덕꾸러기 어린아이, 백치 같은 섹시녀. 그녀가 들고 다니는 핸드백은 사람들이 먼로에 대해 상상하는 이미지 그대로가 반영되었다. 잘 닫히지 않은 핸드백은 소매치기를 유혹하기도 하지만, 온갖 정신 사나운 연애 소동을 불러들이는 데도 한 몫을 했다.

저녁에는 좀더 작은 핸드백을 쓴다. 이럴 때는 실용성보다는 장식으로서의 기능이 강조된다. 콤팩트나 립스틱, 손수건, 지갑조차 넣을 수

제3장 외모가 당신에 대해 말해주는 모든 것

없을 때가 많다. 신용카드 몇 장과 잔돈 정도 집어넣으면 다행. 데이트 때 자기 몫을 반드시 따로 지불하는 독립적인 여성들은 지갑을 넣고 다닐 만한 핸드백을 마련하는 편이 나을 것이다.

남녀를 막론하고 핸드백 대신 배낭을 메는 것도 하나의 방법이다. 이것저것 많이 들고 다니길 좋아하는 사람들에겐 안성맞춤이다. 학교 다니는 청소년, 젊은 여성, 대학생은 물론이고, 요즘에는 회사원들도 곧잘 배낭을 메고 출근한다. 다만 관리직이나 경영자급 여성들한테는 거의 해당되지 않는 품목이다.

나에게 맞는 신발 찾기

"놀라워요. 당신 신발은 섹스보다 훨씬 오래가요." 마돈나는 자신이 가장 즐겨 신는 구두 디자이너인 마놀로 블라닉을 만났을 때 이렇게 속삭였다고 한다. 실제로 여자들에겐 신발을 사는 일이 하나의 중요한 의식이기도 하다. 멋을 생각한다면 굽 높은 뾰족구두를 사고 싶겠지만, 건강을 생각한다면 모카신발이나 버켄슈톡(Birkenstock) 같은 건강 슈즈에 관심을 가지자. 신발은 여성이 쓰는 소품 중에서 가장 중요한 품목이다. 아무리 옷을 말쑥하게 빼입었어도 신발이 안 받쳐주면 말짱 도루묵이다.

어느 조사 결과에 따르면, 여성들이 3인치 정도의 하이힐을 신으면 평소 25도 정도인 골반의 각도가 무려 55도에 이른다고 한다. 애인과 함께 있을 때는 그런 자세가 굉장히 쓸모 있겠지만, 늘씬하고 단정한 여비서의 이미지에는 맞지 않는다. 아무리 남자들이 하이힐 신은 여성의 자세를 좋아한다고 해도 일할 때는 좀더 편하고 알맞은 것을 고르는 게 상책.

앞뒤가 막혀 있고 클래식한 모양의 구두는 언제 어디서나 무난하게 신을 수 있다. 납작하면서도 세련된 발레슈즈 모양, 약간 굽이 있는 펌프스, 로퍼라고 부르는 단화도 괜찮다. 스포티한 앵클부츠는 유니섹스 계열의 의상에 잘 어울리고, 장식적이고 우아한 앵클부츠는 바지정장이나 겨울옷에 최고로 잘 맞는다.

✓ 로퍼는 편하기로는 최고다. 약간 세련되고 정적인 느낌의 젊은 여성들에게 잘 맞는다. 다만 아디다스나 나이키 같은 스포츠 전문점에서 나오는 로퍼는 캐주얼 의상에 더 어울린다.
✓ 버켄슈톡 샌들 같은 건강 신발은 의료직 종사자나 하루 종일 서서 일하는 사람에게 적당하다. 사무실에서 발을 편하게 하려고 신는 사람들이 꽤 있지만, 전통적인 비즈니스 정장에는 전혀 어울리지 않는다는 것을 염두에 둘 것.
✓ 신발은 청결하게 닦는 습관을 들이고 뒤축도 너무 닳아빠진 모양은 흉하므로 주의 깊게 관리한다.
✓ 너무 발이 많이 드러나는 신발이나, 지나치게 높은 하이힐, 화려한 색깔로 번쩍이는 샌들 따위는 방만한 인상을 주기 십상이므로 사무직 여성은 피하는 것이 좋다.

선글라스에도 예법이?!

햇볕이 너무 강할 때 쓰는 선글라스는 어느 정도 짙은 색일 경우가 많다. 사람을 만나서 대화를 시작할 때는 나중에 다시 쓰더라도 잠깐 벗고 인사를 해야 한다. 그러나 탁 트인 카페나 야외 식당에서는 계속 쓰고 있어도 큰 흉이 아니다. 그러나 색깔이 너무 짙어 눈동자가 완전히 안 보이는 선글라스는 피하자.

거울처럼 반사되는 색안경은 어디에 있든 다른 사람과 있을 때는 벗고 있어야 한다. 그리고 닫힌 공간에서는 어떤 종류든 무조건 선글라스를 벗는 것이 예의. 만약 도수가 있는 선글라스라면 주변 사람에게 미리 양해를 구하고 실내와 실외에서 벗지 않고 착용한다.

속옷은 드러나지 않지만 드러나는 것?

그렇지! 튀는 걸로 자신을 표현하는 것도 하나의 용기이자 개성이니까.

속옷은 겉옷 아래 입는 것이지만 꽤 중요한 품목이다. 몸매가 풍만한 편이라면 속옷의 선이 잘 드러나기 마련이므로 특별히 주의하는 것이 좋다. 속옷 색깔은 겉옷 색깔과 비슷한 것을 입는다. 밝은 색 겉옷 속에 검은 색 속옷을 입으면 당연히 비쳐 보인다. 흰 마 바지 안에 호피무늬 팬티를 걸치면 섹시하게는 보일지 몰라도 커리어 우먼의 진지함은 포기하는 게 낫다.

여자의 스타일은 이렇게 태어난다

확실히 여자들이 옷을 선택하고 활용할 수 있는 가능성의 폭은 남자들보다 훨씬 넓다. 언뜻 봐서 남자들보다 허용된 것이 많아서 쉬울 것

같지만, 사실 안 어울리는 옷차림이나 유행 지난 어색한 코디네이션은 그만큼 냉혹한 비난을 각오해야 한다. 그래서 스타일이 뛰어난 사람과 평범한 사람이 더더욱 확연히 구분되는 것이다.

광고나 연예 계통에서 일하는 여성들은 에스닉 풍(Ethnic look), 고딕 시크(Gothic chic), 네오 로맨틱(Neo-romantic) 같은 패션 최전방에서 개성을 마음껏 뽐내는 데 익숙하다. 반면 사무직이나 대 고객 서비스직에 종사하는 사람들은 엄격한 복식 규정을 따르는 것이 일반적이다. 특히 외국 손님을 접대하는 고품격의 관리직 종사자는 유행과는 완전히 거리가 먼 옷차림이 대부분이다. 그런 여성에게는 가장 단순하고 깔끔한 디자인과 윤곽이 주를 이루는 의상이 알맞다. 최근 사회적 성공을 이룬 여성들의 옷차림엔 장식과 색감을 최소한으로 줄인 미니멀리즘 스타일이 자리 잡았다.

비즈니스 정장은 세련되면서도 활동하기 편해야 한다. 따라서 스판덱스를 비롯한 신축 소재를 써서 실용성을 고려하고, 온도와 습도가 조절되는 신소재와 고급 천연 소재를 조화시킨 기능성, 그리고 디자인까지 모두 고려한 옷이 좋다. 절개선을 섬세하게 넣어 재단한 옷은 치마정장과 바지정장 둘 다 착용감이 좋고 움직이는 데 어려움이 없다.

어울리는 옷, 안 어울리는 옷

기본 색상으로는 화려하지 않은 베이지, 와인, 갈색, 감색과 잿빛부터 검정에 이르는 무채색을 치마, 바지, 재킷 따위의 비교적 큰 옷들에 배치한다. 나머지 셔츠, 니트, 블라우스는 눈에 띠는 색깔을 입어 포인트를 준다.

옷 색깔을 고를 때는 피부 톤을 고려하고, 근래에는 염색이나 코팅한 머리가 많으므로 자신의 머리카락 색깔도 신경을 쓰자. 평소에 자기에게 어울리는 계통의 색을 체크하고 기억해 두는 것이 좋다. 입은 사람에게 편안하게 들어맞는 색깔을 입어야 보는 사람이 질리지 않는다.

무채색이 누구에게나 무난하다고 생각하겠지만, 완전 흰색이나 검정이 잘 어울리는 사람은 소수에 불과하다. 흔히 미색이라고 부르는 흰색과 다른 빛이 조금 들어간 검정을 선택하는 편이 좋다.

딱딱한 인상을 주는 색상과 자유로운 느낌의 색상을 혼용한다. 가죽 재킷을 입었으면 하의는 클래식한 정장 바지나 치마를 입는다. 양가죽(섀미) 치마 위에는 트윈 니트나 깔끔한 재킷을 입어 균형을 맞춘다. 청바지를 입을 때도 단정한 정장 스타일을 상의로 한다. 한마디로 위나 아래 어느 한 쪽을 캐주얼로 입으면 다른 한쪽은 차분한 느낌으로 받쳐 줄 것.

캐주얼 복장을 했더라도 일할 때 신발은 발이 덜 드러나 보이는 얌전한 쪽을 선택한다. 여름에는 약간 발가락과 발꿈치가 드러나도 좋지만, 이때는 발 손질을 깔끔하게 하는 것이 중요하다.

점잖고 우아하게

직장에서 높은 위치에 있는 여성들의 옷차림을 표현하자면 깔끔하고, 시원하고 세련된, 한마디로 '시크'(chic)한 스타일이다. 패션 잡지에 나오는 모델도 안 부러울 만큼 말쑥하고 근사하다. 승진하고 싶다면, 최고가 되고 싶다면 옷차림과 외모를 결코 소홀히 해서는 안 된다.

언제 어디서나 당신의 옷차림과 얼굴, 머리 모양, 손발을 쳐다보는 눈 (특히 같은 여성)이 있다는 것을 명심하라. 여성들은 두텁고 높은 선입견의 벽에 쉴 새 없이 부딪혀야 하는 운명이다.

독일에서 내로라하는 여성 앵커 자비네 크리스티안센(Sabine Christiansen)이 1980년대 독일 국영방송의 대표적인 시사 프로그램 〈타게스테멘 Tagesthemen〉의 진행을 맡았을 때, 〈슈피겔〉은 "금발의 악녀"라는 악의적인 칭호를 붙여 주었다. 또, 꽤 수준이 높다는 일간지 〈디 차이트〉도 이 능력 있는 여성을 "ARD(국영방송)의 얼음 창고"라고 표현했다. 보라. 남성들의 전유물, 금녀의 성역이었던 곳에 깃발을 꽂은 여성을 세상이 어떻게 대하는지! 남녀평등이라는 단어가 지겹게 들릴 만도 한데, 아직도 직장 여성들은 편견이라는 모진 풍파에 맞서 힘들게 싸우고 있다.

진짜 스타일에 대한 몇 가지 잔소리

스타일, 곧 멋은 단순히 옷을 잘 입었다고 나오는 게 아니다. 어떤 요소를 얼마만큼 어떤 방식으로 잘 배합했는가에 따라 판가름이 나는 미묘한 문제다. 옷도 옷이지만 성적인 요소를 적당하게 조절하는 일도 빼놓을 수 없다. 성공한 여성, 혹은 성공을 향해 차근차근 커리어를 쌓는 여자들을 보라. 여성성이나 성적인 매력을 마음껏 발산하는 사람은 드물다. 그런 캐릭터는 업무상 무능력으로 치부되기 십상이다. 비즈니스 세계에서는 절제와 이성이 어떤 무엇보다도 점수를 받는다.

물론 사적인 차원에서는 스타일과 패션으로 은근한 매력을 과시할 수 있다. 교묘하게 자신의 장점을 부각시키고 단점은 자연스럽게 커버

한다. 그릇에 먹을 것이 넘쳐날 정도로 너무 많으면 식욕은 오히려 떨어진다. 성적인 매력도 마찬가지다. 너무 많으면 거부 반응을 일으키지만, 너무 적어도 딱딱하고 무미건조한 느낌을 준다. 각 요소를 너무 많지도, 적지도 않게 딱 알맞은 양으로 배합하는 능력, 그것이 바로 진정한 스타일이다.

노출할 부분을 한 곳으로 국한하면 그 수위가 잘 조절될 것이다.
√ 미니스커트를 입었을 때는 목 부분을 단정하게 가리는 옷을 입는다. 목이 파인 옷에는 긴 스커트나 긴 바지를 입는다.
√ 가슴 선을 드러내는 옷과 다리가 드러나는 옷 중에서 한 가지를 선택한다.
√ 등이 파인 옷은 목이 올라오는 것이 좋고, 목이 파인 옷은 등을 감싸야 한다.
√ 몸에 꽉 끼는 옷은 노출이 작아야 하며, 헐렁한 옷은 약간 피부가 드러나도 괜찮다.

여자들은 스스로의 외모와 몸매를 있는 그대로 보지 못하는 경향이 있다. TV, 영화, 광고, 잡지에 등장하는 유명 여자 연예인들의 늘씬하고 빵빵한 몸매와 자신의 몸매를 비교하고 좌절하거나 헛된 바람에 사로잡히기 일쑤다. 그러나 그런 사진과 영상이 얼마나 조작된 것인지 일반인들은 잘 알지 못한다. 정교한 컴퓨터 프로그램 덕분에 다리는 길어지고 얼굴은 말끔해지고, 멋들어진 헤어스타일이 생겨난다. 가발과 사진 기술, 보톡스를 비롯한 온갖 성형 수술로 대변되는 의학 기술이 완벽한 외모에 대한 환상을 무차별 지원한다. 자기가 좋아하는 연예인을 직접 만나본 사람이라면 다들 얼마나 어이없는 조작과 변장술에 넘어갔는지 느낄 것이다. 늠름하게만 보이던 사회자는 키가 작달막하고, 코에 커다란 뾰루지가 났다. 화면 속에서 그토록 우아하던, 토크

쇼 여성 진행자도 주름을 감추려고 얼굴에 떡칠을 하고, 기름기가 엉겨 붙은 머리카락은 며칠이나 안 감은 것 같다. 그러니, 이제 환상은 제발 그만 갖자.

비싼 물건을 걸친다고 근사하게 보이는 건 아니다. 구치 매장에서 산 제품이 다른 물건보다 훨씬 고급스러워 보이긴 할 테지만, 그렇다고 그것을 입거나 사용하는 사람까지 갑자기 달라 보인다는 보장은 없다. 유명 인테리어 디자이너가 집을 꾸며 주면 보기야 좋아도, 사실 별로 편하지 않다. 진짜 스타일은 내면에서 우러나온다. 아무리 싼 물건, 손수 꾸민 방이라도 공을 들이고 조화를 잃지 않는다면 훨씬 인상적인 느낌을 준다. **가격에 목을 매지 말자. 명품도 때로는 스타일을 망치는 주범이 될 수 있다.**

낡고 오래된 것이라도 정성과 전통이 배인 진품은 그것만의 스타일과 가치가 있다. 유명 상표가 아닌 진짜 가치를 알고 활용할 줄 아는 것이 스타일이다. 유서 깊은 영국 가문에서는 아버지가 입던 트위드 재킷을 아들에게 고이 물려주고, 젊은 세대도 귀한 유산을 기쁜 마음으로 입는다고 한다. 할아버지, 할머니가 입던 옷을 입으라는 게 아니다. 생각의 전환이 중요하다는 뜻이다. 패션잡지를 뒤적이며 새 유행을 좇느라 시간을 허비하지 말자. 다시 한번 강조하지만, 진정한 스타일은 지나치지 않는 범위 안에서 최대한의 자유와 합리적인 멋을 추구하는 것이다.

자신을 잘 아는 여자는 자기가 무엇을 가장 좋아하는지 분명하게 드러낸다. 불안정한 태도가 아닌 자의식과 당당함이 묻어난다. 그 당당함은 외모에서 오는 것이 아니라 내적인 조화에서 우러난다. 닮을 수 없는 헛된 망상에 사로잡히지 말고 자기만의 아름다움을 발견하고 가꾸자. 스스로를 애정 어린 시각으로, 그러나 냉정하게 평가하자. 나쁜 점도 알아야겠지만 좋은 점을 더 많이 발굴하자.

노출 수위를 잘 조절하는 법이 있다. 통통한 여성이라면 앞가슴이 부드럽고 풍만하므로 약간 목이 파인 옷을 입자. 굳이 다리까지 내놓고 다니면서 무다리라고 고민할 필요는 없다. 마르고 키 큰 여성은 다리가 날씬한 편이니까 40세나 50세가 되어서도 짧은 치마가 멋지게 어울린다. 가슴이 작다면 파인 옷은 피하자. 다만 피부가 깨끗하고 건강하다면 어느 정도 노출하는 것도 괜찮다.

남성들도 섹스어필을 할 수 있다. 잘 다듬은 손톱, 길고 가지런한 손가락, 부드러운 목소리 따위는 여자들을 홀딱 반하게 할 만한 장점들이다. 일터에서 배꼽이 보이는 티셔츠를 입거나 가슴 털이 비칠 만큼 단추를 풀어놓는 행위는 노출증 환자 같은 인상을 주므로 삼가자. 섹시하기는커녕 밥맛을 뚝 떨어뜨릴 만큼 보기 흉하니 주의할 것.

여성을 위한 스타일 체크리스트

✓ 만년필을 하나 갖고 있다. 1점

✓ 하이힐을 신고도 자갈길을 문제없이 걸을 수 있다. 3점

✓ 천 냥 하우스에 가서 잔뜩 물건을 산 적이 있다 −3점

✓ 애인이 "돼지야" 혹은 "밥순이"라고 부르도록 내버려둔다. −3점

✓ 남의 비밀을 누설해 본 적이 없다 5점

✓ 당신 앞에서 남자들이 편하게 울기도 한다. 5점

✓ 3개 국어를 완벽하게 소화한다. 2점

✓ 샴페인과 거품 화이트와인을 구별할 줄 안다. 5점

✓ 사람들이 당신이 지나갈 때면 항상 문을 잡아준다. 5점

✓ 와인 잔은 항상 줄기를 잡는다. 3점

✓ 당신 때문에 다른 여자가 운 적이 있다. −5점

✓ 당신 때문에 남자가 운 적이 있다. 3점

✓ 몸에 피어싱을 했다 −5점

✓ DVD나 CD보다 책이 훨씬 많다. 2점

✓ 가족묘를 자주 찾아가 손질한다. 5점

✓ 새로 나오는 다이어트마다 한번씩 해본다. −5점

✓ 상관없는 단어인데도 자주 성적인 내용을 연상하곤 한다. −5점

✓ 어둠 속에서 보지 않고도 넥타이를 맬 수 있다. 3점

✓ 초저녁 토크쇼에 출연한 적이 있다. −1점

✓ 핸드크림을 꼭 가지고 다닌다. 5점

✓ 경제 전문지를 정기 구독한다. 2점

✓ 약속 시간이나 근무 시간에 결코 늦는 법이 없다. 2점

✓ 말끝을 흐리거나 얼버무리지 않고 정확히 얘기한다. 2점

✓ 접시에 놓인 장식품을 가만히 내버려둔다. 5점

✓ 세금 신고는 혼자서 해결한다. 2점

✓ 한번도 바람을 맞아 본 적이 없다. 3점

✓ 친구들한테 요리해 주는 걸 좋아한다.   2점
✓ 나이든 부모님을 보살펴 드리는 일을 기꺼이 할 생각이다.   3점
✓ 애인보다 더 늦도록 일하다 들어오는 날이 가끔 있다.   3점
✓ 기부를 하고서 그것에 대해 떠벌리지 않는다.   4점
✓ 전기 드릴을 사용할 줄 안다.   2점
✓ 중요한 약속이 있을 때 동료나 애인한테 꼭 행동거지를 조심하라는
  말을 듣는다.   −5점
✓ 주변 사람들이 곧잘 충고를 부탁한다.   4점
✓ 선거에서 부동표(浮動票)를 행사하는 유권자에 속한다.   5점
✓ 가까운 나라의 선거제도와 국내 선거제도를 대강 비교할 줄 안다.   3점
✓ 매니큐어는 대체로 파스텔 색깔을 즐겨 바른다.   2점
✓ 고무나무를 기르지 않는다.   3점
✓ 인공 선탠을 하러 자주 간다.   −3점
✓ 식탁에 앉아 다른 사람 앞에서 립스틱을 바른 적이 없다.   2점
✓ 스파게티를 먹을 때는 수저 없이 포크만 사용한다.   3점
✓ 레스토랑에서 손가락 닦는 접시가 나오면 세련되게 사용할 줄 안다.   3점
✓ 자동차에 이런 저런 장식용 스티커가 덕지덕지 붙어 있다.   −5점
✓ 대하소설을 끝까지 다 읽었다.   4점
✓ 남편과 이혼할 때 위자료를 지불할 의사가 있다.   3점
✓ 친구가 입은 이브닝드레스가 어울리지 않는다고 시큰둥하게 말을 던진다. −2점
✓ '포트폴리오'의 정확한 뜻을 안다.   3점
✓ 목과 가슴 언저리에 반짝이를 뿌리고 다닌다.   −5점
✓ 당신의 이름을 잘못 발음하는 사람들이 가끔 있다.   −5점
✓ 칩 스낵을 결코 먹지 않는다.   2점
✓ 결혼이나 연애 드라마에 관심이 없다.   2점
✓ 생선을 먹을 때는 몸통부터 먹는다.   3점
✓ 이 테스트를 하면서 거짓말로 답변하지 않았다.   10점

점수 매기기 :

120점 이상 : 정말 안 속였는가?

90점에서 120점 : 남자들이 당신 발 밑에 엎드리고 당신이 바라는 일이라면 뭐든지 할 태세다

30점에서 90점 : 나쁘지 않지만, 아직 더 노력이 필요하다

10점에서 30점 : 조심할 것. 제멋대로 라는 소리를 들을 가능성이 있다.

10점 이하 : 계산 잘못 한 거죠?

똑똑한 속임수 몇 가지

　패션계에 새로운 바람이 불 때마다 유행을 일일이 좇아 몸치장을 하고, 또 그것이 매번 잘 어울릴 만큼 몸매가 받쳐주는 사람은 별로 없다. 그러나 환상적인 몸매와 말끔한 피부, 멋들어진 머릿결을 갖지 못한 여성들도 머리만 잘 쓰면 단점을 커버하고 멋있게 보일 수 있다. 옷가게에 들어가 평소에 입어보고 싶었던 디자인을 발견한 당신. 탈의실에서 당장 몸에 걸쳐 보고는 요리조리 거울 속을 뜯어본다. '살만 좀 빠지면 되겠는걸.' '이번 여름에 살갗을 태우면 이 색깔이 훨씬 어울리겠지.' 창백한 형광등 불빛 아래, 너무나 입고 싶어 도저히 포기가 안 되는 옷을 놓고 벌이는 자신과의 싸움. 그러나 설사 살이 빠지고, 구릿빛 피부가 된다 해도 여자들이 상상하는, 모델 수준의 장면은 쉽게 나오지 않는다. 그것이 현실이다.

당신의 체형은 무엇?

몸을 옷에 맞출 순 없다. 옷을 몸에 맞춰야지. 자신의 체형을 객관적으로 파악하면 옷 입기가 훨씬 수월하다. 자신의 단점을 잘 아는 여성들은 많지만, 그것을 커버할 수 있는 방법을 아는 사람은 별로 없다. 전신 거울에 몸을 비춰 보고, V, A, I, X 형 중에서 어떤 것이 자신의 몸매와 가장 비슷한지 체크하자.

V형 : 신디 크로포드(Cindy Crawford)나 모나코의 스테파니 (Stefanie) 공주가 전형적인 V 체형이다. 어깨가 벌어지고, 가슴은 큰데 허벅지와 종아리는 가는 편이다.

이 체형에는 헐렁하고 넉넉한 블라우스와 재킷을 위에 입고, 아래는 짧고 좁은 치마나 몸에 붙는 일자형 바지를 입는다. 풍성한 부분을 일부러 강조하는 딱 붙는 탱크 톱 상의는 자칫 뚱뚱해 보인다. 상의는 엉덩이 선까지 내려오는 편이 좋고, 단순하고 깔끔한 스타일이 가장 무난하다.

A형 : 이 체형은 상체는 마른 편인데 하체가 굵은 것이 특징이다. 가슴도 작고 허리도 두껍지는 않은데 엉덩이부터 허벅지, 다리가 통통한 사람이 A형에 속한다. 물론 요즘에는 실리콘이다, 가슴 성형이다 해서 보완이 가능해진 편이다.

허벅지와 엉덩이에 시선이 가지 않게 하려면 하의는 어둡고 눈에 잘 띄지 않는 색상을 입는다. 통이 넓고 헐렁한 바지를 선택하고, 아래로 갈수록 넓어지는 A라인의 치마가 좋다. 몸에 붙는 바지나 미니스커트는 금물.

윗도리는 밝은 색상이나 줄무늬, 눈에 띄는 포인트가 있는 것을 입는다. 좁게 재단된 탑을 받쳐 입는 것도 좋은 생각이다. 일명 '공주 스타일' 이라고 불리는, 위는 좁고 몸에 붙는 반면, 허리부터 부드럽게 퍼져, 아래는 풍성한 옷이 A체형에 가장 알맞다. 허리띠는 안 하는 편이 현명하고, 옆구리를 강조하는 디자인은 피하자. 엉덩이와 허벅지를 조이는 아이템은 무조건 사양.

I형 : 셰어(Cher)처럼 위부터 아래까지 일자형 몸매를 가진 사람이 I형에 속한다. 신체 부위 중 특별히 눈에 띄는 부분이 없고 굴곡이 약한 편이라 허리선도 밋밋하다.

이 체형의 사람들은 여러 가지 스타일을 소화할 수 있는 타입이라 옷 입기가 의외로 간편하다. 그러나 뭐니뭐니 해도 '원피스' 처럼 위에서 아래로 선이 곧게 흐르는 스타일이 좋다. 짧아도 좋고 길어도 괜찮으며, 허리띠는 밋밋한 몸매가 드러나는 역효과가 있으므로 하지 않는 것이 낫다. 포인트를 주기 위해 보색으로 위아래를 대조하는 것도 좋은 방법이다. 엉덩이를 덮는 원색 재킷을 입고 안에도 밝은 색깔 티셔츠나 니트를 입는다. 하의는 검정이나 하양 같은 무채색이나 카키색 바지로 대비를 준다.

I형 몸매를 가진 사람들은 일부러 위아래로 시선이 가는 옷을 입는 것이 좋다. 그래야 단조로운 선이 커버되고 빈약한 가슴에 시선이 쏠리지 않는다. 혹은 A 라인 치마나 원피스를 입으면 굴곡이 적은 골반을 감추고 여성적인 느낌을 가미할 수 있다. I형은, 통이 넓든 좁든, '골반' 이든 '반 골반' 이든 모든 종류의 바지가 어울린다.

X형 : 영화배우 케이트 윈슬렛(Kate Winslet)이 전형적인 X형 몸매다. 가슴도 풍만하고 허벅지와 엉덩이도 굵직하다. 그래서 상대적으로

허리가 날씬해 보이는 장점이 있다.

이 몸매는 잘만 입으면 여성적인 몸매와 굴곡을 가장 매력적으로 강조할 수 있다. 허리선이 잘록하게 들어간 옷을 선택하고, 박스형이나 일자형은 절대 금물이다. 풍성한 주름이나 프릴, 돌출 장식 따위는 X형 몸매를 받쳐 주기는커녕 너무 부담스럽게 보이므로 피하는 것이 좋다.

약간 단순하고 우아한 스타일에 밝고 화사한 색상을 선택하는 것이 바람직하다. 고전적인 옷이나 스포티한 타입, 그러면서도 여성스런 미를 살린 옷이 가장 이상적인 디자인이다. 다만 바지는 지극히 한정된 형태만 어울리는데, 주로 일자로 떨어지는 모양이 무난하게 어울린다.

군살이여, 없어지지 않으려거든 숨어 있어라

특이하고 굵은 허리띠, 목걸이, 각종 장신구, 주머니, 가방……. 쓸데없이 군살이 붙은 부위를 가릴 수 있는 여러 가지 방법은 꽤 많다. 동시에 제일 예쁘다고 생각되는 부분을 강조하는 방법도 많다.

가슴 : 가슴이 풍만한 것은 복이지만, 그렇다고 다른 신체 부위와 균형을 이루지 못할 정도라면 문제가 있다. 솔기가 겉으로 드러난 블라우스나 재킷, V형 네크라인 셔츠를 입거나 위 단추를 풀어 느슨하게 보이는 것이 좋다. 긴 목걸이를 늘어뜨리거나 가슴을 모아주는 기능성 브래지어도 효과가 있다.

피해야 할 것은, 꽉 끼는 상의, 가슴께에 주름을 잡거나 프릴을 단 옷, 풍성한 스웨터, 가슴 바로 밑에서 허리가 시작되거나, 소매가 가슴 부분에서 끝나는 옷 따위다. 허리는 가는데, 가슴과 허벅지가 통통하다면 너무 붙는 옷 대신, 몸에 자연스럽게 흐르는 질감이나 직선 실루엣을 더 추천한다. 넓은 허리띠를 차서 날씬한 허리를 강조한다.

가슴이 작은 것은 큰 문제가 안 된다. 패드가 들어 있고, 위로 올려주는 기능이 있는 브래지어를 착용하면, 유행하는 디자인에 민감하게 제약받을 일은 없다.

허리 : 복부에 살이 많은 사람은 허리를 최대한 가리거나 시선을 분산시키는 방법을 택해야 한다. 넓은 허리띠 대신 가늘고 얇은 허리띠나 늘어지는 사슬 따위를 헐렁하게 맨다. 허리선이 높이 달린 디자인도 되도록 날씬해 보이는 요령.

다리 : 요즘 유행하는 골반 바지와 카고 팬츠는 다리가 짧은 사람한테 적당하지 않다. 허리선을 밖으로 접어 입는 바지는 다리가 짧아 보이고 상체가 길어 보이는 효과가 있으므로 역시 피하는 것이 좋다. 굽이 있는 신발을 신고 약간 길다 싶은 바지를 입으면 몇 센티미터라도 다리가 길어 보인다.

치마와 원피스는 길이를 신중히 맞춰서 입어야 한다. 미니스커트가 그렇듯, 긴치마도 아무에게나 맞는 것은 아니다. 제일 좋은 건 수건이나 천을 몸에 두르고 거울 앞에서 시험해 보는 방법뿐.

비만 : 표준보다 몸무게가 많이 나가는 사람들도 최대한 여러 가지 옷 입는 요령을 동원하자.

✓ 무늬 있는 옷보다는 단색 복장을 추천한다.
✓ 분할이 적고, 바느질 선이 세로로 되어 있는 옷. 너무 얇은 옷감은 피하고 너무 밋밋한 것보다는 약간 곡선이 들어가는 옷이 낫다.
✓ 전반적으로 끼게 입지 말고, 특히 바지는 약간 넉넉하게 입어야 날씬해 보인다.

√ 여름이나, 이브닝드레스에는 속이 비치는 얇은 천으로 된 소매를 이용해 팔을
살짝 가리면 좋다. 민소매 옷은 속에 입거나 부득이한 경우가 아니면 피하자.

√ 엉덩이가 큰 사람은 긴 블라우스나 남방, 반코트로 가린다. 대신 둘둘 만 천이
나 술이 달린 허리띠를 배에 걸쳐 시선을 앞쪽으로 유도한다.

√ 아랫배를 가리려면 긴 윗도리를 하의 겉으로 내어 입고, 속에는 신축성이 좋고
엉덩이를 올려주는 거들을 입어 몸매를 정돈해 준다. 다만 너무 꽉 끼는 속옷
은 건강에 안 좋으므로 삼가자.

얼굴형 : 얼굴형은 옷 입기에서 무척 중요한 요소다. 가장 중요한 원
칙은 얼굴형과 네크라인이 겹치지 않도록 하는 것. 둥근 얼굴에 라운
드 네크라인을 입으면 더 둥그렇게 보이므로, V 네크라인이나 불규칙
적인 네크라인이 어울린다. 그래야 얼굴이 갸름해 보인다. 목걸이도
긴 것을 해서 시선을 위 아래로 늘여준다. 각진 얼굴은 사각 네크라인
을 피하고 V 네크라인이나 부드러운 곡선으로 된 옷을 고른다.

목 : √ 목이 굵은 사람은 목선이 좁고 길게 파인 옷이 좋다.

√ 목이 긴 사람은 옆으로 퍼진 보트네크라인이나 숄 칼라, 스탠딩 칼라가 적당하
며, 목에 띠를 두르는 것도 긴 선을 중화하는 효과가 있다.

√ 짧은 목에는 V 네크라인이나 오픈칼라가 어울린다.

어깨 : √ 넓고 각진 어깨는 깊이 파인 V 네크라인이 좋고, 보트네크라인은 피한다.

√ 좁고 처진 어깨는 둥근 네크라인이나 각진 네크라인이 어울린다. 아니면 깃을
넓게 만들어 가리거나 소매가 부푼 옷을 입는다. V 네크라인은 몸이 더 좁아
보이므로 되도록 피하는 것이 좋다.

자신을 가꾸는 사람이 스스로를 사랑한다

비듬이나 입 냄새, 니코틴에 물든 누런 치아, 지저분한 머리카락은 아무리 유명 이탈리아 디자이너의 옷을 갖다 입혀도 구제할 도리가 없다. 고르고 골라 말쑥하게 차려 입은 스타일 최고의 남성 입에서 악취가 풍긴다고 상상해 보라. 옷매무새보다 훨씬, 훨씬 중요한 것이 바로 청결한 몸 관리다.

나의 체취, 신선하고 달콤하게

코를 찌르는 듯한 땀 냄새, 숨을 안 쉴 수도 없고 무더운 여름날에는 고충이 이만저만이 아니다. 남들 땀 냄새는 말할 것도 없고, 자기 몸에서 나는 냄새라고 해서 불쾌하지 않은 것도 아니다. 겨드랑이처럼 습기가 많은 부위에서는 세균이 번식하기 쉽고, 그 때문에 악취가 발생하는 것.

이제는 잘 씻고, 향수를 뿌리고, 체취 억제제인 데오도란트를 사용하는 것이 기본적인 예의로 간주된다. 하지만 '간주' 될 뿐이지 잘 지켜지지는 않는 것 같다. 만원 버스나 지하철에서 물씬 풍겨 오는 온갖 체취와 옷에 배인 음식 냄새, 담배 찌든 내가 여전히 코를 자극하니 말이다. 언뜻 보기엔 육체 노동을 하는 사람들한테서만 그런 냄새가 날 듯하지만, 오히려 그런 사람들은 더 잘 씻고, 악취가 나지 않게 조심한다. 문제는 화이트컬러라고 불리는 직장인들이다. 겉으로만 멀쩡히 차려입으면 뭐하나. 정말 스타일 좋은 사람은 남들의 눈뿐만 아니라 코도 배려할 줄 알아야 한다.

향수, 필요에서 생겨난 발명

향수와 냄새에 관한 문화는 약 기원전 5,000년 전에 메소포타미아와 이집트 지방에서 생겨났다. 그러나 향이 있는 오일, 연고, 향내 나는 수지(樹脂)를 사용할 수 있는 사람은 오로지 귀족이나, 신관(神官), 그리고 죽은 자뿐이었다. 페니키아 인들이 향료 기술을 아시아와 아프리카, 지중해로 전파하기 시작하면서 그리스와 로마 사회에도 향 문화가 유입되었다. 사람들은 작은 향 주머니를 갖고 다녔고, 겨드랑이를 면도했다. 고대 그리스 사람들은 몸 부위마다 따로 다른 향을 썼다고 전해진다.

13세기 무렵부터 이탈리아 베네치아와 프랑스 그라쎄가 최고의 향수 도시로 떠올랐다. 계몽주의 시대에는 오히려 씻지 않는 것이 더 위생적이라는 관념이 풍미했다. 물에 든 세균 때문에 감염이 더 잘 될 거라는 생각이 근거였다. 대신 향수가 세정과 세척에 쓰였다. 19세기부터 향수 산업이 점점 크게 발달하기 시작했다. 그러나 20세기 중반까지 향수는 사치품에 속했기 때문에 지금처럼 널리 쓰이기 시작한 것은 비교적 최근의 일이다.

아침부터 저녁까지 어떻게 하면 주변에 산뜻한 공기를 선사할 수 있는지 알아보자.

✓ 당연히 머리부터 발끝까지 깨끗이 구석구석 씻는다.
✓ 속옷, 양말, 셔츠, 블라우스, 티셔츠는 되도록 하루마다 갈아입고, 여의치 않을 때는 이틀 이상 입지 않는다.
✓ 시중에는 다양한 데오도란트 제품이 나와 있다. 땀 냄새가 조금이라도 나는 사람은 겨드랑이와 발에 사용해 보자. 악취가 많이 줄어드는 것을 느낄 것이다.

✓ 양치질은 적어도 하루 두 번, 아침 식사 후와 저녁 식사 후에 하는 것이 기본이다. 좀더 깔끔한 것을 원한다면 끼니마다 양치질을 하고 치실을 사용한다. 껌을 씹는 것도 간편하고 괜찮은 방법이지만 남들 앞에서는 삼가자. 담배를 피우는 사람은 구강 청결에 특히 철저하게 신경을 써야 한다.

✓ 입 냄새가 나는지 스스로 잘 느껴지지 않으면, 구강용 스프레이를 사용하는 것도 좋다.

✓ 머리카락은 쉽게 음식 냄새, 담배 연기 따위의 다른 냄새를 빨아들인다. 자주 감는 도리밖에는 없다.

✓ 자주 빨기 힘든 외투 같은 겉옷은 공기가 잘 통하는 곳에 걸어 두면 천에 배인 냄새가 조금 달아난다. 그러나 너무 오랫동안 빨지 않으면 아무리 향수를 뿌리거나 통풍을 시켜도 냄새가 찌들기 때문에 제때에 세탁하도록 한다.

향수를 사용할 때는 다음과 같은 점에 유의하자.

✓ 향수는 되도록 아껴서 뿌리자. 바로 옆에 있는 사람에게만 은은하게 느껴지는 정도여야 한다. 향기가 0.5미터에서 0.75미터 이상 퍼지면 너무 많이 뿌린 것. 지나친 향기는 오히려 다른 사람들에게 불쾌감을 준다.

✓ 주로 샤워나 목욕 직후 향수를 뿌리면 좋다. 피부가 부드럽고 따뜻할 때 뿌리면 향기가 오래 간다. 목, 팔 안쪽, 무릎 뒤, 관자놀이, 목 아래 윗가슴에 뿌려준다. 보통 향기가 지속되는 시간은 5시간에서 길게는 8시간 정도이고, 깨끗하게 감은 머리에 뿌린 경우 최대 24시간까지 지속된다.

✓ 흔히 귀 뒤(아래)에 향수를 뿌리면 좋다고 알고 있지만, 잘못된 생각이다. 피부에 기름이 많은 곳이어서 향기가 변질될 가능성이 높기 때문이다.

✓ 좋은 냄새든, 나쁜 냄새든 다른 사람들에게는 자신이 느끼는 것보다 더 강하게 느껴진다는 것을 잊지 말자.

✓ 연회에 초대받았을 때는 향수를 신중하게 고르자. 와인 시음회 같은 식음료 관련 행사에 참석할 때는, 다른 사람의 미각을 해칠 우려가 있으므로 향수를 절대 뿌리지 않는다.

"기도할 때 냄새나면 거슬려"

이슬람교에서는 입 냄새가 나거나 양말을 제때 갈아 신지 않은 무슬림은 사원에서 와서 다른 신도들과 함께 기도하는 대신 집에서 따로 기도를 하라고 권장한다. "양파, 마늘, 담배 냄새가 나거나 양말에서 냄새가 나는 사람은 사원으로 오지 않는 것이 좋다." 터키 신문 〈밀리예트 *Milliyet*〉는 터키 국립종교원장의 말을 위와 같이 짤막하게 인용했다. 담배나 냄새는 종교적으로 문제될 것이 없지만, 적어도 사원에 오는 다른 신도들이 기도하는 데 방해를 주지는 말아야 한다는 것이 요지. 터키인들한테서 배워야 할 점이라고 생각지 않는가?

털, 털, 털

여자의 체모 : 몸에 난 체모를 제거하는 여성들이 최근 몇 년 간 급격히 늘었다. 이탈리아, 프랑스, 스페인 여성들은 75퍼센트 이상이 미용을 위해 체모를 제거한다고 응답했다. 특히 미국 여성들은 털 뽑는 데 지독히도 열성을 보인다. 그래서인지 언젠가 줄리아 로버츠(Julia Roberts) 사진을 봤을 때, 겨드랑이 털을 보고 의아해 했던 기억이 난다.

제모 크림을 쓰거나 영구 시술을 하거나 여성용 면도기를 쓰는 것도 좋다. 다리와 겨드랑이의 털을 제거하는 것은 깔끔한 인상을 주는 데 한몫한다.

남자의 체모 : "남자가 원숭이보다 나은 이유는 멋을 부릴 줄 안다는

점이다"라는 말이 있다. 예전에는 남자들의 풍성한 체모가 남성미와 섹시함을 대변했다. 하지만 지금 가슴털을 내놓고 다니는 사람은 거의 없다. 노팅햄 트렌트 대학에서 실시한 연구 조사에 따르면 많은 영국 남자들이 가슴, 다리, 등에 난 털을 제모제로 없애는 데 동참한다. 털 난 가슴팍보다는 매끈한 피부가 더 낫다고 생각한다. 물론 남자들이 털을 제거하는 부분은 대개 옷으로 가려져 평소에는 보이지 않는다.

하지만 정말 신경 써야 할 체모는 따로 있다. 귀와 콧구멍에서 비어져 나온 털들은 꽤 지저분한 인상을 준다. 애인에게 작은 가위로 잘라 달라고 부탁하든지, 시중에 나와 있는 코와 귀 전용 면도기를 이용해 반드시 깨끗이 손질할 것.

가운데머리가 벗겨진 남성들에게 정말로 부탁하고 싶은 것은, 절대로 남아 있는 머리카락을 끌어올려 드러난 부분을 덮지 않았으면 하는 것이다. '대머리' 자체도 때로는 꽤 매력적이다. 유명인 중에는 일부러 머리를 밀어버리는 사람들도 있다. 그러니 어설픈 눈속임 대신 차라리 당당하게 내보이자. 그야말로 '쿨'해 보일 것이다.

파티요? 깔끔한 사람만 받습니다!

세계적인 스타 랩퍼 퍼프 대디(Puff Daddy)는 꽤 깔끔한 사람인 것이 최근에 알려졌다. 그가 개최하는 '그레이티스트 파티 오브 올 타임(Greatest Party of All Time)'에 참석하려던 마돈나, 브리트니 스피어스(Briteny Spears), 그의 옛 애인 제니퍼 로페즈(Jennifer Lopez) 등 세계 최고의 여성 스타들은 다음과 같은 특별한 위생 지침을 전달받았다고 한다.

다리에 난 털은 반드시 없앨 것, 파티 장에 오기 직전 미용사에게 머리 손질을 받고 올 것, 손톱은 물론이고 발가락이 드러나는 신발을 신었을 경우 발톱도 예쁘게 칠할 것, 얼굴에 난 수염은 깨끗이 면도할 것.

장장 8쪽에 달하는 가죽 장정의 튼튼한 초대장에는 그 밖의 주의 사항이 이어졌다. "복장 규정은 엄격히 지켜져야 함. 구두에 얼굴이 비칠 정도로 정성 들여 광을 낼 것. 청바지 따위를 입고 오는 사람은 상황 파악 못 하는 얼간이로 간주하겠음. 자신의 결혼식장에 간다고 생각하고 닦고, 때 빼고, 광내고 올 것."

파티장 문 앞을 지키던 안내원이 여자 손님들이 다리를 밀었는지 실제로 일일이 확인하라는 지시를 받았는지는 여전히 미지의 수수께끼로 남아 있다.

전통 의상, 이렇게 입어라

뉴욕에서는 요즘 패션 리더들이 중고 옷가게에서 유럽 민속 의상을 사서 청바지에 걸쳐 입거나, 옛날식 털모자 아니면 새빨갛고 샛노란, 아무튼 엄청나게 눈에 띄는 색깔의 머릿수건을 두르고 다닌다고 한다. 거기에 시골풍 장신구가 한몫을 더한다. 얼마 전까지만 해도 촌스럽다고 질색하던 품목들이 뉴욕 5번 가의 멋쟁이들에게 불티나게 팔리고 있는 것이다.

세계적인 디자이너들도 동유럽이나 티롤(알프스 남부) 지방의 민속

당신 정말 티롤 사람이에요?

그렇다마다! 이게 안 보여요?

의상에서 아이디어를 가져오는 추세. 한마디로 튀고 싶은 사람들과 멋이라면 죽고 못 사는 유행 제조가들에게 인기를 누리고 있는 아이템이다.

독일 사람들의 민속 의상 입기 : 현재 우리가 접하는 민속 의상은 아무렇게나 마음 내키는 대로 입을 수 있었던 것은 아니다. 특정한 지역, 특정한 배경마다 그곳의 문화유산으로 전해 내려오는 독특한 복식이 있기 때문이다. 특정 지역의 전통 복식을 입는다는 것은 나름대로의 신념과 의미를 시사하는 행동이다. 그래서 행사 때 아무리 도시 사람의 유연한 사고방식에서 낭만적인 변장을 한다 해도, 진짜 그 지방 사람이 아니면 삼가는 편이 훨씬 안전하다.

규칙을 깨부수어라!

가끔씩, 다른 사람들 눈치를 보느라 그들과 똑같이 행동하는 것이 지겨울 때가 있다. 그럴 때는 과감하게 외모를 바꿔보자. 비록 몇몇 제한된 조건 내에서일지라도, 자신만의 독특한 이미지를 만들어내는 데

더할 나위 없이 좋은 방식이다.

입지가 강한 사람들은 가끔 규범에 맞춘 듯한 의상이나 사회가 권장하는 스타일을 거부한다. 요슈카 피셔는 상황 연출에 일가견이 있다. 환경부 장관으로 취임하던 날, 그는 일부러 검은 양복에 하얀 운동화를 신었다. 그날 신으려고 일부러 구입한 물건들이었다. 지금 그 양복과 운동화는 본 시의 역사의 집(Das Bonner Haus der Geschichte)에 전시되어 있다.

미국 록 가수 아나스타샤(Anastacia)는 콘택트렌즈가 흔하디 흔한 세상이지만 무대에서는 일부러 안경을 쓴다. 유명인 중에는 자신의 트레이드마크 같은 모자나 작은 액세서리를 결코 몸에서 떼놓지 않는 사람들이 많다. 그런 조그만 아이디어는 다른 사람들과 스스로를 차별화하는 기발한 전략이다.

스타일이 되기 싫은 스타일

스타일을 거부하는 것도 하나의 스타일이다. 마리아 샤우마이어(Maria Schaumayer) 전 오스트리아 내셔널뱅크 은행장은 추진력, 똑똑함, 결단력뿐만 아니라 개성적인 옷차림과 손잡이 달린 가방으로도 세인의 주목을 한몸에 받았다. 물빨래해도 되는 하늘색 원피스에 큼지막한 무늬가 프린트된 천을 걸치고, 이 여성 은행가는 굵직한 해외 계약서에 서명도 하고 혀를 내두를 정도의 말솜씨로 남자들 코를 납작하게 했다. 그녀의 스타일은, 말하자면 다른 커리어 우먼들이 보이는 옷차림과 완전히 어긋나는 방식을 택했다는 점에서 나름대로 독특하고 가치가 있었다.

매들린 올브라이트(Madeleine Albright) 전 미국 국무장관 역시 클린턴 대통령과 일하던 시절에 가끔 카우보이모자를 눌러쓰고 나타났다. **마가렛 대처(Margaret Thatscher)** 전 영국 수상은 부인 모자, 파마머리, 귀부인 같은 **파스텔 색상의 치마 정장**, 멋들어진 장갑으로 흠잡을 데 없는 전통적 여성상을 보여주었다. 왠지 거칠고 무뚝뚝해야 할 것 같은 여성 정치인의 이미지를 완전히 전복시킨 대처 수상의 분위기는, 늑대가 양의 탈을 뒤집어쓰는 것만큼이나 파격적인 것이었다. 그러나 어떤 보수적인 남자 정치가들보다도 훨씬 더 자신의 정치 인생에 성공한 점을 본다면, 그런 여성적 이미지가 나약함이나 무능력 따위와는 전혀 상관이 없었던 듯 하다. 진정한 '슈퍼우먼' 들의 스타일은 자기만의 색깔을 잃지 않고 지키는 고집과 주관일지도 모른다.

자랑하고 싶어, 나의 능력을!

간혹 자기의 지위와 소유하고 있는 것을 드러내고 싶어하는 사람들도 있다. 그럴 때 그것을 입증할 만한 사물을 제시하는 경우가 많은데, 그로써 자신이 얼마만큼의 경제력이 있으며 얼마나 대단한 존재인지 만인에게 보여주려는 의도다.

마스코트 애인 — 여자

돈 많고 나이 많은 남자들은 곧잘 예쁘고 젊은 여자들을 데리고 다닌다. 그러면서 남들에게 "자 봐라, 내가 얼마나 대단한지 알겠지?"하고 말하고 싶어한다. 특히 가장 아름답고, 여자라는 이유로 모델들이 자주 그런 용도로 애용된다. 과시해야 할 자리에 온갖 장신구와 모피, 유명 디자이너의 의상을 걸친 젊고 잘 빠진 여자를 데리고 나타난다는 것이 얼마나 '있어 보이는' 일인가! 이 여자의 몸을 칭칭 감고 있는 명품을 사줄 능력쯤은 나에게 있다! 다만, 마스코트의 구실을 하는 이런 여자들은 천천히 혹은 금세 사람들의 관심에서 잊혀지고 만다.

그런데 이런 상황에서 성별이 반대라면? 나이든 여자가 젊은 남자 애인을 대동하고 공개적인 자리에 나타난다. 앞서 살펴본 나이든 남자와 젊은 여자의 '전통적인' 모델보다는 효과가 덜할 것이며 오히려 의아함과 특이하다는 인상을 부추길 것이다.

나의 상상이지만, 요즘처럼 세 집 건너 한 집이 이혼하는 세상에서는, 조만간 오래 결혼 생활을 지속한다는 사실 자체가 사회 계층을 상징하는 기준이 될지도 모른다.

마스코트 애인 ― 남자

예전부터 여자들이 사회 '고위층'에서 남편감을 찾으려고 애쓰는 것이 그다지 나쁘게 들리지 않았다. 어떤 카바레티스트(유럽의 카바레에서 만담과 노래, 연기로 세태를 풍자하는 연예인―옮긴이)가 이런 현상을 희화한 것을 보고 웃은 적이 있다. 여자들이 모두 자꾸 위로, 위로만 올라가려 애쓰기 때문에, 정작 위에 있는 여자들이 건질 남자가 남아나질 않는다. 그래서 거꾸로 '아래' 계층의 남자들에 눈을 돌릴 수밖에 없다는 것이다.

최근에 외국 애인을 두는 여자들의 경우도 어떤 사회적 지위의 한 표현인 양 인식되기도 한다. 그런 경향에서 특히 서양 남자들이 가졌을 매너, 유머, 영특한 머리가 사회적 위신을 높여줄 거라는 생각이 엿보인다.

여비서는 아름다워야 한다?

아마 남자 상사들은 일 잘해도 외모가 평범한 비서보다는 '일도 잘하고 예쁘고 나긋나긋한' 비서에 열광할 것이다. 그런 현상 뒤에는 값비싼 손목시계나 최신형 자동차만큼 어여쁜 여비서가 남들에게 시사하는 바가 크다는 생각이 자리 잡고 있으리라.

책상의 넓이는 권력×지위

직원들에게는 상사의 커다란 책상이 어떤 면에서는 권력의 상징으로 다가올 것이다. 얼마나 좋은 재질과 얼마만한 크기의 책상이, 사무실 바깥문과 얼마나 거리가 떨어진 곳에 놓여 있느냐에 따라 그 사람의 회사 내 직책이 결정된다. 만약 방이 따로 지정되어 있다면 더할 나위 없는 대우를 받고 있는 중요한 사람이라는 뜻이다. 방 구분이 없이 사방이 탁 트인 실내 디자인이라 하더라도, 지위가 높은 구성원에게는 일종의 공간이 따로 배치되기 마련이다.

어떤 기업들은 회사 내 지위 체계에 따라 의자와 책상의 종류를 규정해 놓기도 한다. 좁은 책상에서 단순 업무를 처리하는 말단 사원이 있는가 하면, 당구대만큼 넓은 책상을 차지하고 앉은 중역과 사장도 있다.

이 배에는 아이가 들어 있어요!

1991년 데미 무어는 몸에 실오라기 하나 걸치지 않은 채 만삭의 배를 감싸 안은 자랑스런 자세로 〈배니티 페어 *Vanity Fair*〉의 표지를 장식했다. 프랑스 톱 모델 레티시아 카스타(Laetitia Casta)도 임신한 배를 하고 갈레리 라파예트(Galleries Lafayette : 프랑스 유명 백화점) 광고를 찍기도 했다. 불룩 나온 배를 큰 옷 속에 감추고, 어서 빨리 아기가 태어나 다시 '처녀적 몸매'로 돌아가고 싶어하는 여성들이 크게 줄어들었다. 요즘 엄마들은 임신한 배를 자랑스럽게 내밀고 다니며 결코 가리거나 쑥스러워하지 않는다. 다시 아이를 갖고, 엄마로서의 인생을 사는 일이 재조명된다. 특히 나이가 적지 않은 여성들은 아이를 낳고 키우는 것을 평생 반드시 해보고 싶은 일로 생각한다. 그리고 임신하고 나서도 청바지와 티셔츠, 혹은 화려한 드레스를 입고 당당히 거리에 나선다. "이것 봐, 나 임신했어! 정말 섹시해 보이지 않아?"

신용카드가 부를 말하는 사회

지갑에 딱 들어가고, 작고 가볍고, 구겨지지도 않는다. 'VISA'니 'Diners'니 'Master'니 하는 딱지가 붙어있고, 때로는 '골드' 또는 '플래티늄'이라는 명칭에 따라 카드 색깔뿐 아니라, 레스토랑 종업원들이 대하는 태도까지 등급이 매겨진다. 2002년에는 아메리칸 익스프레스(AMEX) 사에서 은밀히 선택된 일부 사람들에게만 연락해 발급하는 센추리온(Centurion) 카드, 일명 '블랙 카드'도 나왔다. 기본적인 자격 요건은 1년에 15만 달러(약 2억 원)를 쓰면서 연회비 1000달러를 낼 수 있는 사람이다.

마피아만 피우는 게 아니라고!

입술 사이에 끼워진 두꺼운 아바나 산 **여송연**은 수십 년 동안 부와 권력의 상징이었다. 웬만큼 세력 있는 정치가들이나 기업가들은 물론이고, 처칠(Churchill)이나 피델 카스트로(Fidel Cstro)같은 인물들은 일부러라도 여송연을 문 모습으로 강한 이미지를 부각시키려 했다.

근래에는, 여자들도 고품격의 기호품을 즐기려는 움직임을 보인다. 마돈나는 쿠바 산 여송연을 무척 좋아하며, 샤론 스톤(Sharon Stone)은 코로나를 즐겨 피운다고 한다. 이제 권력의 지렛대 끝에 많은 여자들이 포진하고 있다. 그들은 남자들 못지않게 신분을 과시할 수 있는, 여송연 같은 상징물을 외면하지 않는다. 해외 여러 나라에서는 여성들이 공공장소에서 고급 여송연을 피우는 모습을 심심찮게 목격할 수 있다.

제4장

최고의 매너 시험장, 일터

제4장

최고의 매너 시험장, 일터

출세의 사다리를 오르려고 마음먹었다면, 훌륭한 태도와 매너의 중요성을 잊어서는 안 된다. 한 독일의 대학에서 6,500명의 박사 학위를 받은 학자들의 출세 길을 추적한 결과, 가장 중요한 출세의 요인으로 부각된 것이 바로 정확하고 적절한 매너였다고 한다. 남 앞에서 어떻게 자신을 표현하고, 무슨 인상을 줄 것인지, 그리고 자연스러운 카리스마를 가지고 있는지의 여부가 성공의 열쇠였다.

직장에 첫 발을 들여놓은 새내기는 더더욱 수많은 난관에 부딪친다. 뭘 요구하는지 감이 안 잡히는 동료들, 아직 타입 분석이 어려운 상사들, 거기에 고객과 거래처들까지 등장하면 정신이 없다. 회사 내 관례와 분위기에도 적응해야 한다. 일터는 학창 시절과는 전혀 다른 행동과 매너가 요구되는 냉혹하고 엄정한 또 하나의 시험장이다.

직장 생활의 가장 중요한 전제 조건은 물론 전문적 자질이다. 그러나 그 외에도 훌륭한 매너의 구실과 중요성은 날로 더해간다. 고객은 상품의 품질이나 가격, 조건만으로 잡을 수 있는 것이 아니다. 고객을 붙들기 위한 새로운 방법을 찾고 있는 기업들에게 새로운 비전으로 찾아온 것이 바로 적재적소에서 발휘되는 훌륭한 태도와 매너다. 그렇다고 해서 매너를 정해진 의례와 의식을 똑같이 따라하는 것이라고 간주하지는 말자. 상대를 존중하고 신뢰감을 주며, 책임 의식을 느끼는 것, 그리고 회사에 대한 충성심을 발휘하며 남의 의견을 경청하는 능력이 바로 매너의 기본이다.

예의에 어긋나는 행동은 어디서나 목격할 수 있다. 출세의 사다리 저 위에서만 장애물이 도사리고 있는 것은 아니다. 부적절한 행동이 너무나 몸에 베인 나머지 출세의 사다리를 한 단계도 오르지 못하고 저 밑에서 꾸물대는 사람도 수두룩하니까.

면접, 시작해 볼까요?

기업의 인사 전문가들은 한번 척 보기만 해도 구직자들의 전체 인상을 한눈에 파악한다. 이들은 특히 의상과 머리 모양, 자세, 언어를 주시한다. 그 사람이 사회가 요구하는 게임의 법칙에 능통한지 금방 나타나며, 외모와 태도는 곧 인격의 일부이기 때문이다. 자질은 언어를 통해서만 전달되는 것이 아니라 사람의 몸 전체에서 풍겨 나온다. 이런 자질에는 사람에게 처음 다가가는 태도, 악수하는 태도, 상대의 눈을 바라보는 흔들리지 않는 시선 등도 포함된다. 이런 제스처들이 어정쩡해 보이거나 거만해 보이지 않도록 조심해야 한다. 솔직한 태도와 분명하고 또렷한 목소리는 그런 점에서 큰 점수를 받을 수 있다.

평상시뿐만 아니라 면접 때에도 대화하는 사람과의 화학 작용이 맞아 떨어져야 한다. 그 순간에는 마치 남녀가 만나 사랑에 빠지는 것과 비슷하다. 불꽃이 튈 정도로 죽이 척척 맞다가도 금방 헤어지는 커플이 한둘인가. 구직자와 인사 주체의 관계도 이와 같다. 뭔가 잘 맞다가도 금세 다시 틀어져 버린다. 그런 일이 일어나는 이유는, 다름 아닌 외모 때문인 경우가 적지 않다.

제대로 된 옷이 인상을 결정한다

인상, 태도, 자연스러운 카리스마는 인사 담당자가 구직자를 판단하는 데 도움이 되는 자질들이다. 각자 응시한 분야마다 구직자에게 기대하는 내용도 큰 역할을 한다. 응시하는 회사에 드레스 코드를 맞추는 일은 상당한 민감성을 요한다. 긍정적으로 두각을 나타내는 일, 한마디로 톡톡 튈 수 있는 능력도 셀프 마케팅에는 아주 중요하다. 구직자가 회사의 관례를 인정한다는 사실을 보여주기 위해서는 면접에 앞서 집중적으로 그 기업의 문화를 연구할 필요가 있다. 그래야만 첫 순간부터 인사 담당자에게 좋은 인상을 남길 수 있다.

면접을 앞두고 다음의 질문을 스스로에게 던져보자.

✓ 당신이 지원하는 회사는 어떤 분야인가? 당신의 고용주가 될지도 모르는 이 회사는 어떤 제품을 생산하는가? 회사가 사치품을 판매한다면 비싼 의상으로 자신을 표현해야 한다. 의상 말고도 화려한 인상을 주는 수단을 찾아본다. 페라리나 비싼 부동산을 판매하는 중개업체에 지원한다면 프라다(Prada)나 아르마니(Armani) 정장이 어필할 것이다. 옷은 회사가 파는 물건과 비슷한 수준과 분위기를 풍기는 것으로 선택한다.

✓ 자문 회사에 응시하려고 하는가? 기업 자문, 공증회사나 파이낸셜 상담업체의

직원은 믿을 수 있고 성실하다는 인상을 주어야 한다. 이런 태도는 의상으로도 표현되어야 한다. 고품격의 정장을 짙은 색상으로 받쳐입고, 클래식한 디자인의 구두를 신는 것이 좋다.

✓ 창의력을 요하는 직종인가? 광고 회사나 뉴 이코노미 업계는 전혀 다른 규칙을 요한다. 그런 회사는 아이디어를 판매하는 사람이므로 복장 역시 이를 반영해야 한다. 패션 부분에서 직장을 구하는 사람들은, 특히 전문가들이 한눈에 봐도 모조품과 진품을 구별할 줄 안다는 사실을 명심해야 한다. 옷장에 옷을 걸때는 명품 외투나 재킷 안쪽의 라벨이 잘 보이도록 신경을 쓴다.

✓ 기업에서 맡게 될 직책에도 미리 유의해야 한다. 인턴 사원이 명품 옷을 입어도 웃기지만 경력직 간부가 될 사람이 청바지를 질질 끌고 나타나도 안 어울리는 법이다.

✓ 응시한 직장이 대도시에 위치한 회사인지 소도시에 있는 회사인지, 아니면 한적한 지방이나 시골에 있는 회사인지도 중요하다. 업체 크기가 크고 국제적일수록 회사 직원들의 옷차림도 정장이 많다. 또 대도시 기업의 직원들이 지방회사 직원들보다 정장을 많이 입는 편이다.

강력한 인상을 남기자

드레스 코드를 익혔다면 이제 다른 응시자들에 비해 신선하고 믿음직스럽게 두각을 나타낼 수 있는 방법을 고민해 보자. 이제 노트북 정도는 필수품이고 겨드랑이에 낀 경제 잡지로도 유달리 감흥을 줄 수 없다. 자신을 광고할 수 있는 트레이드마크를 고안해서 이용해 보자. 당신의 인격을 드러내고 상대의 머릿속에 강하게 각인될 수 있는 작고 간단한 소품이 필요하다.

✓ 대기 시간 동안 지금 응시하는 직업과 관계된 약간 전문적이고 수준 높은 책을 읽는다. 다방면에 관심이 있는 사람이라는 인상을 줄 것이고, 역으로 면접관에

게 대화의 소재를 제공함으로써 도움을 줄 수도 있다.

√ 면접 전 몇 일 동안에는 일간지를 관심 있게 읽으면서 며칠 후 응시할 업체나 그곳의 경쟁사에 대한 흥미 있는 기사거리가 없는지 살펴본다. 그 주제로 면접 시 대화의 물꼬를 틀 수 있다.

√ 면접을 보러 가면서 멋진 액세서리를 착용한다. 흔히 볼 수 없고 눈에 확 띄는 것일수록 좋다. 집안 대대로 물려오는 낡은 브로치나 재미있게 생긴 안경도 괜찮다.

√ 자신의 외모나 행동에 별 다른 점이 있을 경우 솔직하게 고백한다. 머리카락을 왜 빨간 색으로 염색했는지, 왜 말을 더듬는지, 왜 언청이 수술을 안 했는지 같은 특징을 설명하고 그것을 상표처럼 승화시킨다. 자신의 장점과 단점에 당당하고, 그것을 자기만의 독특한 아이덴티티로 삼는 전략이다.

√ 자신의 트레이드마크를 구상할 때는 지나치게 인위적인 것은 피해야 한다. 실제 자신의 아이덴티티에 정말 들어맞는 것만이 긍정적인 인상을 줄 수 있다. 믿음직하고 정직한 사람이라는 인상을 주어야만 준비한 퍼포먼스도 강한 인상을 남기는 법이다.

√ 친절하고 솔직하되 적당한 거리와 예의를 유지해야 한다. 너무 버릇없게 굴거나 친한 척을 하면 오히려 좋은 인상을 주지 못한다.

면접, 면접, 면접!

면접은 여러분의 미래를 좌우할 중요한 순간이다. 따라서 철저한 준비가 필요하다. 응시 원서와 제반 서류도 철저히 준비해야 하지만 응시할 기업에 대한 상세한 정보도 필수적이다. 누가 기업의 주인인지, 자회사는 있는지, 어디에 본사가 있는지 등등의 자료를 수집하자. 그 회사에서 생산하는 물품에 대해서도 포괄적으로 사전 조사를 할 필요가 있다.

말을 할 때는 내용도 중요하지만 방법도 중요하다. 독일 킬(Kiel) 대학의 연구 결과, 남녀의 대화 방식에는 큰 차이가 있는 것으로 밝혀졌다. 동일한 직책을 두고 동일한 자질을 갖춘 남녀를 면접하면서 그 사진을 찍어 실험 대상자들에게 남자들과 여자들을 비교해 보라고 했다. 그랬더니 실험 대상자들은 입을 모아 여성이 남성에 비해 더 불안하게 보이며, 남성이 훨씬 더 투지가 있어 보인다는 평가를 내렸다. 여성은 남성에 비해 늘 더 공손한 태도를 취한다는 점이 오히려 문제였던 것이다. 여성들이 공손한 경어를 많이 사용한 반면 남성들은 공격적인 표현을 많이 사용했다. 물론, 공손하고 정중한 태도가 긍정적인 자질이기는 하지만 무엇이든 적당한 정도와 양이 중요한 법이다.

대화의 물꼬를 트기 위해 시작하는 말들이 있는데, 편안한 대화 분위기를 위해 양념처럼 자주 쓰이는 표현들이다. 경험 많은 인사 담당자라면 "오시느라 고생이 많으셨죠? 잘 주무셨습니까?" 같은 말로 대화의 문을 열 것이다. 만약 인사 담당자가 그럴 여지가 없어 보이면 당신이 직접 나서 분위기 조성을 시도해볼 수도 있다. "새 사옥이 아주 좋습니다. 건축 잡지에서 평을 읽은 적이 있습니다" 같은 말로 대화를 시작하면 훨씬 부드럽게 본론으로 들어갈 수 있을 것이다.

대화 중간에 말이 끊기면 서로가 맘이 편치 못하다. 이런 사태를 피하는 건 직위가 높은 쪽, 그러니까 인사 담당자의 몫이다. 하지만 면접자가 나서서 그런 상황을 잘 넘긴다면 점수가 올라갈 것이 뻔하지 않을까?

대화가 끝났다고 갑자기 벌떡 일어나서 나가면 안 된다. 인사 담당자가 대화가 끝났다는 신호를 보낼 때까지 기다리자. 면접을 볼 수 있어 영광이라는 말로 대화를 끝맺는 것도 좋다.

그 밖에 알아두어야 할 것 :

✓ 면접 장소로 들어서면 우선 말로 인사를 건네고 상대가 당신에게 손을 내밀 때까지 기다려라. 직책이 높은 사람이 먼저 악수를 유도해야 옳다. 악수를 할 때는 상대와 시선을 맞추고 너무 손을 세게 잡거나 거칠게 잡지 않도록 주의한다.

✓ 여성이든 남성이든 앉아 있다가도 인사를 할 때는 일어서야 한다.

✓ 자기 소개를 한다. "안녕하세요, 저는 이 아무개입니다." 정말 긴장하면, 상대가 "김철수 씨입니까?"라고 물었을 때 "예, 제가 김철수 씨입니다"라고 대답하는 경우가 많다. 그런 답변은 긴장하고 있다는 증거이자, 우스꽝스런 인상을 주므로 주의하자.

✓ 면접관이 두 사람 이상일 때는 직책이 높은 사람한테 먼저 인사를 한다.

✓ 상대의 이름과 직책을 외워 두었다가 대화 시 "방금 오 부장님께서 말씀하셨듯……." 하는 식으로 활용한다.

✓ 상대가 앉으라고 권할 때까지 기다린다. 면접관이 자기는 앉아 있으면서 면접자한테 자리를 권하지 않을 때에는 "앉아도 될까요?" 하고 물어도 괜찮다.

✓ 앉는 자세에도 유의한다. 의자 좌석 전체에 엉덩이를 놓고 양발은 바닥에 딱 붙인다. 지나치게 다리를 벌리거나 꼬지 않는다. 허리는 똑바로 펴고 앉는다.

✓ 긴장을 풀고 자연스럽게 행동하라. 그래야 상대가 도발적인 질문을 던져도 당황하지 않는다. 대답의 내용보다는 그런 상황에서 어떤 반응을 보이는지를 보고 싶어서 질문을 던지는 경우가 대부분이다.

✓ 담배를 권하더라도 피우지 마라. 물론 상대가 담배를 피울 경우 같이 피워도 된다. 마실 것을 권하면 받아 마셔도 된다. 너무 많이 거부하면 지나친 겸손으로 해석될 수 있다.

✓ 대화가 끝나면 상대가 손을 내밀면서 작별의 인사를 건넬 때까지 기다린다.

오늘 새로 왔습니다!

첫 출근은 가장 힘든 날이다. 새내기들은 대부분 동료 직원들의 관찰 대상이 되기 때문이다. 서로 인사를 트는 단계에선 어느 정도 방어적으로 행동하면서 주변을 정확하게 관찰하는 것이 좋다. 또한 섣불리 나서서 괜한 오해를 불러일으키지 않는 것이 좋다. 이런저런 아이디어를 내는 건 회사 돌아가는 사정을 몇 주 동안 지켜본 후에 해도 늦지 않다.

신고식, 해도 될까요?

우선 회사 내에서 신고식(내지는 환영식)을 하는 것이 관례인지 알아본다. 자기가 직접 나서 모임을 주선하기 전에 2~3주 기다린다. 사무실 안에서 파티를 해도 될 경우 퇴근 후 1~2 시간 정도 사용 허가를 받아낸다. 그렇지 않은 경우 구내 식당이나 근처 식당을 이용하여 같은 부서 동료 직원들을 초대하여 조촐한 모임을 갖는다.

책상에서 당신의 인격이

책상을 보면 그 주인을 알 수 있다는 말이 있다. 사무직의 경우 책상과 그 주변이 될 거고 노동직일 경우 작업장이 될 것이다. 어쨌든 일을 하는 장소의 모습이 중요하다는 사실을 명심해야 한다. 사람들은 일을 하는 곳에서도 따뜻함과 편안함을 원하고, 개인적으로 좋아하는 물건이나 가족 사진 등을 놓아두기도 하지만, 그럼에도 어디까지나 일터라는 느낌을 잃어버려서는 안 된다.

✓ 비키니 입은 여자 친구 사진, 장난감 자동차, 매일 먹는 비타민 등은 책상 위에 얹어두는 물건이 아니다.

✓ 사용한 찻잔이나 재떨이는 사용 즉시 닦거나 비운다.

✓ 책상 옆과 밑에도 신경을 쓴다. 여벌 신발은 바닥에 널브러지게 놔두지 말고 옷장에 보관한다.

✓ 어떤 경우라도 정리 정돈이 잘 되어 있고 깔끔해야 한다. 직장 생활이 아무리 일과 시간에 쫓겨 스트레스가 쌓인다고 해도, 책상이나 일터는 주인의 인격을 그대로 반영하는 곳이기 때문이다.

✓ 교대로 책상과 컴퓨터를 사용하는 공동의 장소에는 개인 소지품을 흘리고 다녀서는 안 된다. 아울러 개인적으로 열어본 웹 페이지의 흔적이나 잠깐 내려 받은 자료 같은 것은 다시 쓸 일이 없을 경우 지워놓는 것이 예의다.

보다시피, 내게 중요한 건 오직 성공을 향한 투지뿐이에요!

담배 피워도 되나요?

흡연자들에게는 안타까운 일이지만, 이제는 예전처럼 아무 데서나 담배를 피워도 비흡연자들이 군소리 없이 참아주는 시대가 아니다. 얼마 전까지만 해도 "담배 피워도 됩니까?"라는 질문에 "아니오"라고 대답하는 것이 실례가 될 정도였는데. 지금은 니코틴의 백해무익을 성토하는 전문가와 간접흡연 피해자들이 늘어나는 한편, 이른바 금연의 열풍이 전 세계를 휩쓴다. 일터에서도 사무실에서 흡연하는 동료는 눈총을 받거나 아예 '간 큰 인간'으로 낙인 찍히기 십상이다.

국내에서도 얼마 전부터 〈국민건강증진법시행규칙〉이라 해서 일정한 조건에 해당하는 공공시설에서는 아예 법적으로 흡연을 규제하기 시작했고, 허가받은 담배 판매업소 말고는 담배를 살 수 있는 곳도 크게 줄었다. 길거리 흡연을 규제하느냐 마느냐 하는 문제 역시 아직도 많은 논란 속에서 갈팡질팡 하고 있다. 몇몇 나라에서는 해당 지역 전체나 일부 구역에서 아예 길거리 흡연을 금지하기도 한다.

√ 담배를 피우는 일도 예절을 따지는 것이 좋겠다. 다른 사람에게 피해를 줄 가능성이 있다면 피우는 것을 삼가자.

√ 흡연 구역이 따로 정해진 곳이라면 규정을 엄수하자. 따로 규정이 없다면 회의 시간에는 담배를 피우지 말고, 공간이 하나로 연결된 장소에서 일할 경우 동료들을 배려해 근무 중에 는 피우지 않도록 한다.

√ 설사 일터에서 담배를 피워도 되는 상황이라 해도, 담배를 피울 때는 공간을 함께 쓰는 동료에게 반드시 물어보자. 예의상 괜찮다고 할 수 있으므로, "나가서 피우고 오는 것이 좋을까요?"라고 자세히 물어보는 것이 좋다. 그러나 뭐니 뭐니해도 흡연 구역을 따로 마련하고 그런 곳에서만 담배를 피우는 것이 가장 바람직하다.

√ 금연 표시가 없는지 정확히 살펴본다. 금연이라는 것을 알면서도 담배를 피운다면 당신은 이 책을 읽을 필요도 없다.

√ 평소에 담배를 피우던 곳이라 해도, 손님이 찾아와 함께 있을 경우에는 담배를

피워도 될지 반드시 물어본다.

✓ 회사에 찾아온 손님과 식사를 하러 갔을 때는 그곳이 아무리 흡연 구역이라 할
지라도 식사가 모두 끝난 다음에야 담배를 피우는 것이 예의다.

● ● ● 탁하고 매캐한 공기 속에서

세계적인 크리스털 및 패션 업체인 오스트리아의 스와로브스키
(Swarovski) 사에서 최근 시끄러운 문제가 생긴 적이 있다. 회사 경영
진이 공장 여직원들의 흡연을 위해 정해두었던 휴식 시간을 없애버리겠
다고 선언한 것이다. 비록 이 조치가 한 부서에서만 시험 실시되기로 한
데다, 건강증진이라는 좋은 뜻에서 나온 것이긴 하지만 즉각 커다란 반
발이 일어났다. 그것도 회사 내부에서뿐만 아니라 바깥에서까지 항의가
빗발쳤다. 담배를 피우는 공장 여직원들의 생산 능률이 비 흡연 직원들
보다 더 높아서였다고 한다.

회사에 손님이 찾아왔을 때

에티켓이란 그저 형식적인 것에만 그쳐서는 안 된다. 이러니저러니
해도, 중요한 건 당신과 함께 있는 사람이 편안하고 안정된 기분을 갖
게끔 해주는 것이다. 꾸준히 연습하고 시행착오를 거치다 보면 제일
알맞은 태도를 익히게 되고, 사소한 실수는 재치 있게 넘길 여유도 생
길 것이다.

사무실에서는 이렇게

√ 옷 받아주기 : 평소에는 남자가 여자의 옷을 받아주지만, 여자가 남자 손님을 맞을 때는 옷과 우산 따위를 받아 적당한 장소에 걸어준다. 다만 사적인 영역을 침범할 소지가 있으므로 가방이나 지갑 같은 '개인적인' 소지품은 건드리지 않는다.

√ 안내 : 낯선 장소에 익숙하지 않을 손님을 위해 앞장서서 문을 열어주고 손님이 먼저 그 공간에 들어서게 한다. 계속 이동해야 한다면 다시 살짝 앞질러 안내를 계속한다.

√ 문 열어주기 : 안내하는 사람은 문을 열어주고 잡아줄 때 손님에게 얼굴을 보여야 한다. 만약 가는 방향으로 열리는 문이라면 안내하는 사람이 앞장서 문을 열고 먼저 통과한다. 다음, 문을 잡고 얼굴을 손님에게 향한 채 손님이 완전히 문을 지나오길 기다린 뒤 닫는다. 문이 이 쪽을 향해 열리는 경우에는 먼저 문을 당겨 열고 손님을 향해 선 뒤 지나가게 한다. 다음 자신도 문을 통과한 뒤 닫는다.

√ 계단에서는 : 계단 양옆이 넓으면 나란히 손님과 걸어가면 된다. 그러기에 불편하다면 올라갈 땐 남자가 먼저 오르고, 내려갈 땐 여자가 앞장선다.

손님을 모시고 자동차를 탈 때는 이렇게

차에 탈 때는 먼저 문을 열어 손님을 태우고 자신은 차 앞으로 돌아가서 반대편에 탄다. 직접 운전을 할 경우 손님은 조수석에 앉힌다. 그다지 중요한 손님이 아닐 경우 뒷좌석에 앉게 한다.

√ 공항에서 손님을 마중 나가 데리고 올 때는 직속 부하나 비서를 한 명 더 데리고 나간다. 당신이 직접 차를 몬다면 비서는 뒷좌석에, 손님은 앞좌석에 앉힌다.

운전기사가 따로 있거나 택시를 탔을 때는 운전기사 바로 뒤에는 당신이 타고, 손님은 당신의 오른쪽에 앉힌다.

회의와 상담은 이렇게

고객이나 동료와 회의를 하고 상담을 하는 일은 직장 생활에서 빈번히 겪는 일이지만, 의외로 많은 직장인들이 어려워하는 대목이다. 명심해야 할 것은, 시간을 효율적으로 쓰기 위해 대화에 들어가기 앞서 미리 준비를 철저히 하고, 상관없는 화제를 끌어들여 다른 사람들에게 빈축을 사지 않도록 하는 것. 분위기를 부드럽게 하기 위해 짤막한 농담을 하는 것도 사장이나 경력이 많은 상사가 하는 것이 일반적이다.

✓ 손님과 상담하기 앞서 악수를 할 때는 남녀 구분 없이 자리에서 일어난다.
✓ 손님이 회사로 찾아왔을 때는 회사측 사람이 먼저 악수를 청한다.
✓ 회사 내부자끼리 회의를 할 때는 회사 내의 관례를 따른다. 그날 아직 한번도

크렘린궁에서는 처려 지세요

국가 공무원의 서열이 얼마나 엄격한지 몸소 보여준 사람이 있다. 바로 블라디미르 푸틴(Vladimir Putin) 러시아 대통령이다. 국무회의를 하기로 한 어느 날, 장관들은 벌써 모두 자리에 앉아 있는데 푸틴이 제일 늦게 회의장에 도착했다. 그가 방안에 들어서자 장관들은 일제히 자리에서 일어났다. 하지만 푸틴은 예상과는 달리, 장관들과 악수 한번 나누지 않고 회의석상 끝 상석에 마련된 자기 자리에 가더니 의자에 걸터앉았다. 국가 기관에서 이보다 더 강력하게 권력에 대한 경의가 표현된 적은 없었을 것이다.

마주치지 않은 동료끼리는 자리에 앉기 전에 먼저 악수를 교환하고 난 다음 의자에 앉는다.

✓ 회의가 벌써 시작된 다음에 참석할 경우에는 악수를 하지 말고 짧게 늦어서 미안하다고 사과를 한 뒤 자리에 앉는다.

제일 좋은 자리 고르기, 정돈된 자세

✓ 자리를 마음대로 고를 수 있는 형편이면 되도록 회의실 전체가 눈에 들어오는 자리를 택하자. 시야가 제일 좋은 자리에 앉은 사람이 회의에서도 주도권을 잡는다. 특히 협상을 통해 무언가를 얻어내야 하는 상황이라면 앉는 자리가 더 중요하다.

✓ 등뒤에 벽이 있으면 안정되고 든든한 느낌이 든다. 자연스레 말과 행동도 당당하고 침착해질 것이다. 대신 창문을 뒤에 놓고 앉을 경우 비교적 불안정한 심리 상태가 되므로 주의하자.

✓ 등을 세우고 똑바로 앉는다. 다리를 꼬지 말고 발바닥은 바닥에 가지런히 놔둔다. 어깨와 상체의 힘을 뺀다. 이렇게 해야 오랜 시간 주의를 집중할 수 있고 대화가 안정적으로 진행된다. 또한 상대방에게 주관 있고 열린 자세로 대화에 임한다는 인상을 주기에도 적당하다.

✓ 자리 배치는 꽤 신경 써서 해야 한다. 되도록 손님이 문을 바로 뒤로하고 앉는 일이 없도록 하자.

✓ 두 사람만 상담이나 회의를 할 때는 꼭 마주 앉을 필요는 없다. 마주 앉는 구도는 대치하는 느낌이 강하므로 대각선으로 앉는 편이 더 편안하고 친숙한 느낌을 준다.

✓ 사무 책상에서 손님을 맞을 때도 똑같다. 손님을 건너편에 앉히면 부탁하러 온 사람을 대하는 구도가 된다. 차라리 책상 옆구리에 손님을 앉히는 편이 낫다.

✓ 손님을 자기가 쓰는 의자보다 불편한 의자에 앉혀서는 안 된다. 자신은 푹신한 의자에 앉아 있으면서 손님에게는 접이식 나무 의자를 권하는 것은 실례다. 또, 손님 얼굴에 직접 햇볕이 비치거나 램프 불빛이 드리우지 않도록 신경 쓴다.

명함 교환에도 격식이 있다

명함을 건넬 때는 매우 세심한 주의가 필요하다. 원하지도 않는 명함을 불쑥 내미는 건 예의에 어긋난다. 명함도 적당한 시기를 살펴 건네야 한다.

✓ 어떤 회사를 처음으로 방문할 때 거기 있는 사람들과 친분이 없을 경우, 만나서 인사를 건네며 명함을 전달한다.

✓ 서로 모르는 여러 사람이 다함께 모이는 자리라면, 모임이 시작되기 전 이름과 신분을 알기 위해 명함을 교환하는 것이 좋다.

✓ 특정 행사에 참석했을 경우에는, 다음에 다시 만나거나 연락을 취할 일이 있을 경우에만 명함을 건넨다.

✓ 누군가 당신의 전문 분야에 대해 상세한 질문을 던질 경우, 답변을 해주고 나서 명함을 건네주면 효과적이다.

✓ 회의에서는 진행자가 참석한 사람들을 소개한다. 따라서 회의가 끝난 후, 함께 이야기를 나눈 사람이나 앞으로 접촉할 일이 있는 사람에게 선택적으로 명함

을 건넨다.

✓ 외국인과 만날 때는 명함을 건네는 것 자체가 자신을 소개하는 데 큰 비중을 차지한다. 다만, 다른 나라에서는 명함에 대한 다른 관습이나 통념이 없는지 미리 알아보는 것도 좋겠다.

✓ 명함을 받으면 그 자리에서 이름과 직책을 기억한다. 다른 사람이 보는 앞에서 명함에 메모를 하거나, 아무 곳에나 내버려두는 것은 절대 금물. 그 사람에 대해 기록해 둘 것이 있으면 다른 메모지에 해두고 함께 보관한다.

회사 파티를 좋아하세요?

회사에서 여는 각종 행사는 열심히 일한 전 직원의 노고를 치하하고 사기를 북돋는 데 중요한 수단이다. 회사 전체 야유회, 송년회, 창립

기념식은 마음놓고 웃고 떠들고 마실 수 있는 모처럼의 기회지만, 그 와중에도 자칫 문제가 일어날 수 있으므로 자신의 행동거지에 늘 신경을 써야 한다.

자나깨나 입 단속!

회사 행사는 특별한 상황인 데다 유쾌하고 자유로운 분위기가 조성되는 만큼, 누구나 속에 담아두었던 말들을 꺼내고 싶어진다. 그래서 옆 부서 동료에게 평소 회사에 대해 가졌던 불만을 터뜨리며 흥분하거나, 자기가 싫어하는 직원이나 상사에 대해 험담을 늘어놓는 사람들이 간혹 있다.

그러나 명심하자. 당신이 분위기에 취해 가볍게 지껄인 내용들이 벌써 다음날부터 회사 생활에 엄청난 지장을 초래할 만한 덫이 되어 당신의 발목을 잡을 수 있다는 점을. 발 없는 말이 천리를 간다. 그것도 단 몇 시간 만에.

정말 믿을 만한 사람이 아니면 함부로 개인적인 이야기를 하지 않도록 하자.

술, 술이 문제로다

술은 파티에 절대 빠질 수 없는 필수품목이다. 평소에는 눈에 띄지 않던 조용한 사람도 술 몇 잔만 들어가면 기막히게 재미있는 인간으로 변한다. 또 마음이 잘 맞지 않던 동료나 상사도 얼큰한 기분으로 보면 다 예뻐 보인다.

하지만 거기 있는 술이 모두 공짜라고 해서 기분 내키는 대로 취하라는 뜻은 아니다. 회사는 어디까지나 회사다. 과도하게 술에 취해 엉뚱한 행동이라도 하면 회사 안에서 두고두고 나쁜 소문의 주인공이 되어야 한다. 딱 음주운전 단속에 걸리지 않을 만큼만 마시는 것이 현명하게 즐기는 방법.

우리는 친구?

회사에서 말을 튼다고 해서 정말 친한 사이는 아니다. 언론, 방송, 광고, 스포츠, 연예, 패션 업계 등 젊은 층이 많은 업무 환경에서는 곧잘 존댓말 대신 서로 반말이 오간다. 반말과 존댓말을 어떻게 쓸 것인가는 상당히 미묘한 문제이며, 매번 상대방과 상황에 따라 적절히 선택하고 늘 조심에 조심을 거듭해야 한다.

회사 행사를 한번 거치고 나면 친근한 분위기 덕에 많이들 서로 친해진다. 그래서 소위 '말이 짧아'지고, 상사 쪽에서 은근히 '너', 혹은 '자네'라고 말을 놓기도 하고, 아랫사람은 '언니'나 '형'으로 고참이나 상사를 부르게 된다. 그러나 바로 다음 날 출근했을 때 윗사람이 다시 "아무개 씨"라고 부르면, 당연히 아랫사람도 이름 뒤에 직함이나 "선배님" 등의 호칭을 붙여 공손하게 불러야 한다. 모든 것은 그때마다의 상황과 분위기에 따른 것이므로 늘 유연한 태도로 친밀함과 스스럼없는 행동이 어떻게 변하는지 살펴봐야 한다.

최고의 상품, 나를 사세요!

겸양과 공손한 태도는 매너 좋은 사람이라면 기본적으로 갖춰야 할 덕목이지만, 가끔은 최소한의 자기 PR이 필요하다. 사생활에서도 그렇지만, 일을 하고 경력을 쌓는 데는 시기 적절하게 '적당량'의 자기 과시와 선전을 활용할 줄 알아야 한다.

가문의 영광을 나의 영광으로

자기가 과거에 겪은 일이나 집안에 얽힌 일을 잘 정리해서 이야기하는 것은 하나의 능력이자 강점이다. 물론 거짓을 지어내는 일은 위험하다. 다만 〈빅 피쉬〉[1]의 주인공처럼 약간 과장하고 수정을 가하는 것은 이야기의 극적 요소를 위해 괜찮은 방법이기도 하다. 당신이 조금이라도 유명세를 탄 상태라면, 어렸을 적 형제 많고 가난한 집에서 태어나서 고생하며 살았다든지, 초등학교 다닐 때는 구구단도 못 외웠다든지 하는 얘기도 도움이 된다.

얼굴이 예쁜 사람은 일부러 우스꽝스럽게 나온 옛날 사진을 보여주는 것도 선풍적인 인기를 불러일으킬 수 있는 방법이다. 어릴 때부터 어떤 데 소질이 있었는지, 사춘기 때 무슨 일이 있었는지 간결하고 솔직하게 얘기해 보자. 사람들은 남의 숨겨진 이야기에 적잖은 흥미를

---

1) 이 이야기에는 어릴 적부터 지금까지의 일을 재미있는 이야기로 꾸며내는 남자가 등장한다. 자신이 겪은 인생사 하나 하나를 모두 희한하고 기이하며 환상적인 이야기로 만들어 낼 줄 아는 남자인데, 주변 사람들은 그의 이야기를 무척 즐겨듣는다. 그는 어느 곳에서나 분위기를 주도한다. 다만 그의 아들은 모든 것이 아버지의 공상에서 나온 거짓말이라며 짜증을 낸다. 하지만 주인공의 주변에는 늘 그를 좋아하는 벗과 지인들이 있다. (옮긴이)

갖는다.

유명인들은 일부러라도 창피한 과거사나 아팠던 기억, 첫사랑의 추억, 부모님과 싸웠던 일, 심하게 앓은 일, 흉터를 얻게 된 사건, 청소년기의 비행에 얽힌 일화를 마련해 두었다가 적당한 때에 풀어놓는다. 그런 이야기는 남들 머릿속에 잘 기억되기 때문에 그만큼 인지도가 높아지며 인간미를 느끼게 해주기 때문이다.

가문 얘기를 하는 것도 좋다. 너무 시시콜콜히 얘기하면 자랑 같기도 하고 지루하겠지만, 족보에 얽힌 재미있는 일화나 유명한 인물 이름 따위를 끄집어내어 화젯거리로 삼으면 재미있다고 여기는 사람들이 많다.

당신의 능력을 보여주세요

개성이나 인격으로만 자신을 표현하려고 들지 말자. 사람들은 당신이 누구인가도 알고 싶어하지만, 당신이 무엇을 할 줄 아는지에 대해서도 궁금해한다.

겸손이 미덕이라지만, 남의 관심과 이목을 끌려면 자신의 능력과 그것에 따른 성과를 되도록 많은 사람에게 보여주어야 한다. 그럴 때 잘난 척하는 것으로 비춰지지 않도록 세심하게 주의를 기울여야 함은 물론이다.

√ 혹시 신문이나 방송, 잡지, 인터넷 등 각종 언론 매체에 당신이 소개된 일이 있다면 그것을 잘 스크랩해 둔다. 전문 잡지에 소개된 기사는 신빙성 있고 진중한 인상을 준다. 보관해둔 자료는 기회가 있을 때마다 사람들에게 보여주자.

√ 회사의 경영진이나 유명 인사들과 함께 찍은 사진을 액자에 넣어 사무실 벽에

걸어둔다.

- ✓ 특정 강좌를 듣고 학위나 수료증을 받았다면 이것도 남들 눈에 띄는 곳에 놓아 둔다.

자기 PR은 이렇게

- ✓ 자신의 존재를 끊임없이 알리자. 친한 사람들은 물론이거니와, 당신의 커리어 를 쌓는 데 중요하다고 여겨지는 사람들에게 휴가지에서 카드를 보내보자. 성 탄절 카드나 연하장을 보내는 것은 기본이다. 당신이 프로젝트에 참여한 상품 이 있다면 그 물건이나 그것에 대한 정보를 보내는 것도 좋다.
- ✓ 네트워킹. 우리말로 인맥 쌓기는 경력 쌓기와 성공에 무척 중요하다. 점심 시간 에는 되도록 다양한 사람들과 식사를 한다. 매일 같은 사람하고만 밥을 먹으면 시야와 생각은 물론이고 인간 관계와 정보력의 폭이 비좁아진다. 다른 부서 사 람들에게 함께 밥을 먹자고 권하고, 높은 사람들이나 인사과 직원 같은 '요인' 들과도 같은 자리에서 식사를 해보자. 만약 눈썰미가 있는 편이라면 앞으로 전 도 유망하다고 점쳐지는 동료를 찍어 그 사람과 점심을 같이 한다.
- ✓ 친화력 있는 사람이라는 인상을 주자. 사람과 사람을 이어주고, 문제에 처한 동 료를 도와준다.
- ✓ 전직원이 참여하는 사내 행사가 열리면, 간부들과 자연스럽게 접촉할 기회를 만들어본다.
- ✓ 중요한 회의나 행사에 참석할 수 있도록 꾸준히 노력한다. 참석자 명단에 자기 이름이 없는 것을 당연하게 생각해서는 안 된다.
- ✓ 영향력이 있는 동료에게 이런 저런 조언을 구하고 작은 부탁을 한다. 하다못해 분위기 좋은 카페나 괜찮은 노트북 컴퓨터 모델을 아느냐고 물어보는 것도 친 분을 쌓는 데 효과가 있다.
- ✓ 당신을 우스꽝스런 별명으로 부르는 것을 허용해서는 안 된다. 그러나 때로, 카 리스마 넘치는 상사로서 "호랑이"라고 불린다든지, 아는 게 많아 "백과사전"으 로 통한다든지 하는 경우는 오히려 좋은 이미지를 부각시킬 수 있다.

훈장을 받았어요

몇 년 전 집으로 우편물 한 장이 날아들었다. 나의 조국인 오스트리아의 수상께서, 영광스럽게도 은메달을 훈장으로 수여한다는 내용이었다.

내 머릿속엔 즉시, 커다란 식장에서 수백 명의 재계 인사와 고위급 공무원, 유명 인사들에 둘러싸인 채 메달을 받는 내 모습이 떠올랐다. 그 장면은 내게 일종의 부담으로 다가왔다. 게다가 수여식 날짜는 미룰 수 없는 중요한 일을 하기로 정해진 날이었다. 그래서 나는 우선 해당 관청에 전화를 걸어 혹시 수여식 날짜를 다른 날로 바꾸면 안 되겠느냐고 물었다. 그러자 담당자는 굉장히 심각한 목소리로, 다음 수여식은 반년이 지나야 한다고 대답했다.

어쩔 수 없이 겨우 시간을 조정해 보기로 한 나는, 또 다른 고민에 빠졌다. 남편은 당시 굉장히 바빴고, 사춘기 아들 녀석은 엄마가 가슴에 뭘 달든지 말든지 전혀 관심이 없었다. 그래서 나는 여자 친구 몇 명에게 혹시 그 자리에 같이 가주지 않겠느냐고 물었다. 의외로 친구들은 너무 재밌겠다며 동행을 자처했다.

수여식 날, 나는 종종 걸음으로 시간에 쫓겨 오이겐(Eugen) 왕자의 바로크 궁전으로 향했다.

좀더 일찍 도착할 생각이었으나 실패하고, 그냥 정확한 시각에 맞춰 당도했다. 수여식 총 기획자가 현관에서 나를 기다리고 있다가 내가 나타나자 곧바로 휘황찬란한 바로크 홀로 데리고 들어갔다. 나는 맨 앞줄에 앉아야 했다. 내 옆에는 검은 양복을 입은 나이든 신사들이 5명 앉아 있었는데 어디선가 많이 본 듯한 얼굴들이었다. 관현악단이 음악을 연주하기 시작했다. 그때서야 비로소 내가 어디에 와 있는지, 그리고 얼마

제4장 최고의 매너 사람장, 일터

나 어안이 벙벙한 채 앉아 있는지 깨달았다. 혁혁한 공을 세운 총장, 회장들 사이에 끼어 앉은 키 작은 PR 전문 여성이 오스트리아 연방공화국이 수여하는 훈장을 받고 있는 것이다.

고백하건대, 그때 나는 꽤나 감동을 먹은 것 같다. 그런데다 어쩔 줄 모르고 완전히 얼이 나가 있었다는 사실에 충격도 받았다. 함께 간 친구들이야 마음놓고 좋아라했다. 수여식이 끝난 뒤 마차를 불러 다함께 샴페인을 마시며 비엔나 시내를 돌아다닌 일까지, 그날 하루는 놀라움과 감격의 연속이었다.

솜씨 있게 맞받아친다!

가끔 동료나 상사가 당신을 괴롭힐 때가 있다. 악담을 하거나 짓궂은 농담으로 사람들 앞에서 망신을 주기도 한다. 왜 그럴 때는 상대방의 코를 납작하게 해주면서 내 위신도 세울 수 있는 답변이 퍼뜩 생각나지 않는지 모르겠다. 맞아, 이런 말로 대꾸할 걸! 하고 무릎을 탁 칠 때는 벌써 상황 종료 1시간 후.

재치 있고 시원한 말솜씨는 어째서 늘 뒤늦게 떠오르는 걸까. 그래서 우리는 늘 순발력을 키우는 일을 게을리해서는 안 된다. 공격적인 말들에 대응할 만한 답변은 상대방의 악의를 차단하는 것이되, 상대를 깔아뭉개거나 무례한 발언이어서는 안 된다. 촌철살인 식의 반격이란, 적의 공격에 씩씩하게 맞서면서 그의 잘못을 정확히 짚어줌으로써, 자기가 내뱉은 말이 부메랑이 되어 돌아가게 만들어야 한다. 교묘함에는 교묘함으로, 잔인함에는 잔인함으로 대응해야 한다.

언어 공격에 잘 노출되는 사람은 정해져 있다. 심한 말을 들어도 반격하지 않거나 소극적으로 대응하는 사람들이다. 말로 남을 괴롭히기 좋아하는 자들은 그런 사람만 골라내 먹잇감으로 삼는다. 매번 당하기만 했던 당신, 이제는 언제 어디서 누가 악담을 해도 통쾌하게 되받아칠 수 있는 훈련을 시작하자.

성질 급한 상사 멋들어지게 요리하기

과장, 부장, 상사들은 대개 잘 예민해지고 성질이 급하다. 화를 내고 있는 상사의 심기를 더욱 건드리는 것은 절대 금물. 그저 눈을 침착하게 마주치되, 겁내고 있다는 표시를 드러내서는 안 된다. 상사의 책상이나 몸에 너무 가까이 다가가지 않도록 하자. 자칫하면 자기 영토가 침해당하고 있다고 여길 수도 있다.

때로는 감정이 격해 문제와 상관없는 말싸움으로 번질 우려가 있으므로, 아무리 상사가 흥분을 한다 해도 객관적이고 중립적인 태도로 침착하게 답변한다.

무시하기 : 상사가 당신의 말을 걸고넘어지면, "알려주셔서 고마워요"라고 말한 뒤 하던 얘기를 계속한다. 당신이 전혀 상처를 입지 않는다는 사실 때문에 상대방은 당황하고 만다. "아무것도 모르면서 뭔 말이 그렇게 많아!"라든지, "흥, 오늘 준비 많이 했나 보네?" 따위의 공격에는 '당신 말이 맞아요. 어떻게 아셨죠?'라는 뜻으로 고개를 살짝 끄덕여주고는 진지한 태도로 말을 잇는다.

특히 가치 중립적이고 객관적인 대화를 할 경우, 엉뚱한 비난을 무시하는 것이 좋다. 그냥 계속 침착하고 즉물적인 반응을 보이고, 절대 그 내용에 정신을 빼앗기지 말자.

상사가 부당하게, "왜 바보같이 똑같은 실수만 되풀이하는 거요?"라고 분통을 터뜨리면, 당신은 "미안합니다. 하지만 제가 잘못 행동한 점은 추호도 없었습니다"라고 침착하게 답변하자.

반문하기 : 말로 상처를 주는 사람에게는 말로 되받아 치는 수밖에. 수준 이하의 질문에는, 질문으로 답하자. "무슨 뜻으로 말씀하시는 거죠?" 아니면 "왜 지금 여기서 그 얘기를 꺼내시는 거죠?" 등의 질문이 효과적이다. 상대가 당신의 질문에 답변할 동안 시간을 벌 수 있을뿐더러, 대개 상대방은 자신이 놓은 덫에 스스로 걸려들고 만다. 또한 질문에 질문으로 응대하면, 상대방의 말에 진지하게 임하고 있다는 형식적인 표시를 할 수도 있어, 윗사람과의 대화에서 특히 유용하다.

짜증나는 동료, 촌철살인으로 기죽이기

동등한 직원끼리도 가끔 솜씨 있는 맞대응이 필요할 때가 있다. 대화의 분위기와 화술을 적절히 활용하여 때로는 객관적이고 사무적인 답변을 던지고, 때로는 독특하고 희한한 대답으로 상대방의 기를 죽일 수도 있다.

적극적으로 수긍하기 : 당신이 무능력하다거나 재간이 없다고 비난하는 말에는, 오히려 열심히 고개를 끄덕여준다.

남자 동료가 "왜 여자들은 항상 그렇게 감정적이지?" 하고 태클을 걸면 당신은,

한 권으로 끝내는 비즈니스 몰라

"맞아. 감정은 인생에서 참 중요한 요소야. 왜, 감정 때문에 안 좋은 기억이라도 있어?"하고 맞받아 친다.

아니면 상대방에게 비슷한 성격의 비난을 던진다. 서열이 같은 경우에는 어느 정도 날카로운 답변도 서슴지 않고 던질 필요가 있다. "남자들 하는 말이 다 그렇지!" 내지는 "끝내주는데! 학교 다닐 때 생물점수 20점 아래였지?", 혹은 "당신, 이 일을 하기에는 너무 어리지 않아? 유치원 수준인데." 같은 말로 폭격을 가하자. 물론 이런 대꾸가 먹힐 만큼 최소한의 지각과 분별이 있는 동료라는 전제하에서만 말이다.

일부러 잘못 알아듣기 : 형편없는 비방에는 뜻을 잘못 알아들은 척하며, 칭찬으로 받아들이는 방식이 아주 효과적이다. 예를 들어 "당신이 여기서 제일 똑똑하다고 생각하는군."이라는 공격에는 "어머나, 내 아이큐가 130이 넘는 걸 어떻게 알고!"라고 대답한다.

동료가 "아주 잘~했군, 잘했어!"라고 비꼬면, 당신은 "기분 좋은데. 내가 일 잘하는 걸 눈치챘구나!"라고 말하고 의도적으로 활짝 웃어준다.

시끌벅적, 수군수군. 직장 내 가십과 왕따 극복하기

일터에서 우정을 나눌 친구들이 있다면 업무 분위기도 좋아지고 일이 즐거워진다. 그렇지 않고 혼자 고립되어 일과 사생활을 엄격하게 분리하고, 동료들과 어울리지 않는 사람은 곧잘 건방지다는 평을 듣는다.

그러나 동료들끼리 얼마만큼 사생활을 개방하고 친하게 지내야 하는지 정확한 기준은 없다. 어떤 동료에게 어느 선까지 얘기해야 할지,

그리고 과연 자기 얘기가 비밀로 잘 지켜질지 하는 것은 늘 헛갈리고 애매한 문제다. 아니, 모든 것을 다 얘기해도 좋을 만큼 믿음직스런 동료가 있다고 치자. 그렇다면 그런 잡다한 이야기로 상대방을 귀찮게 만들어도 되는 걸까?

내 말 좀 들어봐, 글쎄 어제……

누구나 걱정거리 한두 가지씩은 갖고 산다. 그리고 그것이 사생활에서 생겨난 것이든, 직장 생활에서 얻은 것이든 쉽게 극복할 수 없는 경우도 있다. 그렇다고 동료 앞에서 자신의 나쁜 기분을 있는 대로 다 보여주고 화풀이를 할 수는 없는 노릇이다. 들쑥날쑥하는 기분을 잘 조절할 줄 알아야, 주변 사람들에게 부담을 주지 않는다.

아무리 친하고 믿음직스런 동료라 할지라도 무작정 아무 소리나 해대서는 곤란하다. 언제나 적당한 거리를 유지하고, 한 사람에게 모든 것을 다 쏟아 붓는 대신 여러 사람에게 골고루 자신의 고충을 털어놓는 것도 좋은 방법이다. 안 그랬다간, 당신의 사생활에 대한 얘기가 전 사내에 퍼지고 승진을 방해하는 큰 오점으로 남을는지도 모를 일이다.

떼로 몰려다니는 사람들

직장에서는 곧잘 팀을 이루어 함께 행동한다. 게다가 업무 내용이나 사적인 영역에서 죽이 잘 맞는 사람들끼리 친해져 무리가 형성되기도 한다. 그러나 개중에는 다른 동료에 대해 배타적인 태도를 취하는 그룹도 있으므로, 사람들 사이에 생기는 알력과 긴장에 휩쓸리지 않도록 철저히 중립을 택해야 한다. 한 사람을 왕따 시키는 분위기가 조금이라도 감지되면 결코 그런 분위기에 동참해서는 안 된다.

숙덕숙덕, 수다는 삶의 활력소

수다가 무조건 나쁜 것이라고 생각하면 오해다. 직원들끼리 즐겁게 숙덕댈 수 있고 자유로이 웃을 수 있는 직장에서는 서로 결속감도 강하고 서로를 위해주며 정보 교환에도 능하다. 가벼운 수다는, 업무가 그런 대로 잘 돌아간다는 신호라고 할 수 있다.

그러나 산업이 발달하고 전문분야에 따른 분업이 한층 진행되면서, 직원들은 서로를 개개인이 아니라 언제든 대체될 수 있는 부품 정도로 인식하게 되었다. 한 사무실 안에서 옆자리에 앉은 동료가 어떤 일을 하는지 잘 모르는 경우도 있다. 끊임없이 알만 낳는 암탉들이 줄지어 늘어선 거대한 양계장. 그것이 오늘날의 대기업 사무실 모습이다.

그런 만큼 직원들 간의 격의 없는 대화는 신뢰감을 회복시키고 서로 돕고 의지할 수 있는 가능성을 키우기 위해 반드시 필요하다. 하지만 어디까지나 수다는 즐거운 대화에서 끝나야 할 뿐, 근거 없는 소문이나 악담을 퍼뜨리거나 누군가를 괴롭히고 흉보는 데 이용되어서는 안 된다.

좋은 수다란 바로 이렇게 떨어야 한다.

√ 동료를 대할 때는 기본적으로 긍정적이고 존중하는 태도를 갖는다.
√ 늘 좋은 일에 대해서만 수다를 떨자. 부정적인 의혹이나 괴소문을 입에 담지 않는다.
√ 갈등이 생기면 직접 당사자와 해결하려 노력하자. 그 사람이 없는 데서 흉을 보는 것은 안 좋은 습관이다.
√ 스스로의 마음속을 들여다보고, 혹시 자신이 자리에 없는 다른 이의 험담을 하

면서 재밌어하지는 않는지 살펴보자.

✓ 동료의 사생활에 대해 알고 있는 얘기를 함부로 퍼뜨리지 않는다. 자신이 들은 얘기를 떠들고 다니는 것은 입 가벼운 사람으로 낙인찍히는 지름길.

✓ 이간질은 최악의 행동이다. 당사자가 없는 자리에서 갈등이 일어날 만한 얘기를 꺼내지 않는다.

✓ 자기 사생활에 대해 말할 때는 표면적인 얘기만 한다. 너무 깊은 얘기를 하는 것은 스스로에게는 물론이고 듣는 사람도 부담이 된다.

사무실 왕따 벗어나기

'모빙(Mobbing)', 언제부터인가 우리 사회에 들어온 외래어지만 명칭만 새롭다 뿐이지, 실제 그 말이 가리키는 현상은 늘 주변에 심심찮게 있어왔다. 우리말로 집단 괴롭힘, 속된 말로 '왕따', 일본말로 '이지메' 정도로 바꿀 수 있는 이 개념은, 특정한 소수 개인이나 부류를 지목해 반복적으로 망신 주고 따돌리고 무시하는 행위를 가리키는 말

내 얘기를 하고 있는 게 분명해. 하지만 난 신경 쓰지 않아!

이다. 모빙을 당한 개인은 정신적·육체적인 질병을 얻는 동시에, 최악의 경우 사회 전체에 심각한 수준의 우려를 낳는다. 요즘 이런 모빙은 법적인 처벌 대상으로 분류되지만, 어디까지가 일반적인 갈등이고 어디서부터가 모빙에 해당하는지 정확히 밝힐 만한 기준은 없는 형편이다.

직장 내에서는 언어를 통한 차별이 종종 일어난다. 교묘한 말솜씨를 자랑하는 사람들은 언뜻 들어서는 문제가 없게 들리는 말을 가지고 특정 대상을 힐난하고 모욕하는 기술이 뛰어나다. 언어적인 폭력을 벗어나는 길은 꽤 많은 수고와 세밀한 노력을 필요로 한다.

누군가 당신의 신상이나 인격에 대해 싸움을 걸거나, 계략을 펴거나, 심리적인 공격을 해온다면 피하거나 참지 말자. 거기엔 침착하고 강력한 대책으로 응수해야 한다.

✓ 차별이나 모욕적인 발언이 있었던 시각과 장소, 내용, 방식을 소상히 기록한다. 그리고 주변 동료에게 혹시 자신에 대한 안 좋은 소문 같은 것이 돌고 있지 않은지 물어본다. 나중에 공식적인 이의를 제기하거나 혹시 모를 법적 분쟁에 대비해서도 반드시 이런 증거가 필요하다.

✓ 자신을 괴롭히는 주동자를 일대일로 대면한다. 그런 행동이 자신에게 피해를 준다는 점을 명확하게 알리고, 어째서 자신에게 그런 짓을 하는지 직접 묻는다. 그렇게 하면 저절로 상대방은 자신을 변명하고 방어하는 위치에 놓이게 된다. 공격은 너만 할 수 있는 게 아니라는 걸 보여주는 것이다.

✓ 개선의 기미가 보이지 않으면, 다른 동료들이 모두 있는 곳에서 상대방과 정면 대결을 한다. 그런데도 상황이 나아지지 않으면 상사나 경영진에게 문제 해결을 의뢰한다.

제4장 최고의 매너 사람잡는, 일터

나쁜 습관은 이제 그만!

술독에 빠진 당신, 떠나라!(회사에서)

오스트리아 국민의 약 5%, 그리고 한국은 최소 100만 명 이상이 알코올중독이라고 한다. 알코올중독에 걸릴 위험이 있는 사람들까지 하면 각각 그 배에 달하는 사람들이 술의 위험에서 벗어나지 못하고 있는 셈이다.

음주 때문에 문제를 겪는 사람들의 특징은 이렇다.
✓ 짜증을 자주 내고 예전보다 신경이 많이 예민해진다.
✓ 병치레와 무단 결근이 잦다.
✓ 술 마셨냐고 물어보는 말에 필요 이상으로 민감하게 반응한다.
✓ 일할 때 술을 갖고 다닌다.
✓ 스트레스를 받으면 술로 푼다.

문제를 외면하는 것은 도움이 되지 않는다. 낌새를 되도록 빨리 알아차리고 공동으로 노력하는 것이, 상황이 더 악화되는 것을 막을 수 있는 방편이다. 술을 마신 동료와 일을 한다는 것은 최악의 업무 환경을 뜻한다. 술은 한 사람만 마셨을지라도, 그 피해는 다 함께 겪을 수밖에 없다.

술을 마시기 전에 꼭 알아두어야 할 사항은 다음과 같다.
✓ 혈중 알코올 농도 0.03% 이상이면 반응 속도가 무뎌진다.
✓ 0.05%에서는 0.01%일 때보다 돌발 사고를 일으킬 위험이 2배로 증가한다.

✓ 0.05%에서 0.1%가 되면 자신의 과제 수행능력이 400퍼센트나 감소하는데도, 그것을 전혀 깨닫지 못하고, 스스로는 심하게 과대 평가한다.

✓ 0.08%에서는 술을 마시지 않았을 때보다 실수를 할 가능성이 3배나 증가한다. 실제 과제 수행에서 76퍼센트의 실패율을 나타낸다.

코가 피로운 사무실

사무실에 앉아 있기 괴롭고 신물이 난다고요? 그런데 그게 꼴 보기 싫은 상사나 동료 때문이 아니라, 같은 방을 쓰는 동료의 입과 몸에서 나는 악취 때문이라면? 열심히 일하는 모습은 아름답지만, 나쁜 냄새를 풍기는 것만은 용서가 안 된다. 하지만 대체 어떻게 그걸 지적해 준단 말인가? 자기 몸에서 나는 냄새를 사람들은 잘 맡지 못한다. 가족들도 이미 익숙해져서 크게 불편을 느끼지 않으니, 당사자에게 악취가 난다는 사실을 깨닫게 해줄 좋은 방법은 과연 없는 걸까?

일하기 정말 힘들지요?

네, 조금요……

✓ 우선 우회적인 방법을 쓰자. 그 사람 앞에서 조심스럽게 냄새를 없애는 좋은 비누나 바디 클렌저, 샤워코롱에 대해 얘기를 꺼낸다. 얼마 전 신문에서 읽었다면서, '사람들이 대개 자기 몸에서 나는 냄새를 잘 못 느낀다고 하더라'고 말한다. 이렇게 이야기를 시작했으면 반은 성공한 셈이다.

✓ 당신 책상 위에 보란 듯이 칫솔과 데오도란트 제품을 올려놓는다. 그리고 식사 후나 간식을 먹고 난 뒤에는 요란스럽게 칫솔과 치약을 챙겨 이를 닦는 모습을

시사한다. 하루에도 몇 번씩 문제의 동료 앞에서 데오도란트를 뿌리거나 바른다. 한마디로 모범을 보이는 것.

✓ 회의에 참석하기 전에는 몸에 향수를 뿌리고, 껌을 씹는 등 스스로를 '산뜻하게 만드는' 행동을 한다. 물론 그 동료가 보는 앞에서.

✓ 당신과 비슷한 경험을 가진 다른 동료와 결탁해, 악취를 풍기는 동료가 들을 수 있는 큰소리로 냄새에 대해 대화를 나눈다.

✓ 이런 저런 방법이 다 성과가 없을 때는 당사자와 직접 대화를 나눈다. 천천히 주제에 접근하되, 당신이 이 이야기를 꺼내는 것이 얼마나 어려운지 솔직히 털어놓자. 그래야 훈계하거나 간섭한다는 인상을 주지 않는다. 어렵겠지만 부탁을 들어줄 수 있겠느냐는 식으로 당신의 바람을 전달한다.

✓ 진심으로 대화를 하고, 상대방의 자존심을 건드리지 않으려 진심으로 노력하는 인상을 준다면, 분명 동료는 "말해줘서 고마워요. 안 그랬으면 평생 모르고 지냈을 거예요"라며 감사의 뜻을 비칠 것이다.

사적인 통화, 어디까지 괜찮을까?

예전에는 직원이 사적인 전화를 많이 쓰면 그냥 눈치를 조금 주고 말았다. 이제는 어딜 가나 개인의 일거수 일투족이 기록으로 남는 시대다. 당신이 언제 무슨 번호로 얼마나 오래 통화를 했는지 남김없이 기록된다. 사생활 침해 아니냐고? 아니다. 이런 감시와 통제는 법적으로 허용된 행위다. 고용주들은 합법적으로 직원들의 통화 내역을 조회할 권리를 부여받은 셈이니, 조심할 밖에는 도리가 없다.

원칙적으로 피고용인은 업무용 전화를 사적인 용도로 사용할 권리가 없다. 심지어, 고용주가 맘만 먹으면 사적인 통화에 쓰인 비용을 청구할 수도 있다. 그러므로 이와 관련된 사규나 지침이 따로 있는지 미리 알아보는 것도 뒤탈을 없애는 데 도움이 된다.

사적인 통화가 어느 정도 허용되는 분위기라 해도 별것 아닌 일로 회사 전화를 쓰는 것은 바람직하지 않다. 낮에만 전화를 받는 공공 기관, 병원 진료 예약, 아이가 다니는 유치원이나 학교에 전화를 걸 때처럼 중요하고 다른 방도가 없는 경우에만 사적인 통화를 국한시키도록 하자. 아무리 마음씨 좋은 사장이라도 노상 전화통을 붙들고 친구랑 연애 얘기나, 농담 따먹기를 한다면 당신에게 주는 봉급의 본전 생각이 나지 않을 수가 없을 것.

이제 대부분 직장인들은 사적인 통화는 휴대전화로 해결하는 편이지만, 이것 역시 근무 시간에는 되도록 피하는 것이 좋다. 어떤 경우든 사적 통화는 무조건 짤막하게 마무리해야 함을 잊어서는 안 된다.

이메일도 마찬가지

얼마 전부터 직원들의 컴퓨터 사용 내역까지 감시 범위 안에 추가시킨 회사들이 있어 논란의 여지가 되고 있다. 실제로 미국에서는 사원들의 웹 서핑과 이메일 교환이 3분이 1이상 감시 받고 있다고 조사됐다. 근무 시간에 사적인 웹 서핑을 하는 것을 막을 요량이지만, 한편으로 회사 기밀을 이메일로 유출시키는 행위를 근절하겠다는 의지도 담겨 있다. 또한 네티켓(Netiquette)에 어긋나는 음란 · 유해성 · 스팸 이메일을 차단하는 필터 소프트웨어를 설치하기도 한다.

그래서 배달된 이메일 안에 특정 단어가 들어가면 경고 메시지가 뜨면서 유해 정보로 분류가 된다. 영국 방송 BBC는 휴렛 팩커드(Hewlett Packard) 사의 직원 2명이 해고되었으며, 그 밖의 150명의 사원들에게 정직 명령이 내려졌다고 보도했다. 이유는 포르노 영상이 담긴 이메일을 읽고 음란 사이트를 이용하는 등 인터넷을 지나치게 오용했다는 것. 포르노 사이트를 방문한다고 해서 위법은 아니지만, 문제는 회사 컴퓨터로 근무 시간에 그런 행동을 했다는 점이다.

사람도 상품가치 시대

고객과 직접 대면하는 직원은 그 사람 자체가 회사를 대변하는 상표 같은 구실을 한다. 이런 특성은 단순한 겉모습에서만 우러나오는 것이 아니라, 잘 훈련된 친절한 태도와 제복 등 뚜렷하고 객관적인 요소에서 비롯되는 것이다. 그 자체로서 상표의 구실을 하는 직원은, 뛰어난 배우의 기질을 가지고 자신이 맡은 역을 충실히 소화해내야 한다. 남이 가르쳐준 대사를 외우고, 지침대로 행동하는 것으로는 턱없이 부족하다. 직원 개개인이 숙련도 역시 중요하지만, 인력을 정확히 평가하고 적절히 투입할 줄 아는 회사의 안목도 성공을 좌지우지하는 요소다. 회사는 보유 인력에게 공정한 처우를 보장해주고, 일할 맛이 나게 해주어야 한다. 직원 개인이 회사를 대표하는 상표로서 고객의 눈에 비칠 때, 정직하고 믿음직스런 인상을 심어준다.

그러기 위해서는 직원은 각자 책임감과 열정을 갖고 고객에 대한 서비스 정신을 실천해야 한다. 세계의 여러 기업들은 이런 정신을 철저히 지키려는 나름대로의 방책을 마련해 놓고 직원들을 교육시킨다.

내가 바로 회사의 얼굴

세상의 많은 것이 점점 디지털로 변해갈수록, 사람들은 직접적이고 현실적인 접촉을 더 아쉬워한다. 평생 고객이란, 뛰어난 품질에 앞서, 잘 겨냥된 고객 관리와 인간적인 신뢰가 일어날 때에만 존재할 수 있음을 잊지 말자.

✓ 미국 굴지의 유통회사 월마트의 직원들은 고객에게 건네는 첫인사부터 상품 안내, 포장, 그리고 작별 인사까지 단 한순간의 예외 없이 편리함과 친절함을 느끼게 하려고 노력한다.

✓ 싱가포르 항공은 국제 항공사 중에서도 가장 모범적인 사례에 속한다. 서양인들에게 아시아 지역 항공사 승무원들은 미소와 상냥함과 친절함의 대명사로 통한다. 특히 싱가포르 항공의 여 승무원들을 일컫는 '싱가포르 걸(Singapore Girls)'은 뛰어난 서비스의 화신처럼 인식된다.

✓ 라우다 항공(Lauda-Air)은 "서비스가 곧 우리의 성공이다"(Service is our Success)라는 슬로건 아래 모든 직원을 마케팅 전략의 요체로 삼았다. 그러나 사주 니키 라우다(Niki Lauda)가 회사를 매각하고 난 뒤, 경쟁적 이점이던 이 슬로건은 사라지고 말았다.

✓ 디즈니는 각자 개성과 뛰어난 실력을 발휘하는 직원들 덕분에 세계 최고의 테마 파크로 군림하고 있다. 관람객 중 특히 어린이들을 대하는 직원들의, 일명 '디즈니 스마일'은 호감과 친밀함이 응축된 최고의 미소로 불린다.

지난 몇 년간, 각 업체마다 서비스부문에 얼마간 변혁을 단행해 서비스 질이 많이 향상되었다. 다만 사후 서비스(After-Sales) 문제에서는 아직도 개선되어야 할 점이 널려 있다. 공장, 고객 접대, 기타 서비스에 종사하는 직원들은 급여가 낮을뿐더러 사내 복지와 대외 이미지면에서 비교적 홀대를 받고 있는 것으로 조사됐다. 다행히 몇몇 선진 기업들이 '블루 컬러' 계통의 종업원들의 가치를 인정하고, 노련하고 친절하며 능력 있는 직원들에게 응당의 보상과 혜택을 주려 시도한다.

때로는 회사의 카리스마 넘치는 창립자나, 능력이 뛰어난 간부가 직접 그 업체의 간판 구실을 하기도 한다. 마이크로소프트 회장 빌 게이츠(Bill Gates), 프랭크 스트로나크(Frank Stronach : 캐나다 거대 자동차 부품 회사 '마그나 인터내셔널'의 설립주―옮긴이), 유럽과 미주 지역을 석권한 오스트리아 음료 레드 불(Red Bull) 사장 디이터 마테쉬츠(Dieter Mateschitz)가 그런 대표적인 예다. 또한 매킨지(McKinsey), 보스턴 컨설팅(Boston Consulting), 스펜서 스튜어트(Spencer Stuart) 등의 기업자문 업체들도 각 전문가의 활동 자체를 회사의 홍보 용도로 직접 활용한다.

좋은 회사란, 직장 내에 형성된 두터운 신뢰를 바탕으로 개인의 행동이 집단의 이익으로 곧바로 연결되며, 사원 하나, 하나가 언제 어디서나 서비스 정신으로 무장하고 있는 회사를 말하는 것이 아닐까?

제 5 장

사람과 사람이 만날 때

우아하게 말하자

"스페인에서 비는 평야에만 내린다(The Rain In Spain Stays Mainly In The Plain)"라는 문장을 기억하는가? 〈마이 페어 레이디 My Fair Lady〉에서 오드리 헵번(Audrey Hepburn)이 분한 일라이자 두리틀(Eliza Doolittle)이 연습해야 했던 문장이다. 두리틀이 구사하는 대도시의 속어와 하층민의 말투는 우아한 런던 상류 사회에는 전혀 걸맞지 않는 것이었다. 두리틀을 헨리 히긴스(Henry Higgins) 교수의 혹독한 훈련을 받으며, 거울을 보고 명확한 말투를 연습하고 몸 매무새를 단정히 하는 습관을 들인다. 드디어 두리틀은 상류 사회의 무도회에 가도 전혀 지장이 없을 만큼 고상한 귀부인으로 거듭난다.

언어의 힘은 지금 같은 버추얼 시대에 여전히, 아니 오히려 더욱 유효하다. 또렷하고 맑은 음색으로 발음하는 사람과, 혀가 꼬여 더듬거리는 사람. 둘 중 누가 더 호감이 가는가?

전화 자동응답기에 어눌한 말투로 인사말을 녹음해두거나 회의 때

단조로운 목소리로 우물거리거나 거래에 대한 협상을 진행하는 자리에서 말을 더듬는 사람은, 일상 생활에서 목소리가 얼마나 중요한지 전혀 인식하지 못하는 사람이다. 목소리 훈련 전문가들은 그런 사람을 위해 다음과 같이 조언한다.

√ 의식적으로 또렷하게 내는 목소리는 듣는 이의 집중을 불러일으킨다. 그런 힘 있는 목소리는 울림통이 확보되어야 나오는 소리다. 몸 자세를 똑바로 하여 소리가 잘 울리게 하자. 숨은 고르고 깊게, 천천히 쉰다.

√ 말소리의 가락을 듣기 좋게 바꿔보자. 말 잘하는 사람은 음악가가 악기 다루듯이, 노래하듯이 목소리를 낸다. 좋은 목소리는 낮을 때는 차분하고, 커질 때는 힘이 있다. 그러면서도 안정적이고 소통에 능하다. 이런 모든 성질이 적절한 정도로, 제때에 사용된 목소리가 가장 좋은 목소리다.

√ 매일 신문을 읽으며 천천히, 크게, 억양을 정확히 살리며 읽으면 목소리가 매끄럽고 또렷하게 바뀐다. 혼잣말을 해보는 것도 도움이 된다. 때로는 활기차게 말했다가, 때로는 노래를 부르고 허밍도 했다가, 크게 웃어본다. 목소리를 다양하고 무리 없이 바꾸는 훈련으로 안성맞춤이다.

√ 우선 정확한 발음으로 또박또박 얘기하는 습관이 중요하다. 툭툭 끊어서 문장 일부만 얘기하는 것은 바람직하지 못하다. 말을 하기 전에 잠깐 생각을 정리하고 말하는 것도 좋은 방법이다.

√ 일부러 말에 쉼표를 찍고 간격을 두는 습관을 기르자. 급할수록 천천히, 사이를 쉬어가며 말해야 오히려 듣는 이가 당신의 이야기를 잘 이해할 수 있다.

√ 중요한 말은 한 번 더 반복해서 이야기한다. 말하면서 그림을 그리거나 보여주는 것도 정확하고 구체적으로 이해시키는 데 도움이 된다.

√ 말더듬 증상이 있거나 혀가 짧다든지 하는 식으로 언어구사에 문제가 있다면, 말하기 전에 미리 그 사실을 밝히는 것이 좋다. 그래야 남 말하기 좋아하는 비방꾼들한테서 스스로를 방어할 수 있다.

얼마 전 참석한 어느 학위 수여식장에서 있었던 일이다. 학년 전체 수석을 차지한 한 젊은 여성이 전체 학생을 대표해 기념사를 하던 것이 기억에 남는다. 당당한 걸음으로 연단에 올라간 그는, 짙은 갈색 옷을 입고 있었고 여기가 꽤 신중을 기해야 하는 자리임을 의식하고 있는 듯했다. 그러나 그 여성이 입을 떼는 순간 자리에 앉은 관중들은 모두 터져나오는 웃음을 간신히 참아야 했다. 왜 그랬느냐고? 그 가엾은 우등생에게는 넘겨듣지 못할 만큼 눈에 띄는 언어 장애가 있었다. 발음이 혀와 잇몸 사이로 새고, 끽끽대는 소리가 났다. 한마디로 전혀 그 사람의 말을 알아들을 수가 없었다!

만약 말을 시작하기 앞서 자기 문제를 솔직하게 밝히고 청중들에게 양해를 구했더라면, 그런 볼썽 사나운 상황은 피할 수 있었을지도 모른다. 물론 청중들의 킥킥거리는 웃음소리도 과히 잘한 짓은 아니었지만 말이다……

표준어를 쓰시나요, 사투리를 쓰시나요?

사투리를 쓰는 사람은 가끔 헷갈릴 때가 있다. 표준어를 더듬대며 쓰자니 너무 어색하고, 그렇다고 질펀하게 마음놓고 사투리를 쓰자니 민망하기도 하고. 게다가 또 말투는 어떤가. 너무 점잖아서 숨이 턱턱 막힐 정도의 자리에서 일상적으로 쓰는 편하게 구사해도 되는 걸까? 아니면 소위 '격식과 교양 있는 말투' 만 써야 하는 걸까? 이런 고민은 대개 새로운 모임에 들어가거나, 새 직장을 얻거나, 토론회에 초대를 받거나, 세미나에 참석하거나, 어른을 만날 때 같이 낯선 환경을 접할 때 많이 하게 된다. 더군다나 당신이 사회 초년병이라면 이 고민은 가볍게 생각할 정도를 넘어서기도 한다.

물론 표준어가 가장 격식에 맞고 예의바르고 단정한 언어라고 생각하는 시절이 있었다. 아니, 지금도 강연, 축사, 토론, 시험, 면접에서는 표준어가 좀더 대접을 받는다. 하지만 특히 요즘 들어 영화나 TV 드라마, 인터넷, 신문, 어디를 가나 사투리가 유행이다. 사투리는 좀더 정감 있고, 푸근하며 느낌이 강한 언어로 각광을 받고 있다. 이런 추세는 비단 국내에서만 이는 것이 아니라 세계 여러 나라에서도 발견된다. 획일성과 표준의 단조로움을 넘어 지역과 개성, 차이를 인정하는 열린 문화로 나아가는 것이라고 기대해 봐도 좋을 만큼 반가운 현상이다.

만약 다른 사람들이 모두 표준어를 쓰고, 자신의 사투리가 어색하게 느껴진다 해도, 자신이 없다면 일부러 표준어나 격식 있는 말투를 쓰려고 애쓰지 말자. 되도록 천천히 또박또박 말한다면 아무리 사투리라 해도 의사 소통에 문제가 없을 것이다.

일상적인 말투는 욕설이나 비속어가 나오지 않도록 조심한다. 자신이 하는 말을 신중하게 선택하기로 마음먹는다면 큰 문제는 없을 것이다. 되지도 않는 미사여구나 한자성어, 용어를 갖다 붙이느라 땀을 빼느니, 자연스럽고 소탈하게 말하는 편이 훨씬 낫다.

애들이나 하는 소리라고?

그.러.나. 요즘 말하는 방식이 몇십 년 전, 아니 불과 몇 년 전에 비해 무척 많이 달라졌다는 것은 분명하다. 예전엔 초등학생 아이들이나 하는 말투라고 업신여기고 아예 알아들으려고도 하지 않던 표현들이 이제는 애 어른 할 것 없이 널리 쓴다. TV, 인터넷, 휴대전화를 비롯한 정보통신기술의 힘이다. 게다가 나이에 따른 문화적 경계가 많이 사라지고 조숙한 아이, 학생 같은 어른들이 대거 등장했다. 한 계층에서 생겨난 문화 혹은 문화적 요인들은 급 물살을 타고 빠르게 사회 전반으로 퍼져 나간다. 이제 '아이들의 말투'를 이해하지 못하면 '구닥다리'로 취급받을 정도인데다, 아예 적극적으로 '젊은 말투'를 배우고 쓰는 것이 차라리 속 편하다. 그렇다면 젊은 층을 중심으로 널리 쓰이고, 엄연한 국어의 일부분을 차지하고 있는 '쿨'한 말은 어떤 것들이 있을까?

짱→ 최고인 사람, 일인자(얼짱, 몸짱, 맘짱)
대략 난감 → 아주 난처하다
올인 → 추천한다. 맞는다고 생각한다. 완벽하게 동의한다.
원츄 → 추천한다, 멋지다, 대단하다

이런 새로운 통용어뿐 아니라 재치 있는 성구나 속담을 잘 쓰는 것도 말 잘하는 사람의 기본이다. 그러나 그런 표현들을 쓸 때는 무분별한 과시나 맹목적인 모방이 아닌지, 정말 머릿속에서 적당하고 생각되는 말들이 자연스럽게 떠오르고 상황에 맞는지 스스로 확인하는 것이 좋다. 무작정 쏟아내는 말재간은 때에 따라 듣기 거북하고 우스꽝스럽게 들릴 수 있다.

욕도 안 하고 어떻게 살아?

　때로는 상대방의 완고한 태도를 막아내기 위해 강력하게 말하는 것, 즉 상스런 표현도 필요하다. 욕은 기분을 홀가분하게 하고, 정신 건강에 확실히 도움을 준다. 잠깐씩 상스런 표현을 쓰는 것마저 거부하는 것은 현명하지 못한 생각. 그러나 어디까지나 일시적인 일탈에 그쳐야지, 전반적으로 말 품새가 거칠어져서는 곤란하다. 가끔 금기를 깨고 돌파구를 찾는 것은 괜찮지만, 다른 사람에게 모욕감을 줄 정도로 부정적인 목적이 동반되는 것은 주의해야 할 점.

● ● ●

폭언하지 말라니까!

　러시아 정부는 언어에 담긴 폭력성을 감소시키겠다는 취지로, 지면이나 광고를 비롯한 공식적인 매체에서 일상 통용어와 부주의한 표현, 욕설을 엄격히 금지하는 법령을 반포했다. 앞으로 블라디미르 푸틴 러시아 대통령은, 언젠가 그랬듯 "체첸 반동분자들이 아무리 개떡같은 움막에 처박혀 있다 하더라도 반드시 한 놈도 남김없이 잡아내고 말 것이다." 따위의 표현은 다시 쓸 수 없게 됐다.

대화가 필요해! 교양 있는 대화가!

　가끔 정말 쉬운 것이 더 어렵게 느껴질 때가 있다. 누군가와 잠깐 주고받는 몇 마디가 꼭 그런 경우다. 가벼운 대화, 한마디로 잡담을 어떻게 하면 매끄럽게 할 수 있느냐 하는 기술은 노는 자리에서만 필요한 게 아니라, 직장 생활에서도 엄연히 요구되는 능력이다. 한 번도 본 적 없는 사람이랑 마주쳤을 때, 당장 생각나는 주제도 없고 아무렇게나 말을 내뱉을 수도 없는 노릇이다. 잠깐 대화는 시간을 벌게 해주며, 상대방이 천천히 대화에 참여할 수 있도록 유도하는 데 쓸모가 있다.

두 사람이든, 여러 사람이든 대화에 참여하는 사람들 모두가 함께 얘기를 나누고 있다는 느낌을 받아야 한다. 사람마다 관심 있는 주제가 다르므로 한쪽에 치우치지 않은 범위에서 대화를 이끄는 것이 바람직하다. 또, 지금 대화를 나누는 사람들이 어떤 부류인지도 중요하다. 예를 들어 기자나 언론인들이 많이 참석한 모임에서 정치, 사회, 종교 같은 주제를 가벼운 대화의 주제로 삼았다가는 결코 원만한 분위기를 기대할 수 없을 것이다.

좋은 대화는 '핑퐁 식' 대화다. 즉 이야기하는 사람이 정해져 있다거나 한쪽이 일방적으로 듣기만 하는 상황은 진짜 대화가 아니다. 쌍방이 의견을 원활히 교환하고 작용과 반작용이 오고 가야 한다. 말을 조심하고, 심각한 말투보다는 여유 있고 유머러스한 분위기를 취하자. 주제는 되도록 부담 없는 것으로 선택한다. 잡담도 개인적인 친분과 인맥을 형성하기 위한 중요한 전략이므로 가볍게 생각해서는 안 된다.

대화를 시작할 수 있는 주제들 :
✓ 목표 그룹을 설정한다. 다양한 직업과 계층을 가진 사람들보다는 사업상 모임이나 특정 분야의 전문가들이 모인 그룹이 대화 주제를 정하기가 더 쉬운 편이다.

✓ 직업이나 출신이 다른 사람들이 모인 자리에서는 모임의 취지에 대해서, 혹은 그들이 모인 장소, 예를 들면 식당, 술집, 해당 건물에 대해 이야기하는 것도 좋다.

✓ 현재 있는 장소의 주변 환경, 멋진 뷔페 음식, 장식된 식물과 꽃도 좋은 잡담거리가 된다.

✓ 음식의 맛, 메뉴 선정, 음료의 종류와 특징에 대한 것도 좋다. 지금 있는 장소에 대한 칭찬은 언제나 대화 소재로 무난하다.

✓ 당시 이슈가 되고 있는 현상을 가지고 말문을 터보자. 신문에서 경제 소식, 문화와 관련된 사건, 논설 따위를 주의 깊게 읽어두었다가 대화에 동참하는 것이 필요하다. 모든 기사를 시시콜콜 기억할 필요는 없지만, 다른 사람들이 모두 다 고개를 끄덕거리며 듣고 있는 얘기를 자신만 모른다면 그것도 낭패다.

✓ 흔히 할 말이 없으면 날씨 얘기를 하는 게 통념이지만, 사실은 별로 좋은 생각이 아니다. 이 습관은 날씨 변화가 심한 영국에서 비롯되었는데, 우리에겐 다소 낯선 방식이다.

대화 주제를 바꿀 때는 :

✓ 말 잘하는 이야기꾼이라면 별로 걱정할 필요가 없다. 특정 인물이나 집단을 공격하지 않는 범위 내에서 재미난 일화를 가볍게 풀어놓을 수 있는 사람과 대화하는 것은 즐거운 일이다.

✓ 농담은 신중하게 던져야 한다. 좌중을 썰렁하게 만들거나 원래 목적과 달리 남의 기분을 상하게 만들 수도 있기 때문이다.

✓ 모임에 아는 사람이 하나라도 있으면 그 사람이 당신을 다른 이들에게 소개해줄 수 있지만, 그렇지 않을 경우에는 알맞은 시기를 골라 자신을 알리는 것도 필요하다.

✓ 스스로에 대한 정보를 알려주되, 자신에 대한 얘기가 너무 전면에 부각되지 않도록 주의한다.

✓ 자발적이고 적극적으로 남들에게 관심을 보이는 사람은 모르는 사람과도 편하

게 대화를 할 수 있다. 솔직한 관심은 낯선 이와 대화하는 필수 조건이다.

✓ 상대방이 말하는 내용을 주의 깊게 듣는다. 대화가 원만하게 흘러가도록 가끔 적절한 질문도 던진다.

✓ 이만 대화를 마치고 싶거나 살짝 대화 그룹에서 빠져 나오고 싶을 때는 상냥하게 양해를 구하면 된다. 말이 잠깐 끊기는 틈을 타서 예의바르고 친절한 인사말로 마무리한다. "실례지만 이만 가보겠습니다. 즐거운 시간 되세요"정도가 알맞다.

• • • 독설가 필립 공

필립 공은 다른 사람의 기분을 잘 상하게 하기로 유명하다. 엘리자베스 2세 영국 여왕이 즉위 50돌을 맞아 호주를 방문했을 때의 일이다. 호주 원주민 문화 공원에서 만난 한 부족의 추장에게 필립 공이 뜬금 없이 이렇게 물었다. "아직도 서로 창을 집어던지고 그럽니까?" 추장은 별로 좋지 않은 표정으로 웃음을 터뜨렸고, 엘리자베스 여왕은 서글픈 표정을 지었다고 한다.

리셉션과 칵테일 파티에서는 이렇게

지금 막 시작한 대화에 끼여들어야 하는 상황에서는 꽤 신중을 기해야 한다. 대화에 참여하고 있는 사람들의 태도를 미리 살펴보고, 다른 사람이 끼여드는 것을 용납하게 생겼는지 판단할 필요가 있다.

✓ 서로 마주보고 이야기를 나누는 두 사람 사이에는 끼여들지 말자. 그런 자세의 사람들은 대개 깊은 대화를 나누는 중인 경우가 많다.

✓ 비스듬히 서 있는 두 사람은 제 3의 대화 상대를 받아들일 용의가 있음을 나타
낸다.

✓ 여러 사람이 모여 있을 때도 비슷하다. 빠진 자리 없이 완전한 원을 이루고 있
는 무리는 현재의 구성원으로만 대화를 하고 싶어하는 경우다.

✓ 군데군데 뚫린 자리가 있으면 새로운 대화 참여자에게 열려 있다는 뜻이다.

✓ 제일 쉬운 일은 한 사람, 한 사람 개별적으로 말을 거는 것이다. 혼자 있는 사
람은 대개 말을 걸어주는 것을 고마워한다.

여럿이서 대화를 하고 있을 때 끼여들면 일단은 조용히 그들의 대화
를 듣는다. 그러다 보면 나름대로 다른 사람의 말을 거들거나, 정보를
제공할 수 있는 기회가 생긴다. 말을 시작할 때부터 무조건 자기 소개
를 할 필요는 없다. 대화가 좀더 밀도 있게 진행되면 그때 가서 이름을
말하는 것이 좋다.

휴대폰과 전화에도 매너가 있다

옛날에는 어땠는지 몰라도, 요즘 휴대폰이 있다고 으스대는 사람은
없다. 오히려 휴대폰을 쓸 때는 다른 사람에게 방해가 되지 않게, 있는
듯 없는 듯 사용하는 것이 더 훌륭한 매너로 인식된다. 지하철과 버스
에서 큰 소리로 통화하거나 오랫동안 수다를 떠는 사람, 진동이 아닌
요란한 벨소리를 자랑이라도 하듯 오래오래 울리게 놔두는 사람, 심지
어 공공장소에서 휴대폰을 들고 상대방과 욕설을 주고받으며 싸우는
사람까지 있다. 휴대폰으로 통화할 때는 어떤 점을 주의해야 하는지

잘 익히고 조심하는 것도 매너의 필수 요건이다. 다른 사람들이 옆에 있을 때, 식당에서, 근무 중에, 대중 교통 수단을 이용할 때 오늘 저녁에 뭘 먹을지에 대해 의논하거나, 애인과 농을 주고받거나, 길고도 긴 고민 상담을 하는 사람들을 보면 휴대폰을 빼앗고 싶을 때가 한두 번이 아닐 것이다.

컬러·카메라 폰의 등장, 몇십 화음이나 되는 벨소리 품질, 모바일 게임, 노래방, 무선 인터넷 기능처럼 휴대폰의 기술적인 측면이나 자주 바뀌는 첨단 디자인도 무시할 수 없는 선택 기준이다. 자기 스타일과 휴대폰 디자인을 맞추고, 액세서리를 달고, 각종 디자인의 전용 커버를 씌우고, 버튼에 발광 튜닝을 하고, 목걸이를 다는 행동에도 나름대로의 규칙과 방법, 체계가 존재한다. 다만, 휴대폰을 허리춤에 차지는 말자. 아저씨 소리 듣기 십상이다. 또 회의 중이나 고객 상담 중에 휴대폰을 탁자 위에 꺼내 놓는 것도 보기 좋은 모습은 아니다.

수도사의 휴대폰 주머니

휴대폰이 널리 쓰이게 되자, 가방을 들지도 않고 주머니도 없는 수도복의 수도사들도 전화기를 갖고 다닐 주머니가 필요해졌다. 이탈리아 아시시의 프란체스코 수도회는 이 문제를 해결하기 위해 한 의상 디자이너에게 수도복에 주머니를 달아달라고 부탁했다. 이 옷이 얼마나 인기가 있었는지, 한꺼번에 3,000벌의 주문이 들어왔다고 한다.

벨소리에도 매너가?

벨소리는 휴대폰 주인의 성격과 조심성, 취향을 알 수 있는 좋은 근거다. 근무 시간에 깔끔하고 단정한 인상을 주려면 단순하면서도 남들의 벨소리와 구별되는 것을 선택하자. 특히 갑자기 큰 소리로 터져 나오는 소리보다는 처음에는 작고 낮게 시작했다가 점점 음이 높아지는 것이 무난하게 들린다. 물론 가장 '예의바른' 휴대폰 모드는 당연히 진동이나 무음 램프 모드다(어떤 휴대폰은 아예 진동모드의 이름부터가 '매너 모드' 다).

바야흐로 휴대폰 통신 기술이 고도로 발달한 시대이므로 통화음을 크게 설정할 필요는 거의 없다. 너무 크면 통화 내용이 밖으로 새어나가 주변 사람들에게 불편을 주기도 하고, 사생활 보호 차원에도 지장이 있으므로 일반 통화시에는 음량과 비슷하게 하는 것이 가장 좋다.

● ● ●
벨소리 울리면 7만원 벌금

뉴욕 시의회는, 앞으로 시내 공공 장소에서는 휴대폰 사용을 금지하는 법안을 추진 중이다. "휴대폰 벨소리 때문에 공연이 제대로 안 된다."는 브로드웨이 가의 대변인 말만 봐도 얼마나 공중 질서가 휴대폰 때문에 쉬이 흐트러지는지 잘 드러난다. 공연 때 휴대폰 전원을 끄는 것을 잊어버린 사람은 50유로(한화 약 7만 원)의 벌금에 처해지고, 휴대폰도 압수 당한다.

오프라인에는 에티켓, 온라인에는 네티켓

　최신 매체일수록 그에 걸맞은 새로운 매너와 풍습이 잘 자리 잡아야 할 필요성이 있다. 아무 생각 없이 정보를 다루다가는 자신과 타인 모두를 곤경에 빠뜨리고 피해를 입힐 수 있기 때문이다. 편지에는 일정한 서식이 있고, 서술 방식이 정해져 있어 의사 소통에 장애가 생기는 일이 거의 없다. 그러나 이메일 체계에서는 서신 교환 자체가 조심성이 없어지고, 내용도 불명확한 경우가 많아졌다. 빠르고 편리하다고 해서 함부로 써도 된다는 원칙은 없다. 편지를 교환하는 이용자 사이의 지적 수준이나 취향이 많이 다른 만큼 서로를 존중하고 예절을 지키는 것이 무엇보다 중요하다.

　이메일의 부정적 측면 : 최근 독일에서 800명을 대상으로 실시한 여론 조사에 따르면 10명 중 9명이 원치 않는 이메일 때문에 고통을 겪는다고 밝혔다. 또한 오스트리아의 500대 기업 중 47퍼센트가, 상품 문의로 올라온 온라인 상의 질문에 일주일 이상 답변을 하지 않는다는 사실이 밝혀졌고, 겨우 38퍼센트만이 24시간 안에 고객들의 질문에 답변을 한다는 결과가 나왔다.

　독일 프라운호퍼 협회(Die deutsche Fraunhofer-Gesellschaft)는 최근 대량메일 발송시스템에 저장된 모든 이메일 주소로 그래픽 자료가 포함된 홍보 메일을 보냈다. 하지만 그 자료를 내려 받기 위해서는 굉장히 오랜 시간이 걸려야 했다고 한다. 도이체방크(Deutsche Bank)도 개인 투자자들에게 임의로 전체 메일을 보냈다고 한다. 이메일을 발송하는 시스템은 온갖 경로를 통해 포착된 수많은 이메일 주소를 저장하기 때문에 해당 사항이 없는 수신자한테까지 불필요한 정보가 발송된다.

친구들이나 동료들 사이에 아무렇게나 오가는 농담 따먹기식 이메일조차 귀찮을 때가 있다. 특히 여는데 1분씩이나 소요되는 대용량 파일이 첨부되어 있을 때는 더욱 그렇다. 편리하고 효과적인 정보 교환 방식이라는 점에서 엄청난 인기를 누리고 있는 이메일에도 신중함과 배려가 따라야 한다는 것을 누구나 절감하리라고 믿는다.

네티켓을 지키자

이메일에도 올바른 형식이 있다 :

✓ 메일에 포함된 정보를 축약해서 보여줄 수 있는 제목을 붙인다. 흔히, "[Re][RE][Re][RE][Re] : 알려드립니다…" 식으로 계속 답장 표시를 놔두는데, 꼭 필요한 제목만 다시 써서 보내는 것이 수신자가 알아보기 좋다.

✓ 중요하지도 않은 메일에 '중요' 표시를 해두는 것은 예의에 어긋난다.

✓ 종이 편지를 쓸 때처럼 서두와 호칭, 맺음말은 반드시 써넣는다.

✓ 이메일 프로그램마다 지원하는 서명 기능이 있다. 자신의 실명, 이메일 주소는 기본이고, 경우에 따라 실제 주소와 전화, 팩스 번호, 웹사이트 주소가 적힌 서명을 반드시 저장해 두고 발송할 때마다 덧붙인다. 적어도 이메일을 보낼 때는 닉네임 대신 실명을 밝히는 것이 예의이다.

✓ 보통 '내용 없음'(일부 네티즌 사이에서는 '냉무'라는 속어로 통하기도 함)이라는 머리말을 달고 제목만 발송되는 메일도 있다. 예를 들면 "내일 약속 6시로 변경. 장소 불변(내용 없음)"같은 형식을 취하는데, 아주 급하거나 짧은 정보만을 전달할 때, 그리고 사적인 사이에서만 예외적으로 쓰는 것이 좋다.

맞춤법과 어법 어느 선까지 지켜야 할까?

✓ 맞춤법을 파괴하는 것이 이메일의 매력이라고? 천만의 말씀이다. 마침표와 쉼표 모두 필요한 곳에는 반드시 찍어주고, 외국어로 메일을 쓸 때는 대소문자 구별을 확실히 지켜줘야 한다. 내용이 바뀔 때는 단락을 나눠주고, 오타가 나지 않도록 주의하자.

✓ 인터넷상에서 자주 애용되는 줄임말과 이모티콘은 필히 제한해서 쓰자. 줄임말을 많이 쓸수록 편지 내용 파악이 어려워진다는 것을 기억하자.

✓ 특정 부분을 강조할 때만 굵은 글씨체를 사용한다. 아니면 해당 단어 앞뒤에 *를 넣는다. 굵은 글씨체는 종종 강한 감정을 표현할 때 자주 쓰이므로, 적절히 필요할 때만 사용한다.

✓ 상대방에게 깨져서 보일 가능성이 많은 특수 문자는 되도록 사용하지 않는다. 서로 다른 인터넷 사용 환경을 가진 수많은 수신자들에게 한꺼번에 메일을 보낼 때는 특히 주의해야 한다.

포스팅은 이렇게:

✓ HTML 형식으로 글을 쓰는 일은 되도록 자제한다. 메일 용량도 커지고, HTML을 읽을 수 없는 사용자도 있다는 것을 염두에 두자. 되도록 Text 파일 형식으로 메일을 보내는 것이 좋겠다.

✓ 상대방과 처음 메일을 주고받는 경우라면 단순 *.txt 형식이나 *.rtf 형식으로 메일을 쓴다. 일부 기업들이 메일을 감시하고 필터링을 하면서 HTML 형식으로 쓰여진 메일의 특정 부분이 손상되기도 한다.

✓ 3개 이상의 대용량 첨부 파일을 보낼 때는 압축해서 보내는 것이 안전하다.

✓ *.vcf, 즉 전자명함 파일을 이메일에 첨부하는 것도 바람직하다. 다만, 처음 1~2회만 첨부하고, 다음 메일 교환 때부터는 첨부하지 않는 것이 좋다. 수신자가 매번 다른 첨부 파일로 착각하고 열어보게 되는 수고를 덜어주어야 한다.

✓ 한 가지 게시물을 여러 뉴스그룹으로 보내는 크로스포스팅(Crossposting)이나, 한 게시물이 뉴스그룹으로 전파되는 멀티포스팅(Multiposting)은 특정한

조건에서가 아니면 실행하지 않는다. 여러 뉴스그룹에 속한 사용자들은 똑같은 게시물을 반복해서 보게 된다.

✓ 사적인 내용의 이메일을, 원래 발신자의 허락도 없이 다른 사람들에게 돌리거나 뉴스그룹으로 전송하는 것은 최악의 행동이다.

그 밖의 주의할 점 :

✓ 암호가 걸리지 않은 이메일은 봉투에 들어 있지 않은 엽서나 카드와 비슷하다고 간주하자. 여건이 허락하면 누구든지 열어볼 가능성이 있으므로 내용에 신중을 기한다. 물론 상대방이 암호를 확실히 풀 수 있다고 보장되는 경우에는 비밀 메일을 보내는 것도 괜찮다.

✓ 다른 사람에 대한 의견을 쓸 때는 나중에 내용이 공개되어도 떳떳할 수 있도록 객관적인 태도로 신중을 기한다. 요즘 같은 인터넷 확산 시대에는 당신이 쓴 어떤 글이 어디서 드러날지 알 수 없는 노릇이다.

✓ 서열 체계를 넘어 이메일을 보내는 일은, 그런 것이 장려되는 분위기에서만 하자. 아무리 메일 주소가 공개되고, 원칙적으로 메일 발송이 허용되어 있다 하더라도, 자기보다 한참 높은 간부에게 무턱대고 보내는 것은 분별없는 태도다.

✓ 이메일을 받았는지 일일이 물어보는 것도 실례. 요즘에는 정확한 수신 확인 기능이 각 메일 서버마다 지원되므로 이 기능을 이용하는 것이 더 편리하고 시간도 절약된다.

✓ 직장에서 무차별하게 메일을 보내어 동료의 시간을 빼앗고 업무를 마비시키는 사태는 절대 금물.

✓ 답장을 보낼 때 특별히 중요하지 않은 경우에는 상대방한테서 받은 원문을 일부만 포함시킨다. 긴 내용이 계속 덧붙다 보면 용량이 커지고, 내용도 반복되어 더 복잡해진다.

✓ 첨부 파일 크기가 클 때는 메일 본문 안에서 미리 양해를 구하고, 모든 이들이 열 수 있는 가장 일반적인 형식을 택한다.

✓ 메일을 틀린 수신자에게 보냈다든지, 첨부 파일을 붙이지 않았다든지, 내용을

잘못 써서 보냈을 경우 발송 취소가 가능한지 확인해 본다. 그렇지 않을 경우 정중히 사과하는 메일과 함께, 필요한 경우 수정한 내용을 보낸다.

채팅은 즐거워, 피로워?

대화방에서는 일명 채티켓(Chatiquette)을 지키는 것이 기본. 그 중 가장 중요한 것만을 여기 모아봤다.

✓ 대화 주제와 분위기에 쉽게 동참할 수 있는 방을 고른다.

✓ 약속 시간을 정해놓고 토론을 하기로 했다면, 시간을 엄수하도록 한다. 뒤늦게 들어와 "너희 무슨 얘기했어?"라고 물어보는 것은 실례다.

✓ 대화명으로 대화 참가자들끼리의 감정이나 관계를 나타내는 일도 가능하다. 따라서 대화명 선택은 되도록 가치 중립적이고 긍정적인 것으로 고르는 것이 낫다.

✓ 가상 공간이 아닌 실제 상황에서 사람을 만났을 때 예절을 지키는 것처럼 대화방에서도 서로에 대한 존중과 배려가 반드시 필요하다.

✓ 나와 다른 의견과 사고 방식을 존중해 준다.

✓ 새로 입장하는 사람에게 친절하게 대해준다. 또, 채팅 초보자에게도 자세히 설명하고 이끌어주자. 개구리 올챙잇적 생각할 수 있는 능력이 네티즌의 기본이다.

✓ 너무 길게 얘기하지 말자. 긴 얘기가 하고 싶으면 아는 사람들끼리 1:1 대화를 하든지, 이메일을 이용하자.

✓ 겉에서 드러나는 모습만 보고 상대방을 판단하거나 과장된 환상을 품지 말자.

✓ 외국인들과 채팅할 때는, 굵은 글씨체와 반복된 느낌표를 쓰는 것에 주의하자. 그것이 '외침'의 표시라는 것을 명심해야 한다.

안전한 채팅을 위하여 :

✓ 다른 사람의 대화를 방해하거나 모욕감을 주고 딴지를 거는 참가자는 완벽히

무시한다.

✓ 그래도 그런 행동을 멈추지 않으면 관리자나 사이버 신고센터에 연락해 조치를 취해줄 것을 요청한다.

✓ 채팅이 대화할 당시로서 끝나면 좋지만, 가끔 저장되기도 하고 내용이 오해를 불러일으켜 문제가 되기도 한다. 아무리 얼굴이 안 보이고 때로는 모르는 사람들과의 대화라 해도 엄연히 공개적인 자리라는 것을 잊지 말자.

✓ 게다가 로그인할 때 IP 주소가 저장되므로 어디쯤에서 접속이 되었는지 추적도 가능하다. 그러면 실제 이름과 사는 곳까지 정확하게 알아낼 수 있다는 것을 명심하자.

✓ 처음 만나는 사람일 경우에는 이메일 주소를 비롯해서 전화번호나 주소 따위 개인 정보를 알려주지 않도록 주의하자.

반드시 알아야 할 알파벳 줄임말 모음

외국 사람들과 영어로 채팅할 때 즐겨 쓰는 줄임말이 많다. 다만, 업무상 대화일 경우에는 줄임말 사용을 조금은 자제하는 것이 좋다.

2L8 = too late, 너무 늦었다

4yeo = for your eyes only, 비밀임

cu = see you

thx = thnak you(thanks), 정말 고마워

ompl = one moment please, 잠깐만

tnt = (un)till next time, 다음에 만날 때까지

rotfl = rolling on the floor laughing, 너무 웃겨 데굴데굴 구르다

iha = I hate abbreviations, 나는 줄임말이 싫어

gooml = get out of my life, 꺼져

ubd = unser brain damage, 사용자 머리가 이상함

sc = stay cool, 진정해

ta4n = that's all for now, 그게 다야.

imho = in my humble opinion, 내 짧은 소견으로는

hand = have a nice day, 즐거운 하루 되세요

● ● ● 생일 축하해, 스마일리(Smiley) ~!

얼마 전 스마일리가 20번째 생일을 맞았다. 감정을 키보드로 표현할 수 있는 기호인 이모티콘(Emoticion) 중에서도 가장 많이 쓰이는 것이고, 그 변형도 무척이나 다양하다. 초창기 스마일리 모양은 :-) 이렇게 생긴 문장 부호의 조합이었다. 지금도 그래픽을 지원하지 않는 프로그램이나 휴대폰 단문 메시지에서 많이 쓰인다.

이 웃는 얼굴을 컴퓨터 상에서 고안해낸 사람은 정보학자인 스코트 팔만(Scott Fahlmann)이었다. 그러나 손으로 그린 최초의 스마일리는 미국인 하비 볼(Harvey Ball)이 1963년 발명한 것이다. 하비 볼은 이 도안을 한 보험회사에 납품했고 그 대가로 45달러를 받았다고 한다.

:-Q 뭐라고?	:-(실망이야. 기분 나빠
:@ 화가 났음	:) 미소
:D 입을 벌리고 하하하	;) 윙크
:O 깜짝이야	:P / :-P 메롱~
(H) 아~더워라	:$ / *^_^* 부끄러워
:S 어지러워	:(슬퍼
:(울보	:l 실망인걸

웹 서핑의 즐거움

인터넷은 인류에게 새로운 차원을 열어 보였다. 요즘에는 자기만의 홈페이지나 게시판을 가지고 운영하는 일이 허다하다. 그것을 통해 다른 사람에게 자신을 알리고 싶어하기도 하고, 특정 정보를 공유하고 주고받으며 도움을 얻고자 하는 일도 있다. 소소한 일상을 적으며 생활을 정리하는 네티즌이 있는가 하면, 특정 지식을 공개하거나 유용한 데이터를 제공하는 전문가의 웹사이트도 많이 눈에 띤다.

게시물과 자료는 그것이 시간상 유효한 것이고 호환성이 높고 정보 가치가 있는지 스스로 점검한 뒤에 웹에 올린다.

자신이 잘 아는 분야가 있다면 전문가임을 자처하자. 선인장, 난, 바다표범, 공예, 영화, 음악, 요리, 종교, 조명, 패션…, 어느 것이든 상관 없다. 금세 그 주제에 관심을 가진 다른 네티즌들의 반응을 얻게 될 것이다.

자기가 가진 물건이나 성향 중에 다른 사람들이 재미있어 할만한 것이 있다면 솔직하게 공개해 보자. 단, 혐오감을 주려는 목적으로 꾸민 행동이나 관심을 끌기 위한 거짓 자료는 식상함을 불러일으킨다.

스스로의 작고 아기자기한 취미를 인터넷에 공개하고 그것에 얽힌 에피소드를 담담히 풀어내 보자. 당신의 글은 여기저기로 인용되고, 상담을 요청해 오는 사람들로 웹사이트는 활기를 띨 것이다.

오늘 '사진발' 좀 받는데?

　속된 말로 '사진발' 잘 받고 싶은가? 어딘가에 자기 사진이 공개되는 것에 큰 의미를 부여하는 편인가? 방송국 TV 프로그램에 방청객이나 초대 손님으로 출연할 일이 있는가? 수많은 시청자와 독자들에게 아주 잠깐 혹은 장시간 얼굴을 내밀 일이 있다면 반드시 거쳐야 할 준비 과정이 있다.

그 놈의 여권 사진 때문에, 이게 웬 난리람!!

한 권으로 끝내는 비즈니스 매너

더 예쁘고 잘생겨 보이는 비결

　한낮에 햇빛이 아주 강렬할 때보다는 아침의 부드러운 햇살이나 해지기 전의 노란빛이 사진기나 카메라에 예쁘게 잡힌다. 또 얼굴 정면이나 위에서 곧바로 쏟아지는 조명보다는 은은하게 퍼지는 빛이 나아

보이므로, 조명판을 이용하든지 얼굴 앞쪽에 하얀 벽을 두고 반사 효과를 노려 촬영을 한다.

- ✓ 여자들처럼 남자들도 이제는 촬영하기 전에 잡티나 흉터, 눈가의 그늘을 가려주는 메이크업을 하고, 콘택트렌즈를 끼는 것이 좋다.
- ✓ 여성들은 눈가와 입가 주름, 기미를 잘 커버하고 투명 파우더를 덧발라 번들거리지 않도록 만든다. 사진 촬영을 위한 메이크업은 육안으로 봤을 때는 이상해 보여도, 사진기로 들여다보면 매끈하고 무난한 정도다.
- ✓ 얼굴이 너무 둥글고 크거나 이목구비가 뚜렷하지 않을 경우, 블러셔와 짙은 파운데이션으로 입체감을 살려준다. 광대뼈가 튀어나온 얼굴에는, 자신의 살색보다 한 단계 어두운 파운데이션이 필요하다. 광대뼈 옆, 뒤쪽과 턱 밑, 가장자리 등 가리고 싶은 부분에 짙은 파운데이션을 바른 뒤 살색에 맞는 파운데이션을 전체적으로 바른다. 이마 끝에서 턱 아래까지 수직으로 흰색 펄 파우더나 아이섀도를 바른다. 코끝에 바르면 코끝이 살짝 올라간 듯한 모양이 연출된다. 입체화장은 코, 이마, 뺨은 화사하고 밝게 하는 것이 포인트.
- ✓ 가장 예뻐 보이는 각도를 찾는다. 사람마다 비교적 잘생겨 보이는 얼굴 각도가 있다. 거울을 살펴보고 그것을 찾아낸 뒤, 사진을 찍을 때마다 사진기를 향해 그 부분을 보여준다. 연예인들의 실제 얼굴과 사진이나 화면에서 본 이미지가 완전히 다르게 보이는 것도 그런 이유에서다.
- ✓ 사보나 홍보 선전물에 들어갈 사진을 찍는다면, 자기가 가장 맘에 드는 사진을 고를 기회를 요구한다. 스스로 당당하게 생각하는 모습을 보여주는 편이 마음도 편하고, 자신감도 생긴다.

대중 앞에 얼굴을 공개하다

사람들은 대부분 신문이나 방송, 잡지 따위에 공공연히 얼굴이 나오는 것에 큰 의미를 부여하고, 대단하게 생각한다. 자기 얼굴이 난 매체를 보는 것은 어느 정도 신기하고 기분 좋은 일인 것만은 틀림없다.

✓ 사진 기자가 있는 자리에서는 자연스럽게 촬영에 협조해 주자. 그리고 같이 찍히는 사람이 누구인가에도 주의를 기울인다. 평판이 안 좋은 사람 대신, 이왕이면 자신과 친하거나 중요한 자리에 있는 사람과 함께 촬영되는 것이 훨씬 낫다.

✓ 신문에 나거나 TV에 출연하는 것은 모든 사람의 꿈일지도 모른다. 당신 혼자서는 도저히 이루지 못할 꿈이라면, 유명인이 있는 곳에 자주 나타나라. 그들을 촬영한 필름 안에 당신의 모습이 끼여들어갈 확률이 높다.

✓ 당신의 얼굴이나 모양새가 희한하고 클수록 사진이 찍힐 가능성이 높다. 아주 예쁜 어린이를 데리고 있거나 귀여운 강아지나 고양이랑 있을 때도 플래시 세례를 받을 수 있다.

✓ 라디오나 TV 리포터가 당신과 인터뷰를 했다고 해서 그 내용이 꼭 방송되는 것은 아니다. 되도록 평범하지 않은 대답을 할수록 당신의 답변이 방송용으로 채택될 가능성이 높다.

"근데 너는 어디 있어?" 단체 사진의 기술

✓ 결혼식이나 기념식에서 단체 사진을 찍을 때는 되도록 가운데에 서려고 노력한다. 가장자리에 선 사람은 아무래도 아웃사이더처럼 보이게 마련이다.

✓ 맨 앞줄은 피하자. 짧은 다리, 튀어나온 배, 안 어울리는 옷차림 따위의 신체적인 결함이 그대로 드러난다. 몸매에 완전히 자신이 없다면 두 번째 줄에 서는 것이 안전하다.

✓ 옷매무새를 되도록 단정히 한다. 양복이나 블라우스 단추가 제대로 잠겨 있고 주름이 잡혀 있지 않은지 점검하자.

✓ 옷 색깔을 잘 선택해서 입어야 한다. 어두운 색상은 몸을 길쭉하게 보이게 하고 강렬한 원색은 살집이 있어 보이게 한다. 다리 모양에 자신이 없는 여성들은 치마를 입을 때 짙은 색 스타킹을 신거나 바지를 입는 편이 낫다. 만약 당

신이 일행 중 유일하게 여자라면, 짙은 양복을 잘 입는 남자들과 구별되게 색깔이 튀는 옷을 입는 것이 좋다. 여성 정치인들이 곧잘 일부러 밝은 색 옷을 걸쳐 입는 이유도 대부분 그런 이유다.

텔레비전에 내가 나왔으면 정말 좋겠네~!

방송과 신문의 힘은 강력하다. 언론은 어떤 분야, 어떤 주제든 다루면서 성공의 지름길로 안내할 수도, 일을 망칠 수도 있다. 그래서 기업들은 이제 경영자의 업무처리 능력뿐 아니라 TV든 신문이든 어디 내놔도 말쑥하고 좋은 인상을 풍길 수 있는 이미지를 중요한 요소로 꼽는다. 아니면 기존 경영자들이 전문가의 손길을 받고 스타일을 꾸미기도 하고, TV 화면에 근사하게 비춰지게끔 말솜씨와 매너를 집중적으로 배우기도 한다.

✓ TV에 출연할 때는 작은 무늬가 있는 옷은 되도록 삼간다. 가느다란 체크무늬, 섬세한 줄무늬의 셔츠, 블라우스, 넥타이는 카메라에 잡히면 어지러운 느낌을 주고 시선을 교란시킨다. 단색의 차분한 색깔이 무난하다.

✓ 배경을 선택할 수 있다면 조용하면서도 답답한 느낌이 들지 않는 곳을 등뒤로 하고 앉는다.

✓ 강조를 하거나, 더 구체적으로 묘사하기 위해 말을 하면서 약간씩 손을 움직이는 것이 좋다.

✓ 옷은 단순한 것을 입어야 TV 화면에 얼굴이 돋보이고 깨끗해 보인다. 평소 잘 어울린다고 여겼던 색깔을 고르면 안전하다.

✓ 여성들이 바지 정장을 입고 나올 때는 바지와 양말(스타킹), 신발을 모두 같은 계통으로 맞추는 것이 좋다. 무엇보다도 TV 토론이나 토크쇼에 가장 무난한 옷차림이다.

√ 푸른 색 계통 옷은 되도록 삼간다. 특히 '블루 박스(Blue Box)' 라고 하는 파란 색 배경은 나중에 다른 영상으로 대체되기 때문에, 푸른색 옷을 입으면 몸이 투명하게 처리되므로 주의해야 한다.

√ 완벽한 검정이나 하양은 피한다. 그런 옷은 화면에서 칼라나 주머니 같은 디테일이 전혀 나타나지 않는다. 또, 검정 색은 실루엣 그림처럼 입체감을 못 느끼게 하는 효과가 있으며, 흰색은 지나치게 밝아 보여 부담스럽게 보인다.

화상 회의를 할 때는?

정보 · 원거리통신 기술이 발달하면서, 나라간에, 지역간에 화상 회의를 진행하는 기업들이 점점 늘고 있다. 화상 회의는 특히 테러의 위험이 있을 때나, 항공 이동에 드는 예산을 절감하려는 목적으로 자주 애용된다.

√ 화상 회의에서도 직접 얼굴을 마주할 때만큼 외모와 인상이 중요하다. 옷은 개성 있으면서도 차분한 스타일, 깨끗하고 말끔한 머리모양, 단정한 자세를 갖춰야만 발언하는 내용에 힘이 실리고 효과가 극대화된다는 것을 잊지 말자.

제6장

당신을 초대합니다!

당신을 초대합니다!

　당신이 사랑하는 상대가 그래도 좀 괜찮은 사람인지 알아보고자 할 경우 같이 식사를 해보는 것도 좋은 방법이다. 레스토랑, 혹은 집도 관계없다. 함께 식사를 할 때만큼 상대가 센스가 있는지, 유머 감각이 있고 너그러운지 자세히 관찰할 수 있는 기회도 드물다. 시무룩하게 앉아 샐러드나 휘적거리고, 참새처럼 생수나 홀짝거리는 사람이 얼마나 보기 싫은가. 같이 앉은 여성에게 뭘 먹을지 물어보지도 않고 자기 것부터 주문하는 남자 친구라면, 그 관계가 오래갈 거라고 기대하지 않는 편이 낫다. 또 자기가 무슨 와인 전문가라도 되는양, 고가의 레드와인을 척척 주문해 버리는 남자라면 다시 한번 생각해 볼 일이다.

　친구들과 함께 밥을 먹는다는 일은 또 하나의 유행이 됐다. 그래서인지, 좋은 레스토랑은 흔히 며칠 전부터 예약이 다 돼 있다. 그럴 때 가끔은 시간을 내서 집에서 직접 음식을 대접해 보자. 초대받는 손님은 특별 대우를 받는다고 여길 수도 있다. 손님을 집으로 초대해서 대접해 본 적이 있는 사람이라면 그 안에 얼마나 많은 가사 노동이 숨어 있는지 잘 알 테니 말이다.

훌륭한 초대를 위하여

"남에게 자기의 집을 열어놓는다는 것은 마음을 열어놓는 것이다."
이 말은 집으로 초대하는 행동에 얼마나 큰 신뢰와 가치가 전제되는지
잘 말해준다. 가족 경사에 청첩을 보내든, 친구들에게 식사 대접을 하
든, 직장 동료를 초대하든 어쨌든 초대라는 말이 떨어지자마자 그때부
터 온통 일, 일뿐이기 때문이다. 준비하는 데 드는 시간과 노력은 물론
이거니와, 초대 당일 집주인은 마치 시험을 치르는 기분으로 손님들을
대할 것이다. 가장 고심되는 부분은 물론 요리다. 손님이 한둘이 아니
고 여러 명이면 더욱 그렇다. 요리는 정보도 충실해야 하지만, 착실함
과 침착함, 그리고 정성이 들어가야 한다.

스트레스를 피할 수 있는 몇 가지 방법 :

✓ 너무 많은 일을 벌이지 말자. 무난하게 만들 자신이 있고, 사람들이 보통 즐겨
먹는 3가지 메뉴가 적당하다. 5가지 풀 코스를 준비하다가 기진맥진할 필요는
전혀 없다.

✓ 예전에 만들어 봤고, 정말 잘하는 음식으로만 식단을 짜는 게 현명하다. 손님들
이 식도락가나 되는 줄 알면 오산. 자신 있게 할 수 있는 음식이 스트레스를
피하게 해준다.

✓ 손님들이 입맛에 맞아하고 특별히 좋아하는 음식이 있다면 그것을 준비하자.
초대할 때, 특별히 싫어하는 음식이 있는지 미리 물어보는 것도 좋은 방법이다.
사람들이 돼지 내장같이 이색적인 음식만 꺼리는 것은 아니다. 어떤 음식에 대
해서든 미식가 못지않은 입맛을 자처하면서도 유독 닭고기만은 입에 대지 않
는 사람도 있다.

초대가 싫어!

　　초대의 말을 건넬 때 상대방이 항상 기쁘게 받아들일 거라고 기대하지 않는 것이 좋다. 오스트리아 음악가이자, 비엔나 국립오페라단의 명예 단원인 마르셀 프로이(Marcel Frawy)는 한 인터뷰에서 이런 말을 한 적이 있다. "가장 기분이 고약할 때가 식사 초대를 받았을 때다. 그런 곳에서는 콩고물이라도 떨어지지 않을까 싶어 기다리는 종처럼 앉아 있어야 하니까." 이 거장은 그래서 늘 따로 조리할 필요가 없는 소시지와 훈제고기 같은 간단한 것만 먹어야 했다. 제대로 차린 식단은 거들떠보지 않았다. 아니 아마도 라면 국물 정도는 마셨을 수도 있다. 어쨌거나 그 양반이 그런 음식을 먹은 것은 매일 호텔 서비스를 통해서였다고 하니.

✓ 계절에 맞는 메뉴에 초점을 맞추자. 신선한 제철 재료로 장만하는 음식이 가장 맛있다.

✓ 요리의 결정적인 관건은 고기나 생선의 질이다. 재료가 안 좋으면, 아무리 최고의 요리사라도 엉터리 요리밖에 못 만든다. 배달을 시켰을 때는 시간 맞춰 해달라고 당부하고, 품질이 최상급이어야 한다고 못을 박아놓는 게 좋다.

✓ 메뉴를 짤 때 음식 재료, 향료, 음식의 색깔 등이 전체 식단에서 가능한 한 반복이 되지 않도록 신경 쓴다.

✓ 풀 코스처럼 많은 음식을 준비한다면, 음식 한 가지 당 양을 줄인다. 여러 차례에 걸쳐 준비되는 코스 요리를 차릴 때는 음식이 나오는 사이사이에 시간 간격을 좀 두는 게 좋다.

✓ 손님들의 분위기를 잘 살펴야 한다. 색다른 음식을 즐겨 먹는 손님에게 입맛을 맞춰주면, 반대로 노인들의 입맛에는 잘 맞지 않을 수도 있다. 아이들은 주로 입이 짧아서, 기껏 정성스레 만든 음식은 손도 대지 않은 채, "라면 먹을래"라

는 둥, "맥도날드 감자 튀김이 더 좋아"같은 억장 무너지는 소리를 해대기도 하니까.

✓ 부엌의 조리 기구를 잘 다룰 줄 알아야 한다. 가스 렌지, 오븐, 전자 렌지 따위를 점검해 보고, 이용할 수 있는 건 다 이용하는 게 좋다. 그러나 손이 많이 가는 번잡한 요리는 어쨌든 피할 것을 권한다.

✓ 자신의 능력이 닿는 것으로 메뉴를 정한다. 예를 들면, 전채 요리에는 수프와 파이, 주 요리로는 커다란 빵과 고기 요리를, 디저트로는 아이스크림과 과일 푸딩을 내놓으면 좋다.

✓ 정말로 요리의 프로이고, 또 부엌에 공간이 충분하다면, 식탁에 내기 직전에 만들어야 하는 즉석 요리에 도전해 볼 만하다. 그럴 땐 손님들에게 따뜻하고(혹은 차갑게) 신속하게 음식을 대접하기 위해 부엌에서 특별히 더 일손을 바쁘게 놀려야 한다.

✓ 가스 렌지, 오븐, 전자 렌지, 접시 예열기 따위로 항상 그릇을 미리 따뜻하게 데워놓는다.

✓ 음식 맛에도 궁합이 있다. 주 요리에 어떤 향료와 양념을 넣었는가에 따라 전채 요리의 성격도 달라진다. 강한 맛이 나는 요리에는 역시 인상적인 맛의 전채 요리를 준비하고, 연한 생선 요리에는 산뜻한 맛의 전채 요리를 준비한다.

✓ 무조건 일만 하지 말자. 손님들 틈에서 웃고 떠들며 편안한 기분을 즐기자. 부엌에서만 시간을 보내며 허둥대는 집주인보다 그 편이 훨씬 낫다. 미리 맛보아야 할 필요가 있는 음식이라도, 무조건 손님들과 함께 먹어라. 종종 어떤 주부들은 하루 종일 음식을 맛보고, 준비하고, 내오고 하느라고 정작 손님들과 같이 제대로 식사를 할 수 없었다. 이렇게 되면 손님을 초대한 의의도 사라지고, 모임의 분위기마저 죽는다.

한 권으로 끝내는 비즈니스 매너

빌 게이츠는 햄버거를 좋아한다

　세계 최대의 갑부인, 마이크로소프트 사장 빌게이츠를 손님으로 맞는다면, 크게 스트레스를 받을 일도 없을 것이다. 얼마 전, 그가 비엔나 궁전에 손님으로 왔을 때였다. 그는 성대한 만찬을 부드럽게 거절하고는, 근처 맥도날드에 가서 더블 버거와 감자 튀김을 시켜 먹었다. 초대를 한 주최가 진정 손님의 입장을 생각한다면 어떤 희한한 요구 사항일지라도 손님이 즐거울 수 있는 것을 선택할 수 있도록 배려해야 한다.

식사 예절, 이렇게 배우자

단지 음식만으로는 훌륭한 식사 초대를 마쳤다고 할 수 없다. 오히려 부수적인 것들이 중요하다. 손님들을 접대하는 방식에서 집주인의 됨됨이도 드러난다. 집과 가구를 보고 주인의 취향을 짐작할 수 있듯이 식사 예절 또한 집주인에 대해 많은 것을 말해준다.

부자들의 호화로운 식탁을 보고 사람들이 흔히 오해하는 것이 있다.

제대로 식사 예절을 지키려면, 나이프, 포크, 국자, 수저, 집게, 때로는 고기를 써는 큰 칼까지 얼마나 많은 시기와 도구가 필요한 걸까? 이런 것들은 비록 고상하게는 보일런지 몰라도 일을 복잡하게 만든다. 게다가 집중력과 능숙한 솜씨 없이는 도저히 도달할 수 없는 기술까지 배워야 한다. 가끔 정말 유별난 도구들을 쓸 때도 있다. 달팽이집에서 달팽이 고기를 꺼내 먹으려면 달팽이 꺼내는 집게를 반드시 비치해 놓아야 한다. 바닷가재를 먹을 때도 바닷가재용 포크를 능숙하게 쓸 줄 알아야 한다.

고놈의 식사 예절 때문에 아스파라거스 채소를 먹기 싫어하는 사람도 있다. 어떤 나라에서는 간단하게 손으로 음식을 집어먹는다. 도구에는 아예 신경도 쓰지 않고서. 그러나 도구란, 모두 거기에 맞는 음식을 제대로, 가장 맛있게 먹으려고 만들어낸 발명품이니 너무 복잡하게 생각하지 말고 익숙해지도록 인내심을 갖고 노력하는 자세를 갖자.

제대로 식탁 차리는 비결

훌륭한 만찬을 위해서는 옷도 걸맞게 입어야 하지만, 식탁 역시 올바르게 차려내야 한다. 단 둘만의 저녁 식사이든 사람이 많이 오는 대규모 만찬이든, 식사 예법을 얼마나 올바르게 소화하는가에 따라 그날 행사의 성공 여부가 달라진다. 옛날 옛적에는 맛있게 먹는 데 손과 손가락이면 충분했을 테지만, 오늘날 적어도 서구 사회에서는 찬장에 포크와 나이프, 수저를 충분히 갖추어 놓아야 한다. 이러한 도구는 대체 어디에서 유래했고, 어떻게 생겨난 것일까?

나이프와 포크, 어떻게 생겨난 걸까?

　오늘날 우리가 알고 있는 고상한 식사 예절은 태고의 사냥꾼들에서 유래한다. 인간은 처음에 맹수들처럼 먹이를 그냥 되는 대로 뜯어먹었다. 그러다 칼을 비롯한 연장을 발명했고, 그걸로 여럿이서 함께 잡은 동물을 배분했다. 이렇게 수천 년이 지나면서 오늘날 식탁을 차리는 방법으로 발전했다.

　접시 : 접시가 없었던 때에는, 커다란 빵을 접시로 사용했다. 나무로 만든 접시를 사용하게 된 후부터 고기에서 나오는 국물을 흡수하도록 빵을 접시 위에 올려놓았다. 아직은 스푼이나 포크 등은 생각지도 못할 때다.

　스푼 : 손바닥 자체가 태어나면서 갖는 수저다. 옛날 사람들은 손을 오므려 물을 받아 마셨다. 나중에는 조개껍데기가 물을 마시는 데 쓰였다. 거기에 손잡이를 달아 쓴 것이 오늘날 스푼으로 발전했다. 스푼은 제일 처음 발명된 식사 도구였다. 처음엔 나무를 깎아서 만들었고, 그것이 금속, 자기, 플라스틱으로까지 발전했다. 20세기까지 식사 도구라고는 나무 스푼밖에 없던 나라도 있었다.

　나이프 : 나이프의 원조는 얄따란 작은 돌 조각이었다. 쇠 나이프는 처음엔 무기와 연장으로만 사용되었다. 중세 궁정에서는 주방에서 큰 짐승의 가죽을 벗기고, 부위별로 고기를 골라내는 데만 쓰였다. 그러다가 17세기에 들어서고 난 다음에야 식사 도구로 쓰이기 시작했다. 중세 후기까지만 해도 손님들은 다른 집을 방문할 때 자기 칼을 가지고 다녔다고 한다.

　포크 : 포크는 가장 최근에 생겨난 도구다. 1050년도에 내시가 금으로 만든 포크로 베니스의 총독 부인의 식사 시중을 들었다는 얘기가, 인

류가 포크를 사용한 것에 대한 최초의 기록이다. 16세기가 되어 이탈리아 메디치(Medici) 가의 마리아라는 부인이 프랑스 궁전에 포크를 소개했는데, 거센 반발이 있었다고 한다. 성직자들이 그것을 악마의 무기처럼 생겼다며 불경스런 도구라고 했기 때문이다. 루이 14세는 포크를 사용하면 몸이 병약해지지는 않을까 걱정하기도 했다. 18세기 초에 와서야 포크는 스푼과 나이프 옆에 자리를 잡았다.

냅킨 : 이미 그리스 시대에 냅킨이 사용되었다. 손님에게는 두 장의 냅킨이 지급되었는데, 하나는 입을 닦는 데 쓰이고, 나머지 하나는 손을 닦는 데 쓰였다. 당시에는 스푼이나 다른 도구가 없었기 때문에 손으로 음식을 먹어야 했고, 당연히 냅킨이 빨리 발달할 수밖에 없었다.

접시, 냅킨, 식기 : 보기 좋은 음식이 먹기도 좋다고 했다. 손님들이 정갈하고 보기 좋은 식탁에서 식사할 수 있게 배려하는 것이 올바른 식탁 예절의 기본이다.

사람 수에 맞춰 의자를 준비한다. 남는 의자는 치워두는 게 좋다. 한 사람 당 적어도 60센티미터의 여유 공간을 배치하고, 한 사람 당 한 장의 접시를 놓은 뒤 위에 냅킨을 얹는다. 접시 옆에는 스푼, 나이프, 포크를 배열한다.

✓ 식탁 한 가운데에 주 요리를 놓고 가장자리 쪽으로 갈수록 다음 코스의 요리를 놓는다.

✓ 스푼, 나이프, 포크는 식탁 가장자리에서 손가락 두 개 두께만큼 간격을 두고

올려 놓는다. 둥근 테이블에 수저, 포크를 놓으면 마치 바큇살 같은 모양이 연출되도록 가지런히 배열한다.

✓ 포크의 끝은 위를 향하게 하고, 스푼은 등이 아래를 향하게, 나이프 칼날은 접시 쪽을 바라보게 놓는다. 만약 은수저 뒷면에 이름이나 문양이 새겨져 있으면 그것이 보이도록 뒤집어 놓는다.

✓ 코스는 최대한 4번이 가장 적당하다. 더 많이 준비하면 식기도 그만큼 많이 필요하다.

✓ 디저트 먹는 스푼과 치즈 자르는 칼은 그 음식이 나올 때 같이 내놓는다. 보통 나이프와 스푼은 왼쪽에 놓고, 포크는 오른쪽에 둔다.

"바깥쪽에서 안쪽으로 도구를 사용하면 됩니다." 영화 '타이타닉' 에서 레오나르도 디 카프리오(Leonardo di Caprio)가 호화로운 식탁에 놓인 엄청난 식기 도구를 보고 당황했을 때 누군가 해준 말이다.

많은 코스의 음식을 차렸으나 식기 도구가 부족해서, 이미 사용한 나이프나 포크를 또 다시 사용해야 하는 사태가 벌어진다면, 두 가지 방법이 있다.

얼마나 말해야 알겠냐? 우리 땐 아직 나무 접시가 없었다니깐!

✓ 손님들에게 조그만 수저 받침을 마련해 주고, 다음 음식이 나올 때까지 자기의 수저를 각자 갖고 있게 한다.

✓ 좀더 나은 방법 : 얼른 수거해서 씻고 다시 갖다 놓을 수밖에.

냅킨에도 황제가 있다!

옛날 오스트리아와 헝가리 제국을 다스리던 황제 프란츠 요셉 (Franz Joseph, 1830~1916)의 하인 이야기다. 그를 모시는 두 하인은 특별한 비밀을 알고 있었다. 그들은 황제가 사용할 냅킨 접는 비결을 아무에게도 말하지 않고 함구해야 할 의무가 있었다. 그 방법은 가히 예술적이었다. '냅킨 전문가들' 끼리는 이 비법을 마치 고대의 사제들처럼 엄격하게 전승해왔다.

이 '황제의 냅킨'이 그 제국과 함께 사라졌으리라 생각하는 사람이 있다면 큰 오해다. 쇤브룬(Schoenbrunn)의 성문을 지나가거나, 비엔나 궁전의 은으로 만든 방에 들어가 본다면, 바로 그 예술적으로 접힌 '황제의 냅킨'을 볼 수 있다.

이 냅킨은 오스트리아의 국경일 축제에도 사용된다. 연방수상, 정치가, 황태자 등을 손님으로 맞을 때면, 이 역사적인 장식품을 식탁에 내놓는다. 접시 크기의 이 '황제의 냅킨'을 접는 데 전문가는 약 5분 정도 걸린다. 200명이 초대되는 축제라면 대체 얼마나 시간이 걸릴 지 상상이 될 것이다.

마리아 테레지아 여왕(Maria Theresia) 시대에는 백조나 물고기, 그 밖의 동물들의 모양으로 냅킨을 접었다. 동물 모양 냅킨을 하나 접는 데 8시간이 걸린다. 단, 접는 방법을 정확히 알고 있을 때에 한해서 말이다.

물잔과 술잔 놓기 : 에티켓 책자마다 잔을 배열하는 방법이 각각 다르게 나와 있다고 해서 당황할 필요는 없다. 잔을 놓는 방법은 취향 문제이기도 하거니와, 식탁 크기와도 밀접한 관련이 있기 때문이다.

잘 차려진 식탁을 보자면, 접시의 오른쪽, 수저의 위쪽에 잔을 놓는 것이 정석이다. 보통 우측의 바깥쪽에서 가운데 쪽을 향해 순서대로 마시는 관습에서 유래된 방법이다.

정찬 잔(주 요리를 먹을 때의 와인 잔)은 고기 써는 나이프의 위쪽에 놓는다. 주 요리가 무엇이냐에 따라, 레드와인이나 화이트와인이 담긴다.

√ 정찬 잔에 레드와인을 담을 때는, 따로 화이트와인 잔을 오른쪽에 놓기도 한다.
√ 아페리티프(식사 전에 마시는 칵테일이나 도수 약한 술—옮긴이) 잔, 샴페인 잔은 정찬 용 잔의 왼쪽에 놓는다.
√ 잔을 채우는 순서(우측 바깥쪽에서 안쪽으로)에 따라, 물 잔은 화이트와인 잔의 오른쪽에 놓는다. 아페리티프 잔이 있으면, 화이트와인 잔과 아페리티프 잔의 중간에 물 잔을 놓는다.

빵과 과자 류 :
√ 손님들이 식탁에 자리를 잡으면, 막 구워낸 빵과 과자를 채운 바구니를 내놓는다. 빵 바구니 옆에는 버터 접시를 준비한다.
√ 버터 바르는 칼과 빵 담는 접시는 보통 포크의 왼쪽에 놓아두는데, 자리가 비좁으면 포크 위쪽에 놓는다. 버터 칼은 날이 왼쪽을 바라보도록 한다.
√ 빵 바구니, 빵 접시, 나이프, 버터 칼은 주 요리가 나오기 전에 치우고, 때에 따라 여러 가지 치즈를 대접하기도 한다.

이쑤시개, **소금**, **후추**, **조미료**는 일반 음식점에서는 식탁 위에 잘 올려놓지만, 좀 고급스런 식탁에서는 준비하지 말고 손님이 찾을 때만 갖다준다. 정식 요리에서는 그런 것들이 식탁 미관을 해치는 걸로 간주되기 때문이다.

식탁 장식 :

✓ 손님들에 비해 자리가 좁은 식탁이라면, 장식이 방해만 될 뿐이다. 때에 따라 작은 꽃이나 담쟁이 넝쿨을 냅킨 속에 꽂아 넣는 것도 멋이다. 단, 너무 요란하거나 어수선한 장식은 피하는 것이 좋다.

✓ 좀 작은 식탁이라면 음식이 올라오자마자 꽃 장식은 치우는 게 좋다.

✓ 식탁 장식 때문에 맞은편에 앉은 사람이 가리지 않도록 주의하자. 향기가 강한 꽃은 피한다.

✓ 양초가 눈 높이까지 올라오면 눈이 부셔서 잘 보이지 않는다. 조그만 양초를 낮은 촛대에 끼워 장식해야 한다.

식탁 위의 색깔 맞추기 :

✓ 식기는 깔끔한 단색 식기로 하자. 무늬가 있는 식기는 음식을 담기 전에는 꽤 근사해 보이지만, 음식을 담으면 어수선하게 보이고 음식 색이나 모양새가 눈에 잘 안 들어온다.

✓ 색 조화에 신경을 쓴다면, 음식에 따라 적당한 접시를 사용하라. 녹색 접시에 하얀 국수를 담으면 잘 어울리지만, 녹색 접시에 시금치는 그다지 잘한 선택은 아니다. 보통 하얀색을 쓰면 어떤 음식이든 먹음직스럽게 보인다.

✓ 당신이 유행에 민감한 편이라면, 하얀색을 쓰도록 권한다. 요즘엔 호화 레스토랑에서도 자질구레한 색깔이 들어가는 그릇을 안 쓰는 편이다. 음식과 와인의 질, 거기다 간결한 모양의 하얀 식기가 고급스러운 분위기를 한층 북돋아준다.

유리잔 고르기 : 지난 몇 년 간 유리잔의 모양이 무척이나 바뀌었다.

가정집에서나 음식점에서 쓰는 유리잔이 매우 우아해지고 다양해졌다. 예전에는 레드와인 잔, 화이트와인 잔, 물 잔이면 충분했지만, 상류층 집안이나 좋은 레스토랑에서는 샴페인 잔, 아이스티 잔, 위스키 잔, 음료수 잔 등 매우 다양한 유리잔을 구비한다. 오스트리아의 리델(Riedel) 가문은 최초로 어떤 와인에 어떤 유리잔이 가장 적합한지를 과학적으로 탐구했던 사람들이다. 와인을 좋아하는 사람들은 예전처럼 무거운 크리스털 잔 대신, 얇은 와인 잔을 사용한다.

한번 실험을 해보면 알 수 있다. 와인 한 병을 들고, 여러 가지 잔에 다 따른 다음, 맛을 음미해 보라. 똑 같은 와인인데도 잔에 따라 얼마나 맛이 다른가를 확인할 수 있다. 아마 어떤 잔에서 최고의 향기와 맛이 느껴질 것이다. 그 와인을 마실 때는 그 잔으로 마시는 게 제일 좋다는 뜻이다.

유리잔의 종류 : 최고의 향과 맛을 느끼려면 두께가 얇고 입구와 아랫부분의 모양에 따라 잔을 잘 선택해야 한다. 그래서 일반 가정집에서도 사용이 가능한 다양하고 저렴한 유리잔이 많이 나와 있다. 완벽한 식탁을 차리고 싶다면, 기본적인 유리잔 품목을 구비하고 있는 것이 좋다.

✓ 리슬링, 그뤼너 벨틀리너, 뮐러-투르가우, 웰시리슬링, 쇼비뇽 블랑, 로트기플러, 치판델(Riesling, Grüner Veltliner, Müller-Thurgau, Welschriesling, Sauvignon blanc, Rotgipfler, Zierfandler) 등 담근 지 얼마 안 되는 화이트와인에는 좁고 가느다란 튤립 모양 잔이 좋다.

✓ 오래되고 향기 짙은 화이트와인에는 불룩한 사과 모양 잔이 좋다. 샤도네이, 프뢰로터 벨틀리너, 무스카텔러, 트리미너, 노이부르거, 로터 벨트리너, 바이스부

르군더, 룰랜더(Chardonnay, Frühroter Veltliner, Muskateller, Traminer, Neubruger, Roter Veltliner, Weißburgunder, Ruländer) 가 적당하다.

✓ 부르군더(Burgunder) 잔은 둥글고 목이 길며, 향 짙은 와인을 테스트할 때 좋다. 생 로랭, 바롤로, 피노트-누와르(St. Laurent, Barolo, Pinot-noir) 같은 강한 향의 와인에 적당함.

✓ 보르도 잔(Bordeauxglas)은 높고 몸통이 가느다란 잔인데, 밑은 불룩하고 위로 올라갈수록 좁아진다. 보르도 종류와 카베르네 프랑, 쇼비뇽, 메를로, 츠바이겔트, 블라우프랭키쉬(Bordeaux, Cabernet Franc, Sauvignon, Merlot, Zweigelt, Blaufränkisch)에 적당하다.

✓ 디저트와인은 작고, 불룩한 잔에 마시는 게 좋다. 아이스바인(Eiswein), 포트와인(Port Wine)은 이 잔으로 마신다.

✓ 샴페인 잔에는 세 가지 모양이 있는데, 몸체 부분이 긴 잔, 목이 긴 잔, 접시 모양의 넓적한 잔이다. 입구 부분이 작을수록 탄산가스가 천천히 날아가므로 참고하자.

많은 잔을 마련할 사정이 안 되거나, 여유 공간이 부족하다면, 여러 가지 화이트와인과 레드와인 잔을 하나씩만 마련하는 것도 괜찮다. 숙성이 덜 된 화이트와인과 숙성이 잘 된 화이트와인의 잔을 하나씩 마련하고, 레드와인 잔은 하나로 통일한다. 맥주 잔은 물 잔과 공용으로 사용해도 된다. 두께가 얇은 잔의 경우 목 부분이 고광택 처리가 되었는지가 잘 살핀다. 커팅이 화려한 크리스털 잔은 나이 드신 분들이 많이 쓴다.

물 주전자 : 유리로 된 물 주전자를 준비하고 생수나, 보리차를 담아둔다. 투명 물병 밑바닥에 수정 같은 보석을 깔아두면 더욱 멋지다. 모양도 좋지만, 물에 좋은 에너지가 섞일 거라는 생각이 들지 않는가?

와인 이야기

손잡이 달린 잔이나 지나치게 불룩하고 둥근 잔은 유행에서 뒤처졌다. 와인 전문 연구가도 많아지고 여러 가지 과학적인 조사가 곁들여져, 이제는 아무런 와인이나 내놨다가는 웃음거리가 되기 쉽다. 친구들과 가볍게 한잔 할 때는 값이 저렴하고 보급용 와인을 들어도 좋지만, 품격 있는 만찬을 대접할 계획이라면 와인 고르기란 꽤 까다롭고 신경이 쓰이는 과제다.

디켄더(Decanter) 사용하기

오래 묵고, 진한 와인은 정식으로 디켄더에 담아 사용한다. 와인은 옆의 사이드 테이블에서 배가 불룩한 유리 디켄더에 담는다. 이때 마개를 열어 두고, 와인 향이 방안을 채우도록 하면 분위기가 아늑해진다. 오래 숙성된 와인은 침전물이 생길 수 있는데, 이것까지는 디켄더에 따르지 않는다. 침전물이 없어야 디켄더에서 잔으로 따랐을 때 빛깔이 맑고, 탁한 느낌이 없으며, 마실 때 목 넘김이 부드럽다. 특히 값나가는 고급 와인은 마시기 두세 시간 전에 따라 놓는다. 그래야 공기와 와인 향이 섞이면서 좀더 숙성된 느낌이 강해진다.

고급 와인을 디켄더에 따를 때는 기품 있게 천천히, 자세를 잘 잡고 따르는 것이 예의다. 아무렇게나 쿨럭거리며 따르느니, 그냥 병째 마시는 것이 낫다.

와인 마시는 온도

와인 온도를 잘 맞추는 것이야말로 와인 접대의 핵심이다. 화이트와인이나 보통 레드와인은 오래 숙성시킨 진한 레드와인보다 더 차게 해서 마신다. 와인의 온도를 조절할 때는 기본적인 '감'과 자기 경험을 적절히 종합해야 한다. 날이 더울 때는 전문가가 권장하는 온도보다 2 내지 3도 더 차게 해서 대접한다.

와인의 권장 온도 :

샴페인, 셰리, 아페리티프 : 6~8℃

평범하고, 알코올 함량이 낮고, 숙성 기간이 짧고, 톡 쏘는 맛의 화이트와인 : 8~10℃

알코올이 많은 화이트와인 : 대략 10~12℃

알코올이 적고, 덜 묵은 화이트와인이나 디저트와인 : 12~14℃

알코올 함량이 중간치인 레드와인 : 14~16℃

숙성이 오래 된 최상품 와인 : 16~18℃

대개 레스토랑에서 와인의 온도를 실내 온도와 비슷하게 내놓는데, 약간 미지근한 편이다. 레스토랑에서는 저장소가 따로 없기 때문에 실내에 그냥 놔두는 경향이 있다. 게다가 날씨가 지금만큼 덥지 않았던 옛날 관습 때문에 아직도 실온 수준으로 와인을 마시는 경향이 있다. 그러나 지금은 난방이 잘 되는 데다 기온도 높아져서 어느 정도 와인 온도를 낮춰주어야 할 필요가 있다.

온도가 너무 낮으면 냉기 때문에 와인의 부드러운 향이 느껴지지 않고, 너무 높으면 와인의 향이 날아가서 맛이 좀 심심해진다. 와인을 내놓을 때는 너무 높지도, 낮지도 않은 '적당히' 찬 온도로 대접하는 것이 적당하다.

적당한 와인의 온도를 확실하게 알고 싶다면, '와인 온도계'를 구입하는 것도 괜찮다. 마개를 따고 병목까지 온도계를 담근다. 디지털 온도계도 권할 만하다.

코냑 역시 온도가 알맞을 때 가장 깊은 맛이 난다. 코냑 잔을 손에 잡고 온도를 높이는 방법이 있다. 가운데 손가락과 약손가락 사이에 잔의 목 부분을 끼우고, 손바닥으로는 잔의 밑을 받친다. 그리고 나서 잔을 천천히 흔들면서 마시면 더 나은 맛과 향을 느낄 수 있다.

병을 기울여 따를 때는 냅킨으로 감싼 뒤 그 부위를 잡고 술을 따라야 한다. 격식을 많이 차리지 않는 자리에서는 드랍 스톱(Drop Stop), 일명 와인 서버를 써도 좋다. 동그란 원통형의 금속 혹은 유리 제품으로, 병 입구에 꽂고 와인 방울이 병 밑으로 흘러내리지 않게 한다.

와인을 따를 때는 향을 음미하기 위해서 절대 잔을 가득 채우지 말고, 적당한 선에서 멈춘다. 값비싼 와인일수록, 더 조금씩 따라야 한다. 큰 잔은 3분의 1 또는 최대한 2분의 1만 따른다. 화이트와인이나 중급 레드와인을 따르는 큰 잔은 최대한 3분의 2까지 따라도 된다. 중급 레드와인을 따르는 작은 잔도 3분의 2를 넘지 않게 한다.

와인을 따를 때, 잔은 미리 식탁에 갖다 놓아야 한다. 다른 곳에서 미리 따른 상태로 접대하는 것은 모양새와 품위가 떨어진다. 와인을 따르는 장면을 보여주는 것도 손님에 대한 하나의 서비스다. 집에서 만찬을 열었을 때, 손님이 보는 식탁에 서서 잘 따를 자신이 없으면 사

제6장 당신을 초대합니다!

이드 테이블로 잔을 가져와 따른 후 다시 갖다주는 방법을 써도 좋다.

셰리(Sherry)나 샴페인을 따를 때도 잔을 가져와서 따라도 괜찮다. 자칫하면 너무 많이 따를 수가 있으므로 따를 때는 약간 잔을 기울인다. 잔이 크든 작든 최대 3분의 2까지만 따르고, 폭이 좁은 잔일 경우에는 가득 따라도 괜찮다.

격식을 갖춘 초대일 때는, 주빈이나 나이가 가장 많은 사람에게 제일 먼저 술을 따른다. 그 다음은 여자, 남자 순서로 따른다. 집주인은 가장 나중에 따른다. 물론 첫 잔을 비우고 나면 그때부터는 자유롭게 순서를 바꿔 따른다.

점잖은 모임이나 고급 레스토랑에서는 샴페인 병을 딸 때, 펑하는 소리가 나지 않게 해야 한다. 집이나 친구들 모임이라면 일부러 분위기를 돋우기 위해 소리를 크게 내기도 한다. 먼저 병을 약간 기울이고, 왼손으로 코르크 마개를 잡고, 오른손으로는 병을 잡고 아래로 잡아당긴다. 왼손은 가만히 코르크 마개만 붙잡고 있고, 오른손만 병을 돌리며 힘을 주면 마개가 약간씩 돌아가는 것이 느껴진다. 그러면 왼손으로 코르크 마개를 천천히 빼낸다. 그러면 탄산가스가 갑자기 튀어나오거나 거품이 크게 일어나지 않는다.

와인 테스트하기

손님에게 와인을 대접하기 전에는 초대한 사람이 먼저 와인을 시음해 봐야 한다. 이때는 와인의 빛깔, 향, 온도, 맛이 제대로 됐는지 검사를 한다.

최상품의 와인라면 시음을 조금 엄격히 하는 게 좋다. 잔을 약간 위로 쳐들고, 빛깔이 최상인지, 투명도가 좋은지를 평가한다. 맑지 않고 탁한 느낌이 들면 와인에 뭔가 이상이 있다는 뜻이다. 그때에는 잔을 약간 빙빙 돌리면서, 와인이 잔 안에서 돌아가는 모양을 관찰한다. 급이 낮고 덜 묵은 와인은 물처럼 가볍게 돌아갈 것이고, 숙성이 오래되고 알코올 도수가 높은 와인은 기름처럼 진하게 돌아가는 게 정상이다.

당신도 저 사람처럼 '전문가' 표정 좀 지어봐요!

잔 흔들기

잔을 흔들면 향이 퍼져 나간다. 와인에 코르크 마개 냄새가 배어 있는 일이 종종 있는데, 제대로 와인을 음미하려면 반품한다. 고급 레스토랑이나 훌륭한 와인 제조업자는 이런 병은 환불해 준다. 와인 매니아가 아닌 대다수의 사람들은 이 코르크 냄새를 잘 식별하지 못한다. 만약 두 번째 와인도 그렇게 느껴지면 그땐 와인을 탓할 게 아니라 사람을 탓해야 한다.

마지막엔 한 모금 맛을 본다. 온도와 향, 미감이 좋은지 이때 판단한다. 투명도, 향, 온도, 맛. 이 네 가지가 나쁘지 않다면 손님들에게도 권한다.

어떻게 해야 식탁보에 흘리지 않고 우아하게 와인 잔을 흔들 수 있을까? 일단 잔을 식탁 위 올려놓고 서서히 잔을 움직여 와인을 잔 안에서 회전시킨다. 목 부분을 잡고 두세 번 시계 방향으로 돌린다. 하지만 아무 와인이나 돌려보는 것이 아니라, 정말 고급 와인에서만 이 방법을 사용해야 한다. 동네에서 살 수 있는 와인을 놓고 이런 동작을 취한다면, 풋내기가 어디서 한 번 본 것을 흉내내는 꼴이 되어 망신만 당할 것이다.

• • • 티롤의 에티켓

별로 권할 건 못되지만, 와인을 시음하는 원래의 방식이 있다. 전하는 얘기에 따르면 알베르크(Arlberg) 지방에 농부가 운영하는 스키 산장이 있는데, 주인장 카를(Karl)은 손님들에게 와인을 대접하기 전에, 좀 '거시기 하게' 자기가 알아서 시음을 한다. "코르크 냄새 안 나는군!" 하고 오케이를 외친다. 그리고 나서 앞치마로 병 입구를 '쓱' 닦아내고는 손님들에게 와인을 따른다. 이렇게 끝마무리를 하는 비위생적인 방식에 대해 사람들은 '티롤 식 에티켓'이라고 놀리곤 한다.

잔을 채워주세요!

와인은 첫 번째 음식이 나오기 전에 미리 따라 놓는다. 두 번째 음식이 나오고, 와인이 바뀐다면, 음식이 도착하기 전에 역시 와인을 따라

놓는다. 한번 사용한 잔은 수거해 간다. 새 잔은 처음부터 식탁에 준비해 두고, 사용한 잔을 수거해 갈 때 바로 그 자리에 놓을 수 있도록 한다. 음료를 대접하는 순서가 계획되어 있으면, 사용한 잔에다 다시 채울 필요는 없다. 레스토랑에서는 잔을 바꿔주는 수고를 덜기 위해 가끔 같은 잔을 쓰게 하는데, 이럴 땐 종업원에게 새 잔을 요구해도 상관없다.

잔을 들 때도 규칙이

목이 긴 와인 잔과 물 잔은 손잡이를 잡아야지, 음료가 담긴 부분에 손을 대면 안 된다. 첫째, 손가락 자국이 투명한 유리잔에 남으면 별로 깔끔해 보이지 않기 때문이고, 둘째, 손바닥 온도 때문에 와인이 미지근해지기 때문이다. 셋째, 손을 잔 몸체에 대고 있으면 건배하기 힘들고, 쨍그랑 하는 맑은 소리도 나지 않는다.

잔을 입에 대기 전에, 냅킨으로 입을 살짝 눌러준다. 이렇게 하면 입가에 묻은 음식이나 립스틱이 잔에 묻어나지 않는다.

와인을 골라봅시다

말할 것도 없이 와인은 인류가 만들어낸 것 중 최고의 음료다. 와인은 독특한 풍미로 음식과 조화를 잘 이루어 입맛을 돋우고 화목한 분위기를 만드는 데 이바지하는 중요한 구실을 한다.

예전에는 "화이트와인에는 흰 고기, 레드와인에는 붉은 고기"라는 간략한 규칙만으로도 충분했다. 그러나 지금은 사정이 좀 다르다. 와인의 색깔 자체보다는 품질, 신맛과 쓴맛의 정도, 당분 함량, 알코올 도수, 제조 방식이 더 중요하게 꼽힌다. 가장 중요한 건 음식과 얼마나 조화를 이루느냐일 뿐, 정해진 원칙은 약간씩 응용되는 것이 바람직하다.

와인의 종류가 많다면, 알코올이 적게 든 것에서부터 점점 독한 것 순서대로 대접한다. 와인 맛의 이론과 실제에 관심을 많이 가질수록, 점점 혀와 코, 그 밖의 감각이 민감해질 것이다. 와인 맛과 문화에 대한 책도 시중에 많이 나와 있으므로, 음식과 와인의 조화에 대해 조금씩 꾸준히 공부하고 몸에 익히길 바란다.

어떤 와인을 대접할 것이냐는 문제는 어떤 음식이 나오느냐에 달려 있다. 따라서 한 가지 음식만 대접한다거나, 아니면 여러 가지 음식의 맛이 대체로 비슷하다면, 한 가지 와인으로도 충분하다.

단출한 식탁에서는 보통 와인 2 종류면 적당하다. 화이트와인 1가지와 레드와인 1가지 또는, 화이트와인 2가지, 아니면 레드와인 2가지로 해도 괜찮다. 순한 와인을 먼저 내놓는다. 좀더 신경을 써서 차린 식탁이라면 와인 3가지를 준비한다.

코스가 많은 요리를 준비한다면, 물론 와인도 많이 필요하다. 그러나 와인 매니아가 아니라면, 사적인 초대 만찬에서 와인이 그다지 많이 필요한 일은 없다.

준비된 와인의 양과 접대할 때 온도가 적당한지 주의하길 바란다. 손님 한 명당 반 병에서 한 병을 마시는 걸로 생각해서 준비하자. 순한 와인은 특히 여유 있게 준비해 둔다. 손님은 맛있어라 하는데, 와인이 떨어지면 낭패다. 초대할 때만큼은 음식과 술을 아끼지 않고 넉넉하게 마련하는 것이 상식.

아페리티프 마시기

식전에 마시는 술은 입맛을 당기게 하며, 분위기를 활기 있게 한다. 순하고, 약간 시거나 쌉쌀하고 싸한 느낌의 술이 좋다. 맥주나 샴페인, 셰리, 오렌지주스를 이용한 달지 않은 칵테일도 괜찮다. 달짝지근한 술이나 알코올이 많이 든 술은 피하는 게 좋다. 아페리티프의 알코올 함량은 대개 20도 이하가 적당하다.

아페리티프는 식탁에서 마시지 않고, 식탁에 앉기 전 거실이나 더운 날 테라스에서 마시는 게 보통이다. 다 마신 잔은 식탁으로 들고 오지 않고 마시던 자리에 놔둔다.

와인과 전채 요리

차가운 전채 요리에는 순하고 드라이한 레드와인 또는 화이트와인이 적당하다.

✓ 갑각류나 연체동물 요리는 톡 쏘는 화이트와인과 곁들여 먹으면 소화가 잘된다. 그뤼너 벨트리너, 드라이 리슬링, 샤도네이, 화이트 부르군더, 하프드라이 룰랜더, 샤블리스(Chablis), 테를라너(Terlaner)가 적당하다.

✓ 바닷가재와 왕새우 요리는 도수가 센 화이트와인과 잘 어울린다. 룰랜더, 리슬링, 리슬링 레이트 빈티지(Riesling late-vintage), 샤도네이, 화이트 브루군더, 피노트 그리기오(Pinot grigio), 소아베(Soave)를 추천한다.

✓ 훈제 생선 요리에는 너무 신맛이 나거나 너무 떫은맛이 나는 화이트와인은 어울리지 않는다. 지방이 많을수록 와인은 좀 독한 걸로 선택한다. 훈제 송어는 그뤼너 벨트리너나 웰시 리슬링을 낸다. 장어는 풍미가 강하고 짙은 와인이 어울린다. 소스에 적신 생선 요리는 와인과 어울리지 않는다. 훈제 연어에는 부드러운 느낌의 화이트와인을 대접한다. 설탕, 갖가지 향신료를 곁들인 그라바드 락스(Gravad Lax)에는 쇼비뇽 블랑, 화이트 부르군더, 피노트 블랑이 좋다.

✓ 캐비아(철갑상어 알)는 샴페인과 곁들이면 맛있다. 또 아주 떫은맛이 나는 드라이 화이트와인도 괜찮다. 주 요리로 캐비아를 낼 때는 차가운 보드카도 괜찮다.

✓ 조류는 향이 진하고 드라이한 화이트와인을 내놓는다.

✓ 거위간은 신맛이 덜 나고 맛이 진하고 단맛이 나는 고급 와인을 쓴다. 라인리슬링(Rheinriesling), 로트기플러, 아니면 자연스런 맛이 나는 달콤한 슈페트레제(Spätlese : late-vintage)와 아우스레제(Auslese : selection)가 좋다.

✓ 고기와 수프 : 색이 짙은 육질의 고기 요리에는 로제와인이나 부드럽거나 강한 맛의 레드와인이 모두 어울린다. 색이 옅은 송아지고기나 닭고기, 오리고기로 만든 요리는 드라이하고 향이 짙은 레드와인이 좋다.

✓ 굴 요리는 떫은맛이 나는 화이트와인(화이트 부르군더, 샤블리스)이나 샴페인과 잘 어울린다. 고급 레스토랑에서는 차갑게 식힌 가벼운 맛의 레드와인을 주로 낸다.

쌀 요리나 면 요리는 주 요리에 앞서 전채처럼 제공된다. 와인을 선택할 때 이 품목들도 고려를 한다.

✓ 면과 쌀 : 국수, 스파게티, 마카로니에는 버터, 치즈, 생선을 곁들이면서 순하고 드라이한 화이트와인을 대접한다. 드라이 리슬링, 웰시리슬링, 실바너(Sivaner), 이탈리안 소아베가 적당하다. 그 밖에, 생선과 조개가 들어간 면 요리에는 파메산 치즈를 넣지 않을 것을 권한다. 파메산 치즈와 생선의 민감한 향은 서로 상극이다.

✓ 토마토 소스, 크림 소스, 육수 소스를 쓴 요리에는 가벼운 레드와인을 곁들인다. 쥐트티롤러(Südtiroler) 레드와인, 발폴리셀라(Valpolicella), 블루 포르투갈(Blue Portugal)이 어울린다.

✓ 리조토 : 쌀밥 요리에도 와인을 선별해서 곁들여야 한다. 고기가 들어가 있으면 진한 화이트와인이나 숙성 시기가 짧은 레드와인이 적당하다. 신맛이 덜 나는 와인은 고기를 넣지 않은 리조토와 어울린다.

원래 수프에는 와인이 잘 맞지 않지만, 여기에도 예외는 있다.

✓ 되직하고 진한 수프에는 진한 와인을 내놓아도 괜찮다.

✓ 생선 수프처럼 수프가 주 요리가 되면, 와인을 접대하는 것이 맞다.

✓ 전채 요리가 뜨거운 음식이면 그 전에 수프를 낸다. 전채 요리가 차가운 것이면, 후에 수프를 낸다.

와인과 주 요리의 궁합은 어떨까

생선 : 와인을 고를 때 생선의 종류에 주의한다. 민물고기냐 바닷고기냐에 따라, 또는 찜 요리냐, 훈제 요리냐에 따라 와인을 달리 선택한다. 소스도 와인 맛에 영향을 미친다. 보통 화이트와인의 신맛은 생선의 풍미를 한층 부각시킨다. 알코올이 적은 레드와인도 생선과 잘 어울린다. 지중해 근방에서는 알코올이 적은 레드와인과 생선을 같이 먹는다. 우리가 일반적으로 알고 있는 것과 다르지만, 그런데도 아주 산뜻하게 어울린다.

알코올이 적고, 약간 드라이한 화이트와인(그뤼너 벨틀리너, 숙성연도가 낮은 리슬링, 드라이 실바너)은 생선찜이나 살짝 구운 생선 요리에 어울린다. 진한 소스를 쓰거나, 맛이 독특한 생선에는 진한 와인이 어울린다.(숙성 화이트 부르군더, 드라이 트라미너)

푹 익힌 생선 구이에는 진한 화이트와인이나 떫고, 중간 정도 무게감이 느껴지는 레드와인, 로제 와인을 곁들인다.(리슬링, 웰시 리슬링, 룰랜더)

고기 요리 :

✓ 조류 : 보통 고기 빛깔이 연하면 화이트와인과 함께 먹는다. 오리 구이, 거위 구

이, 칠면조 구이처럼 짙은 색 고기에는 순한 레드와인이 좋다. 와인의 알코올이 많이 들어가도 상관없다. 바롤로, 생 로랭, 블루부르군더가 적당하다.

✓ 내장 요리 : 창자나 소머리 요리에는 약한 화이트와인인 실바너, 라인가우, 그뤼너 벨틀리너가 적당하다. 혀, 심장, 허파, 간, 콩팥 요리처럼 독특한 맛이 있는 요리에는 가벼운 느낌의 레드와인인 블루프랭키쉬가 좋다. 내장 요리에는 맥주도 잘 어울린다.

✓ 송아지, 사슴, 토끼, 돼지 요리 같은 밝은 빛깔 나는 고기는, 풍미가 강하면서도 단맛은 덜한 화이트와인이나 약한 레드와인이 어울린다. 바비큐로 굽거나 소스를 발라놓은 고기는 그다지 무거운 감이 없는 레드와인을 곁들인다.

✓ 소고기나 양고기에는 진한 와인인 블루 슈페트부르군더(Blue Sptbrugunder)나 블루프랭키쉬가 좋다. 소고기를 삶아 요리할 때는 좀 독한 화이트와인도 권할 만하다.

✓ 돼지고기를 맥주나 톡 쏘는 맛의 화이트와인(뮐러 투르가우와 화이트 부르군더, 그뤼넨 벨틀리너)과 함께 먹으면 맛이 좋다. 지방분이 많은 부위는 레드와인(블루부르군더, 츠바이겔트)이 적당하다.

그 밖의 주 요리 :

✓ 생선회, 초밥, 동양 요리에는 녹차나 맥주가 가장 좋다.

✓ 채소에는 순하고 향이 좋은 화이트와인(라인리슬링, 화이트부르군더, 뮐러 투르가우)이 좋다.

✓ 버섯은 맛이 강한 레드와인과 잘 어울린다. 슈페트부르군더, 치앙티, 블루프랭키쉬, 츠바이겔트를 권한다. 이 와인들은 감자, 양배추, 아스파라거스, 콩 요리에 적당하다.

✓ 파스타 : 국수 요리가 나온다면, 맛이 강한 레드와인이 제일 좋다. 리조토에는 맛이 강한 레드와인이나 알코올이 많이 든 블루 포르투갈, 블루 프랭키쉬, 샤도네이 같은 약간 강한 느낌의 화이트와인을 직접 넣어 요리하고, 나중에 같이 곁들인다.

√ 치즈 마카로니나 치즈 그라탕에는 강한 로제와인과 레드와인이 좋다.

와인과 치즈

치즈는 식사를 다 마쳐갈 때쯤에 대접한다. 대부분 치즈를 먼저 대접하는지, 디저트를 먼저 대접하는지는 곧잘 혼동한다. 원칙은 식사를 마치자마자 바로 치즈를 대접하고, 그 후에 달콤한 디저트를 대접하는 것이다. "치즈를 먹으면 위장이 잘 닫힌다"라는 속담이 있는데, 달짝지근한 후식이 나온다면, 조금 더 위장을 '열어두는' 것이 현명하다.

후식으로 치즈를 대접하는 것은 프랑스에서 유래한다. 그러나 치즈를 먹으면 배가 지나치게 부르는 경향이 있어 대부분 치즈를 대접하지 않는다. 다만, 훈제 생선 같이 가벼운 음식을 먹은 후에 보충으로 치즈를 대접하는 것이 좋다.

치즈의 종류에 따라 적합한 와인을 고르기란 여간 까다롭게 보이지 않는다. 수백 가지 종류의 치즈와 수백 가지 종류의 와인 중에서 맞는 짝을 찾기란 얼마나 어려운 일이겠는가. 발효 정도나 지방 함량에 따라, 순한 와인이나 독한 와인을 선택해야 한다. 예를 들어, 로크포르(roquefort) 치즈나 잘 발효된 염소젖 치즈에는 진한 화이트와인이나 포트와인이 어울린다. 특정 지역에서 생산된 치즈에는 같은 지역에서 생산된 와인이 잘 맞는다는 말을 새겨두면 잘못되는 일은 거의 없을 것이다.

후식과 와인

후식과 와인의 궁합에도 다양한 방식이 있다. 약간 달콤한 샴페인이나, 고급 와인이면 대부분 괜찮다. 다만, 떫은맛이 나는 샴페인이나 와인을 후식과 함께 내놓아서는 안 된다.

소화 촉진용 음료와 커피

소화 촉진을 위한 음료는 훌륭한 식사의 마무리를 위해 빼놓을 수 없다. 소화도 잘 되지만, 담배 맛과 잘 어울려 같이 즐길 수 있다. 옛날의 명문가에서는 식사가 끝난 후에 담배도 피울 겸, 소화 촉진 음료도 마실 겸 다 같이 서재로 몰려가곤 했다. 그러나 지금은 그런 방이 없으므로 소화 촉진용 음료를 식탁이나 거실로 가져온다.

소화 촉진 음료는 영양이 많고, 달콤하고, 알코올이 든 것으로 해도 상관없다. 코냑이나 아르마냑 같은 전통적인 화주 외에도 리큐르나 과일 칵테일도 괜찮다. 그 밖에 스카치나 몰트 위스키도 괜찮다.

커피와 후식을 같이 낼 것인지, 소화 촉진 음료를 나중에 낼지는 각자 취향에 따라 정한다. 전통적으로 커피나 소화 촉진 음료는 후식 다음에 대접한다. 손님이 후식을 들며 동시에 카푸치노나 다른 커피를 원한다면 그 요청에 따르는 것이 현명하다.

와인의 맛을 떨어뜨리는 음식들
✓ 샐러드와 새콤한 음식 : 이럴 때는 맥주가 좋다.
✓ 새콤한 소스에 절인 생선.
✓ 카레나 자극적인 조미료가 들어간 음식. 대부분의 일본 음식이나 중국 음식이 그러하다. 잘 아는 사람은 차를 같이 마신다. 맥주도 괜찮다.
✓ 초콜릿이나 크림이 들어간 음식.
✓ 달걀로 만든 음식.

✓ 생 치즈는 유청 맛이 강해서 좋은 와인의 맛을 망쳐버린다.

✓ 귤이나 오렌지를 곁들인 음식에는 리큐르 술이나 브랜디를 준비한다.

✓ 아이스크림이나 과일 샤베트.

이것만은 알고 있자

▶와인은 음식의 맛을 보완하는 것이 목적이다.

▶순한 와인은 독한 와인보다, 연도가 낮은 와인은 연도가 높은 와인보다, 드라이 와인은 진한 와인보다 먼저 마신다. 물론 요리 종류에 따라 그 순서가 불가능할 때도 있다. 그럴 때는 물이나 신선한 샤베트를 준비하면, 입맛을 중화시킬 수 있다.

▶향이나 농도, 신맛이 덜한 와인은 그렇지 않은 와인보다 먼저 마신다.

▶화이트와인은 레드와인보다 먼저 마신다. 최고급 와인은 예외이며, 치즈 류, 달짝지근한 음식, 또는 약간 느끼한 음식이 전채 요리로 나왔을 때도 예외다.

▶야채류에는 순한 와인을 마시고, 고기류에는 농도가 진하고 독한 와인을 마신다.

▶음식이 조촐하면 와인도 평범해야 좋다.

▶와인을 한가지만 마신다면 떫지도 시지도 않은 중간 정도 와인이 적당하다.

▶어떤 지역 특산물로 식탁을 장만한다면, 그 지역에서 생산된 와인을 준비하는 게 좋다.

▶무엇보다도 평소에 좋아하는 와인이 있다면 그것을 선택하는 게 가장 바람직하다. 손님에게 미리 선호하는 와인 종류를 물어보는 것도 괜찮다.

"연습이 거장을 만든다"고 했다. 이제 처음 시작하는 초보자라면, 와인에 집중적으로 관심을 갖고, 도중에 그만두지만 않으면 실패할 일은 없다. 음식점에서 와인을 선택하는 방법을 연습하지는 말고, 집에서 친구들과 함께 와인을 선택하는 연습을 해본다. 너무 비싼 와인이나 뛰어난 전문가한테 특별 강습을 받을 필요까지는 없다.

와인에 대해 잘 모른다면, 그냥 자신의 입맛을 따르면 된다. 자신이 좋아하는 와인을 선택하고, 남들이 비웃을 만한 큰 실수를 저지르지만 않으면 된다. 잘 알지도 못하면서 주위들은 말로 잰 체하지는 말자. 와인을 모르는 평범한 사람보다 그런 사람이 바로 비웃음의 대상이다.

완벽한 초대에는 완벽한 손님이

초대하는 날이 제일 중요하다. 그러나 그 전에 할 일과 그 후에 할 일도 만만치 않다. 하나하나 관심을 충분히 기울이지 않는다면, 훌륭한 초대가 무위로 끝날 수가 있다.

초대장에 쓸지, 말로 초대할지는 그 모임의 성격에 달려 있다. 친구나 아는 사람끼리의 격의 없는 모임에선 전화나 이메일로 초대의 말을 전할 수도 있다. 형식적인 초대일 땐, 초대장의 형식이 있다. 초대장을 어떻게 쓸지는 주최자의 상상력과 모임의 성격에 달려 있다. 다음에 소개한 초대장의 형식이 도움이 될 것이다.

✓ 초대자의 이름은 초대장의 맨 위에 쓴다. 부부의 이름을 쓸 수도 있다. 요즘에는 OOO 박사라든지, OOO 부장 등의 직함은 잘 쓰지 않는다.

✓ 직장 모임이나, 또는 아주 높은 관직의 경우에는 직함을 쓴다. 예를 들면, '모 회사 대표이사 아무개'라든지, '전라도지사 아무개' 등으로 쓴다.

✓ 초대받는 사람의 이름은 초대장 겉봉에 쓴다. 사적인 초대라면 초대장에 써도 된다.

✓ 인쇄된 초대장에 초대받는 사람의 이름을 쓸 수도 있다. 부부가 초대받는다면 두 이름을 모두 쓴다. 남편의 이름만 쓰고, "부인도 같이 동반해 주십시오"라고 쓰는 것은 옛날에나 쓰던 방식이고, 부인을 남편의 소유물로 격하하는 것이므로 삼간다. 결혼하지 않은 연인 커플에게도 한 장의 초대장에 두 사람의 이름을 동시에 써서 전달한다.

✓ 학위 같은 명칭은 형식적인 초대에서만 사용하는 것이 좋고, 친구들의 모임 같은 사적인 초대에서는 생략하는 것이 낫다.

반드시 **초대하는 이유**를 적어두어야만 손님들이 모임의 성격에 따른 준비를 할 수 있다. 또, 정식으로 음식을 준비하는지 아닌지를 밝히는 게 좋다. "김철수의 승진을 축하하기 위하여 저녁 식사에 초대합니다"라는 소개는 배를 채울 먹을거리가 있다는 것을 말해준다. 이와는 달리 "김철수의 승진을 축하하기 위하여 칵테일 파티를 열고자 합니다"라는 표현은 식사거리는 없고, 간단한 다과만 준비되어 있다는 의미다. 지금 다이어트 중인 사람은 흔쾌히 승낙할 것이고, 배가 좀 불러야 만족하는 사람은 그 초대 때문에 고민을 좀 할 것이다.

초대하는 이유가 분명하지 않을 땐 불쾌한 일이 생길 수 있다. 배고픈 손님이 식사거리가 없는 초대에 갔다가 힘만 빼고 올 수도 있고, 음식을 정성껏 준비했는데 손님이 식사를 하고 왔다면 이 또한 헛수고가 될 것이다. 생일잔치라고 확실하게 말하지 않아서 손님이 선물을 들고 오지 않았다면, 여간 민망스럽지 않을 것이다.

날짜와 시간을 명시하는 것도 중요하다. 어린아이에게 일러주듯이 분명하게 알려야 한다. 이런 중요한 정보가 빠져 있거나, 날짜가 정확하지 않은 초대장은 있으나 마나한 물건이다.

예전에는 초대장에 시간에 관해서 달리 언급이 없을 때는 15분 정도의 지각은 봐줄 수 있었다. 지금도 형식적인 초대에는 다음과 같은 시간에 대한 추신이 붙는다. 외국 초대장을 받을 일을 생각해서 여기 일러둔다.

√ s. t. (sine tempore—정시에 시작함)이라는 추신은 초대장에 쓰여진 시간에 정확히 시작한다는 것을 의미한다. 예를 들면 정치가, 예술가 등이 참석하거나, 학위 수여식 같은 모임일 경우다. 주빈이 참석하는 모임일 때는 다른 손님들이

먼저 모여 있어야 한다. "15시 정시에 시작함"이라는 말이 써있으면 시간을 아주 정확하게 지키겠다는 뜻이다.

✓ c. t. (cum tempore―그때쯤 시작함)이라는 추신이 있으면, 시간을 철저하게 지키지 않아도 된다. 예로 서로 동등한 사람들끼리 많이 모이는 개강 파티나 환영회 등이다. "15시 경 시작"으로 되어 있는 경우다.

장소에 대해서도 정확히 알린다. 자세한 주소, 주차 여부, 대중 교통 편을 써놓는다. 야외에서 모임을 갖는지(예를 들면, "날씨가 좋으면 정원에서 식사합니다" 등), 실내에서 모임을 갖는지 적어놓는 것도 중요하다. 그 말에 따라 손님들이 입고 갈 옷을 결정하기 때문이다. 추위에 약한 사람은 따뜻한 옷을 준비해 오도록 미리 정보를 주어야 한다.

모임의 성격에 대해서도 약간 언급해 준다. 공식적이고 엄숙한 분위기의 모임에서는 복장 스타일이 아주 중요하다. 그런 모임에서 복장에 관해 참고할 수 있는 정보가 있다면 수월해진다. 초대 주인에 대한 경의를 표시하는 것은 중요한 일이다. 정보가 불충분해서 다른 사람들은 모두 정장으로 입고 나왔는데, 한 손님만 반바지 바람으로 나타났다면 그건 주인 잘못이다. 이와는 반대로, 가벼운 모임에서 지나치게 차려 입고 나오면 다른 사람들이 몹시 불편해진다. 어떤 옷을 입어야 할지 잘 모른다면, 적당한 세미 정장을 입는다.

항상 모임의 동기와 참석하는 손님들을 고려해서 분위기를 맞춘다. 정장을 하고 다니는 손님이 많다면 정장 차림의 모임을 열고, 캐주얼 차림의 손님이 많다면 그날 모임을 가볍고 자유롭게 기획한다.

오스카 수상자인 배우 할 베리(Halle Berry)는 복장에 관한 한 나름 대로 비결이 있다. "어떤 모임에 알맞은 복장이 뭔지 감이 안 잡히면,

모이는 곳에 제일 먼저 도착하라. 설사 당신의 옷차림이 다른 사람들과 어긋난다 해도 늦게 온 사람들이 자기 옷차림에 문제가 있다고 생각할 것이다."

전통적으로 격식을 갖춘 모임에 갈 때 남자 복장에 대한 규정이 따로 언급되어 있는 경우가 많다. 그에 비해 여자는 분위기에 따라 맞춰 입을 수 있는 폭이 넓다.

✓ 캐주얼 : 편하고 무난한 차림을 한다. 그렇다고 집에서 입던 옷 그대로 나가라는 말이 아니다. 반바지는 금물이며, 무조건 긴 바지를 입는다. 모임이 자유로운 분위기라면 청바지도 괜찮다. 그 외에 점잖은 티셔츠나 드레스셔츠를 받쳐 입되, 꼭 재킷을 같이 걸친다. 더울 땐 물론 재킷을 벗어 손에 들어도 괜찮다.

✓ 기본 정장 : 남자들은 낮 시간 용 비즈니스 정장을 입는다. 경우에 따라 콤비를 입고 넥타이를 매어도 괜찮다. 여자들은 치마나 바지 정장을 입되, 너무 스포티한 느낌은 곤란하다.

✓ 어두운 색 정장 : 남자들은 짙은 색 양복에 단색 드레스셔츠를 받쳐입는다. 넥타이는 반드시 맨다. 여자들은 우아한 치마 정장이나 바지 정장을 입는다.

✓ 스모킹(턱시도, 블랙타이라고 부른다.) : 턱시도를 입을 때는 나비 넥타이와 턱시도 셔츠를 갖추어 입는다. 전통적으로 까만 색이나 짙은 청색 감으로 된 양복을 입고, 윗도리의 깃과 바지 장식 선은 비단으로 댄다. 나비 넥타이는 까만 색이고, 앞단추는 한 번 더 천을 대서 겉에서 안 보이게 한다. 소매 단추는 더블로 하고, 허리에 넓은 띠를 두른다. 그 밖에 검은 가죽 구두, 검은 비단 양말을 신는다. 턱시도는 보통 저녁 예복으로 적당하다.

✓ '디너 재킷'은 턱시도와 유사한 흰색의 얇은 재킷이다. 영국 사람들이 맨 처음 입기 시작했는데, 열대 식민지에 살던 영국인들이 저녁에 입기 위해 만들었다. 여러 가지 색깔로 매우 호사스럽긴 하지만 실제로 멋은 별로 없다.

✓ 연미복(화이트 타이)을 입을 때 : 장중한 행사나 대규모 오페라를 보러 극장에

턱시도의 유래

턱시도는 19세기말의 백만장자이자 멋쟁이 신사였던 그리스월드 로릴라르드(Griswold Lorrilard)라는 사람의 의도된 실수에서 유래되었다. 뉴욕 턱시도 클럽의 규칙에 의하면 하얀 프록 코트를 입어야 하는데, 이 백만장자는 검은 재킷을 입고 나와 주위의 눈총을 받았다. 그러나 한동안 천대를 받던 검은 재킷이, 몇 년 후에 유행의 물결을 타게 되었다. 결국은 그 검정 재킷이 턱시도라는 이름으로 불리게 되었다.

영국 상류층 사회에서는 그것을 스모킹(Smoking : 끽연)이라고 불렀다. 바깥 공기가 잘 통하는 추운 흡연실에서 따뜻하게 안감을 댄 재킷을 입었는데 그 모양이 턱시도와 흡사했다. 영국 국왕 에드워드 7세(Edward VII)는 턱시도를 즐겨 입어, 턱시도가 유행하는 데 한몫을 한다. 영국 스파이 제임스 본드(James Bond)도 이 화려한 옷을 입고 자주 영화에 모습을 나타냈다.

간 것이 아니라면, 연미복 때문에 곤란을 겪은 적은 별로 없을 것이다. 이런 곳에서는 연미복을 입지 않으면 인정사정없이 퇴짜를 맞는다. 하지만 요즘 연미복을 마련해 놓는 사람은 거의 없다. 다만, 필요할 땐 연미복을 빌려주는 업체들도 있고, 빌리는 사람의 사이즈에 알맞게 고쳐 입을 수 있으니 너무 걱정하지 않아도 된다. 연미복에는 갖춰 입어야 할 옷이 약간 많다. 겹줄무늬의 검은 바지, 검은 윗도리, 앞자락은 허리까지, 뒷자락은 무릎까지 내려오는 '제비꼬리'[연미(燕尾)]가 있다. 이외에도 하얀 연미복용 셔츠, 조끼, 흰 나비넥타이, 그리고 소매에 단추 장식 등이 있다. 연미복에는 회중시계를 넣어 갖고 다니는 것이 전통이다.

연미복을 입은 남자와 함께 가는 여성은 화려한 이브닝드레스를 입는다. 보석으로 목과 팔을 장식하고 긴 이브닝 코트도 함께 걸쳐 입는다.

연미복은 원래 잘 입지 않는다. 그러나 촌놈도 연미복을 입으면 대단한 사람처럼 보이는 것도 사실이다. 전통적인 연미복은 흰 나비넥타이와 흰 조끼인데 반해, 고급 식당의 집사나 급사의 연미복은 검은 색이다.

어떤 **프로그램**을 준비할 것인가? : 모임의 프로그램을 초대장에 미리 적어주자. 계획한 것을 손님들에게 미리 알려주어야 손님들이 깜짝 놀라거나 불쾌감을 갖는 일이 없다. 신나는 모임을 기대하고 있었는데, 지루한 연설만 이어진다면 좋아할 사람은 없다. 단식을 하라고 의사의 처방을 받은 손님 앞에 거한 잔치 음식이 놓여있다면, 무척 난감해진다. 손님들에게 프로그램에 대해 많이 알려줄수록, 초대한 사람과 받은 사람의 분위기가 넉넉하고 편안하게 흘러가고, 모임은 계획대로 착착 진행될 것이다.

초대에 응할 때는 이렇게 : 초대한 사람은 손님의 숫자를 가능한 정확히 알아야 한다. 무엇보다 식사를 하는 행사라면, 손님의 숫자와 준비한 분량이 정확히 일치해야 한다. 사람이 많이 모이는 가든파티나 뷔페라면 두세 명의 참석 여부는 그리 중요하지 않다. 손님들에게 참석 여부를 알려달라고 청하는 정중한 문구가 몇 가지 있다.

√ 초대에 가거나, 혹은 가지 못한다고 회답하는 손님들을 배려해 '회답을 요망합니다' 라는 문구와 함께 전화번호, 이메일 주소를 써놓는다. 규모가 큰 초대에서는 답장용 엽서를 동봉하는 것도 유용한 방법이다.

√ '늦어도 OO일까지는 연락을 주세요' 라는 문구는 초대 주인이 장을 본다거나

레스토랑을 예약하는 데 시간의 부담을 덜어준다. 초대 며칠 전까지는 레스토랑이나 출장 요리 업체에 참석 인원을 얘기해 주어야 한다. 너무 늦게 회답하는 것은 무책임한 행동이다.

✓ '참석하고자 하시면 미리 연락을 주세요' 라는 문구도 정확한 인원을 예상하는 데 도움이 된다.

✓ 이미 전화나 다른 방법으로 초대를 해놓고, 다시 확인시키는 초대장을 보낼 때는 '기억하시죠?' 라는 문구를 사용한다.

초대장을 보내고 나서 돌아오는 회답을 잘 체크해서 상황을 파악해 두어야 한다. 초대하는 사람은 모임의 규모를 정확히 계산하고 그에 맞는 음식과 장식, 일손을 마련해야 하기 때문이다. 손님은 초대에 응낙하고 나서 약속을 어겨서는 안 된다. 또 모임 바로 하루, 이틀 전에 참석을 못 한다고 통고하는 것도 무례한 행동이다.

초대장 꾸미기

초대장을 어떻게 만들지는 그때그때 모임의 성격에 따라 달라진다. 중요한 모임일수록 초대장은 화려하게 꾸미는 게 좋다.

요즘엔 컴퓨터를 잘 다루는 사람들이 많아, **초대장을 직접 만들기도 한다.** 스캔 받은 그림이나 사진, 이미지들로 초대의 내용에 알맞게 꾸밀 수 있다. 예를 들어, 친구들끼리 하는 격의 없는 모임이나 조촐한 가든파티에는 직접 만든 초대장을 보낸다. 글씨체나 글씨 크기를 너무 다양하게 하면 요란하고 혼란스러운 느낌을 주므로 주의한다. 반면, 아이들 생일이나 경사가 있을 때는 약간 화려하고 다채롭게 꾸며도 괜찮다. 어찌 됐든 직접 만든 초대장과 돈을 주고 산 초대장의 가치는 비할 바가 아니다.

봉투에는 정확한 글씨로 보내는 이와 받는 이의 주소와 이름을 기재한다. 요즘은 한두 통 우편물을 보낼 때도 주소용 스티커를 이용하는 경우가 있는데, 직접 쓴 글씨가 더 인상적이라는 것을 잊지 말자.

결혼식, 회사 리셉션 등에서는 대량으로 발송해야 하므로 초대장을 **주문 인쇄**한다. 종이 질감과 색감은 고급스러우면서도, 행사 성격에 잘 맞는 것을 선택하자. 디자인은 세련되게 하되, 글씨는 정갈하고 단순하게 박는다. 종이는 100(g/m2) 이상 되는, 너무 얇지 않은 것을 선택한다. 근래에는 인쇄소마다 몇 가지 기본적인 디자인을 구비하고 있으

한 권으로 끝내는 비즈니스 매너

모시는 말씀

받는 이	님께
행사명	을 맞아,
년 월 일	시에
장소	에서 모십니다.

부디 오셔서 자리를 빛내주시기 바랍니다.

(회답을 요망합니다)
이영희, 김철수 드림

서울 **구 **동 ** – **
Tel. 02) 123-4567 Mobile : 010-123-4567

니 따로 도안을 준비해 가지 않아도 되는 편이다. 회사 로고나 사진을 넣고 싶으면 주문 시에 컴퓨터 파일이나 필름을 마련해 간다.

초대를 많이 하는 편이라면, **기본 서식과 주최자의 이름이 들어간 초대장**을 대량 주문해서 때마다 사용하는 것이 경제적이다. 주최자 이름과 주소, 알려야 할 사항의 제목을 인쇄하되, 받는 사람이나 행사명, 일시 등을 써넣을 공란을 넉넉히 비워둔다. 이때에도 종이 품질은 상급으로 선택하고, 되도록 단순한 디자인을 고르는 것이 현명하다.

어떤 초대장이든 행사의 성격과 규모, 급에 맞게 발행하는 것이 중요하다. 게다가 무엇보다도 '예뻐야' 한다. 세계적인 패션 디자이너 이브 생 로랑(Yves Saint Laurent)은 2002년 패션쇼를 개최하면서 코팅된 까만 나무 위에 인쇄를 하고 까만 비닐 봉투에 넣어 초대장을 발송했다. 돈은 많이 들었겠지만, 거장의 예술성을 한껏 드러낼 수 있는 무척 독창적이고 수준 높은 초대장이었다.

가까운 친구나 친척에게는 초대장 말고도 전화나, 팩스, 이메일로 거듭 알리는 것이 좋다.

시간을 잘 맞춰야

시간 엄수는 매너의 기본 중 기본이다. 손님들이 제 시간에 올 거라는 것을 예상하고 행사를 준비한다.

특히 시간을 잘 지켜서 행사장에 도착해야 하는 경우는 다음과 같다.
✓ 개인 집이나 회사에 음식을 마련해 놓고 기다릴 경우,
✓ 식당으로 손님을 초대한 경우,
✓ 초대장에 s. t. 즉 "정시"라는 말이 들어 있을 때, 혹은 "시간을 꼭 지켜주시기

바랍니다"라는 말이 들어 있을 때,

✓ 회의나 강연, 예술가의 공연 등이 마련되어 있을 때,

✓ 귀빈을 모시고 특별 행사를 진행할 때,

✓ 행사 규모가 작고, 손님이 적을 때 등이다. 초대한 손님 수가 적으면, 한 사람이라도 늦는 것이 크게 눈에 띄기 때문에 조심해야 한다.

약간 여유 있게 행사장에 도착해도 되는 경우는 :

✓ 회사 파티나 기념식처럼 사람이 많이 모이는 행사는 조금 늦게 간다고 해서 주최자가 일일이 시간을 확인할 수 없다.

✓ 초대장에 c. t. 즉 "대략", 혹은 "시 경"이라고 써 있을 경우. 보통 15분에서 길게는 1시간까지도 도착 시간 변동이 가능하다.

✓ 칵테일 리셉션, 무도회, 전람회 개막식 등

✓ 패션쇼에서는 몇 시간이고 기다리는 것이 예사다. 이럴 때는 아무리 유명한 연예인들도 초대받았다는 사실 자체를 중요하게 여기며 맨 앞줄에서 얌전히 시간을 때운다. 그러니 일부러 제 시간에 맞춰 가서 시간을 허비할 필요는 없다.

반대로, 손님 입장에서는 정해진 시간보다 일찍 도착해서는 안 된다. 물론, 좌석을 미리 확보해야 한다면 여유 있게 갈 필요가 있다. 그러나 가정집 식사 초대에 너무 일찍 도착하면, 집주인들이 청소를 미처 못했다든지, 식탁 정리를 안 했다든지, 몸치장을 마치지 않았다든지 하는 광경을 보여주어야 하므로 큰 실례다.

만약 예상보다 일찍 도착했다면 미리 집안으로 들어가지 말고 주변을 산책하거나, 차에서 시간을 보내는 것이 배려 있는 행동이다.

시간은 지켜야 맛!

제 아무리 초대형 스타라도 시간 지키기만은 철저하다. 마돈나도 사진 촬영 스케줄은 반드시 엄수한다. 니콜 키드먼은 저녁 모임에 갈 때 15분 일찍 도착하기도 하며, 명품 디자이너 조르지오 아르마니(Giorgio Armani) 역시 런던 본드 가(Bond Street)에 새 매장을 열 때도 제 시간에 도착해서 손님들에게 환영 인사를 전했다고 한다.

일은 나눠서 합시다

예전에는 손님 맞을 준비를 할 때 남자와 여자가 할 일이 명확히 구분되어 있었다. 하지만 요즘은 다르다. 남자와 여자가 함께 부엌에서 요리를 하고, 집안을 청소하고, 식탁보를 펼친다. 고리타분한 관습에 얽매여 서로 일을 떠넘기기보다는, 즐거운 저녁을 위해 같이 움직이고 같이 의논하자. 그런 분위기는 손님들한테까지 전해져, 훨씬 성공적인 만찬을 치러낼 수 있을 것이다.

손님을 맞을 때

손님이 도착하면 주최자가 문을 열어주는 것이 제일 좋다. 혹시 도우미를 불렀거나 출장요리에 딸린 급사가 있다면 그들에게 문 열어주는 일을 위임해도 좋다. 여유가 있다면 주인이 문 앞에서 손님을 맞으면 좋겠지만, 그러느라 먼저 도착한 손님을 한 곳에 혼자 내버려두지는 말자.

손님을 어디서 맞을 것인지도 중요하다. 우선 현관에서 인사를 하고 따로 마련된 응접실이나 거실로 안내할 것인지, 곧바로 식탁에 앉힐 것인지를 선택한다. 정원이 여유가 있다면 날씨 따뜻한 날 여기에 자리를 만드는 것도 좋은 아이디어다.

친구들끼리라면 굳이 격식을 갖춰 인사를 나눌 필요는 없다. 악수, 포옹, 어깨 두드리기 같은 것으로 충분하다.

또, 나이순에 따라 노인, 성인, 아이들 순서로 인사를 건넨다. 그럴 때 여자가 섞여 있으면 혼동이 되므로, 처음부터 들어오는 순서대로 인사를 하고 서양 손님을 초대할 경우 여성에게 먼저 인사를 한다. 손님으로 들어갈 때는 손님을 맞는 사람이 주인인지, 도우미인지 잘 살핀다. 안내를 맡은 도우미라면 악수를 하지 않고 목례로 대신한다.

만약 좋아하는 여성을 초대해서 로맨틱한 분위기를 만들고 싶다면, 그녀가 들어서자마자 손끝을 잡고 가슴께로 끌어올려 손등에 입을 맞춰보자. 당신의 그녀는 이 우아한 행동에 마음이 동하여, 따뜻한 미소를 던져줄 것이다.

서양 사람들과 만나면 가끔 뺨에 키스를 받을 때도 있을 것이다. 그럴 땐 잠깐 뺨을 엇갈려 댄 후 입을 살짝 갖다 대는 식으로 하면 된다.

초대를 받으면 선물이 필수

아메리카 인디언 추장들은 정기적으로 모임을 가질 때마다 서로에게 더 좋고 큰 선물을 하는 것이 관례라고 한다. 선물의 가치가 클수록, 선물을 주는 사람의 가치도 커진다. 그러면 받은 사람도 다음 번엔 더 큰 선물을 주어야 한다. 어찌 보면 두 사람 사이의 물물교환 같은 관습처럼 보인다.

선물을 받으면 그 자리에서 즉시 풀어보지 말고, 분위기가 무르익고 나면 그때 적당한 기회를 골라 사람들 앞에서 개봉한다. 아니면 손님들이 모두 돌아가고 난 뒤, 천천히 풀어보는 것도 괜찮다. 선물을 할 때는 주는 사람의 이름이 적힌 카드를 동봉해야만, 받는 이가 누가 준 것인지 알 수 있다.

예수의 탄생을 축하하기 위해 동방의 세 현자가 선물을 가져왔다고 전해진다. 그때는 선물이 받는 사람에 대한 배려나 유용성에서 정해지지 않고, 주는 사람의 위엄과 부, 세를 드러내는 수단으로서 쓰였다. 지금은 엄연히 다르다. 이제는 받는 이와 주는 이가 서로를 의식하고, 배려하는 과정이 무엇보다 중요하다.

그래서 선물을 고를 때는 많은 것을 생각하고 따져볼 필요가 있다. 비싼 물건은 상대방에게 부담을 주고, 그에 보답해야 될 것 같은 의무감을 초래한다. 선물은 사회적인 소속감을 갖게 하고, 그것을 강화시킨다. 특히 받을 사람의 취향과 생활 패턴이 고려된 것일 경우 두 사람 사이의 친밀감은 더해진다.

무엇을 가져갈까?

제일 무난한 것이 꽃이다. 꽃을 줄 때는 너무 화려한 포장은 삼가고, 깨끗한 종이나 투명한 비닐로 간단하게 싸는 것이 좋다. 꽃을 받으면 종이는 조심스럽게 제거한 뒤 꽃병에 꽂고, 비닐은 아래 부분이 트여 있으면 그대로 물에 꽂는다. 초대한 집에 꽃병이 없을 것 같으면 미리 꽃병을 사들고 가는 것도 괜찮다.

꽃은 너무 크고 많이 들고 가는 것보다, 색깔과 계절을 고려해 작은 묶음으로 가져가는 것이 좋다. 특히 다른 손님도 많이 오는 경우에는, 개성 있는 디자인으로 몇 송이만 골라 꽃다발을 만드는 편이 눈에 띌 수도 있어 좋다.

꽃은 남자든 여자든 좋아할 수 있지만, 혹시 그런 예쁘고 아기자기한 것을 우습게 생각하는 남자 주인만 있다면 삼가는 편이 낫다. 남자 손님이 여자 주인에게 꽃을 주는 것이 일반적이며, 여자가 여자에게 주는 것도 상관없다. 미리 꽃 배달을 시켜 행사 전에 도착하게 하는 것도 좋다. 오늘 저녁을 기대한다는 말을 적은 카드를 꽂아 보내면, 주최자가 그 꽃으로 집안을 장식할 수도 있고 다른 손님들이 몰려드는 분주함 속에 선물을 건네주지 않아도 된다. 꽃은 두 손으로 받고, 반드시 얼마간은 꽃을 바라보며 다정한 말투로 감탄을 해주어야 한다. 쳐다보지도 않고 다른 사람에게 휙 넘겨버리거나 탁자에 놓아버리는 것은 예의에 어긋난다.

꽃 대신 와인 한 병이나 과일 바구니, 직접 만든 과일 잼, 최근 다녀

한 권으로 끝내는 비즈니스 매너

이이가 뭘 만들어본 지 하도 오래되어서요. 하지만 정성이 담긴 물건이랍니다!

쉰 번째 생일을 축하해!

내가 친구들에게 생일 선물을 주면서 있었던 성공담과 실패담이다.

친한 여자 친구가 새로 사귄 애인과 멋진 호텔에서 생일을 보내기로 했다는 말을 들었다. 나는 장난기가 발동해, 시내에 있는 호화 속옷 전문점에 들어가 엄청나게 야한 검정 레이스 올인원을 샀다. 거기다 새까만 망사 스타킹까지 곁들인 후 멋들어지게 포장했다. 그것만으로는 뭔가 부족한 것 같아서 갱년기가 되면 필요한 물건들을 하나씩 덧붙이기 시작했다. 기억력 증진을 위한 인삼 정제, 여러 가지 비타민, 실버 잡지도 한 권 넣었다.

생일 날 그것을 받아든 친구한테서 박장대소가 터져 나왔다. 친구는 나의 의도를 알아차리고 무척 고마워했다. 분명 두 사람은 아름다운 밤을 보냈을 것이다.

이번에는 어릴 적부터 알고 지낸 남자 친구에게 선물했다가 안 좋은 인상만 준 이야기다. 그 친구는 오랜 직장 생활을 하는 동안 일에 파묻혀 노는 것과 즐기는 것을 잘 못하는 중년 가장이었다. 분명히 부인과의 애정 전선도 그다지 활력을 띠지 못할 터였다. 이번에도 친구를 즐겁게 해주겠다는 생각에, 장정이 화려한 『천일야화』를 한 권 사서 전문가에게 책 안 쪽에 구멍을 내달라고 했다. 그리고는 그 안에 콘돔을 잔뜩 집어넣고 책을 덮은 뒤 포장했다. 둘만 있을 때 나는 친구에게 그 책을 선물했다. 친구는 그것을 보자마자 멋쩍은 표정을 지었다. 그리고는 약간 기분이 상한 듯 반응을 하는 거였다. 그때 일이 이상해서 다른 친구를 통해 알아보니, 그 친구가 당시 몰래 다른 여자를 만나 외도를 하고 있었다는 거였다. 나만 모르고 있었다고 한다. 그러니, 그가 내 선물을 놀리는 거라고 생각한 것이 당연하다. 아이디어는 훌륭했으나, 전혀 호응을 얻지 못한, 실패한 선물이었다.

온 여행에서의 기념품도 괜찮다. 혹은 읽어보고 재미있었던 책을 사서 인사말을 적어 선물하는 것도 좋다. 분위기 좋은 음악 CD나 작은 장식물, 예쁘게 포장된 초콜릿이나 과자도 초대한 사람을 기쁘게 한다. 다만, 다이어트 중인 사람에게 너무 달콤한 것을 사다주는 것은 고문하는 것이므로 주의하자.

선물을 마련할 때는, 혹시 상대방이 어떤 분야의 전문가이거나 수집가는 아닌지 알아보는 것이 좋다. 집에 온실까지 있는 원예 전문가에게 꽃을 선물하거나, CD 수집가에게 유행가를 선물하고, 화장품에 일가견이 있는 여성에게 로션을 주는 것은 엉뚱하고 생뚱맞은 행동이다. 아니면 자기가 별로 마음에 들지도 않는 물건을 고른다든지, 심지어 자기가 받은 선물을 '재활용'하는 사람도 있다. 그런 선물은 안 하는 것이 낫다. 차라리 볼품없더라도 직접 만든 물건이나, 자기가 쓰던 것이라도 소중하게 여기는 것을 건네자.

초대받은 집에 아이가 있으면 미리 무엇을 좋아하는지 부모한테 물어본다. 너무 달고 맛이 강한 것은 치아에도 안 좋고, 건강도 나빠지므로 삼가고, 대신 영양 많은 과자나 과일로 만든 군것질 거리, 유익한 읽을거리를 갖다 주는 것이 좋다.

만약 아이가 엄마 아빠가 식사 대접을 준비하는 데 도와주고, 열심히 심부름을 하는 걸 보면 적당한 액수를 상으로 주자. 부모들도, 그것이 큰 액수만 아니라면 어느 정도 반갑게 묵인해줄 것이다.

이런 것은 절대 선물하지 말자

선물을 잊었더라도 당황할 것은 없다. 다음날 초대해줘서 고맙다는 카드와 함께 꽃을 배달시키거나 감사 편지를 보낸다.

일 때문에 상사의 집에 들렀을 때는 일부러 선물을 가져갈 필요는 없다. 정식 초대가 아니기 때문에 오히려 집주인이 부담을 느낀다. 만약 그런데도 상사의 부인이나 남편 등 가족이 식사를 대접해주고, 이런저런 신경을 써주었다면 감사표시로 다음 날 꽃이나 선물을 보낸다.

자기 회사에서 파티를 열 때는 당연히 선물은 필요가 없다. 대신 다른 회사 행사(칵테일 파티나 리셉션)에 초대받았을 때는 상황에 따라 선물을 가져가기도 하고, 포기할 수도 있다. 누군가 당신을 위해 파티를 열어준다면 그럴 땐 당연히 빈손으로 찾아가야 한다. 그 밖에 슬픈 일을 당했을 때 위로 차 가는 것이라면 선물은 당연히 들고 가지 않고, 대신 생활에 필요한 물건이나 현금을 따로 보내는 것이 좋다.

옷은 이쪽에, 신발은 저기, 우산은……

손님들이 들어오면 외투나 소지품을 편리하고 안전하게 보관할 수 있는 장소를 마련해야 한다. 한꺼번에 손님이 많이 오는 날에는 저렴한 이동식 옷걸이를 하나 사서 준비해 놓는 것도 좋다. 옷을 놓을 데가 없어 침대나 바닥에 내려놓아야 하는 사태는 부디 방지할 것을 권한다. 나이가 많은 사람한테는 옷을 벗고 입는 데 도움을 주고, 부부끼리는 남편이 아내가 외투를 벗는 걸 도와준다. 그렇게 벗은 외투는 초대한 주인이 받아서 직접 옷걸이에 걸거나 벽장에 넣어둔다. 비가 오는 날에는 우산 꽂이도 반드시 마련하자.

자 식사할까요, 이쪽으로 오시지요

손님들이 모두 도착하고 나면 응접실에서 간단한 음료나 전채 요리를 내놓는다. 음료를 다 마시면 잔은 그 자리에 내려놓고 식탁으로 이동한다.

사람이 4명 이상일 경우에는 자리 배치도 신경 써야 한다. 누구와 누구를 가까이 앉히느냐에 따라 식사 분위기가 많이 달라지기 때문이다. 손님이 어디 앉을지 몰라 우왕좌왕하지 않게끔, 주최자가 미리 자리를 지정해 두고 민첩하게 배정해 주는 센스를 발휘하자.

√ 남녀가 번갈아 앉도록 배치한다.
√ 가장 중요한 남자 손님이 여자 주인 옆에 앉고, 여자 손님은 남자 주인 옆에 앉는다. 국제적인 행사일 때는 남성 귀빈이 여성 주최자 오른쪽에, 여성 귀빈은 남성 주최자의 왼쪽에 앉는다.
√ 제일 중요한 손님은 모든 사람이 다 바라다 보이는 자리에 앉는다.
√ 사람이 많을 때는 얘기 잘하고 활달한 사람들을 여기저기 분산시켜 둔다. 그래야 전체 분위기가 골고루 화기애애해진다.
√ 비슷한 취미를 가진 사람들끼리 같이 앉힌다.
√ 외국 손님들은 서로 언어 소통이 가능한 사람이 옆에 앉도록 배려한다.
√ 주최자는 손님들을 접대하는 데 무리가 따르지 않는 장소에 자리를 잡는다.

차린 건 별로 없지만, 맛있게 드세요!

식탁이 클 때는 이름이 씌어진 카드를 자리마다 세워놓거나 직접 안내해서 손님을 앉힌다. 손님들이 대강 자리를 찾아가면 주최자가 먼저 자리에 앉으며 "앉으시지요"라고 말한다. 남자들은 오른쪽에 있는 여자들의 의자를 뒤로 빼주고 앉는 걸 도와준 뒤, 자기 자리에 앉는다.

집에서 식사 대접을 할 때도, 오늘 나올 요리를 간단하게 적어서 보여주면 좋다. 그것이 여의치 않으면, 여주인이 손님들에게 직접, 오늘 무엇을 준비했는지 간단히 알려주면 된다.

대개 우선 남자 주인이 손님들에게 술을 따르면, 여주인이 음식을 날라 온다. 손님마다 앞에 음식이 놓이고 여주인도 자리에 앉으면 식사를 시작한다. 손님이 많고, 음식을 나누는 데 시간이 오래 걸리면 먼저 음식을 받은 손님부터 식사를 하게 해도 좋다. 주인이 잔을 들고 인사말을 한 뒤 술을 마시면, 다른 손님들도 이에 대한 답으로 건배하고 식사한다.

만약 혼자 사는 사람이 손님들을 초대했을 경우에는 도와줄 친구를 불러 주최자로서 구실을 해주도록 부탁한다.

식사는 즐거운 대화와 함께

브라질의 마토 그로소(Mato Grosso) 주에 사는 인디언들은 손님을 초대한 주인이 인사말을 할 때, 한 다리로만 서서 말을 하게 시킨다. 만약 균형을 잃고 두 다리가 모두 바닥에 닿으면 얘기를 그만해야 한다. 참 좋은 아이디어라고 생각하지 않는가?

생일, 기념일, 아이 백일 등 축하할 일이 있는 행사라면 주최자가 인사말을 한번 하는 것이 좋다. 인사말은, 어느 정도 식사가 끝나갈 무렵, 바쁜 순서가 지나고 난 뒤인 디저트가 준비될 때쯤에서 한다. 인사말은 남자가 하든 여자가 하든 별로 상관은 없다. 인사말을 할 때는 음식이 날라져 온다든지 해서 주변이 산만해지지 않도록 미리 일하는 사람 모두에게 일러둔다. 그렇다면 무슨 말을 해야 할지 차근차근 정리해 보자.

- ✓ 어째서 이런 자리를 마련했는지 간단히 설명한다. 생일을 맞은 사람, 그날의 주인공, 주빈을 가리키며 이야기를 꺼내면 더 좋다.
- ✓ 초대에 응해주어서 고맙다는 말을 한다.
- ✓ 몇 가지 개인적인 이야기를 꺼낸다. 자신의 경험이나 어디서 읽거나 들은 짤막한 일화도 좋다.
- ✓ 그런 것들이 좀 우스꽝스럽고 즐거운 내용이면 금상첨화다.
- ✓ 너무 길게 얘기하지 말고, 감사의 말과 함께 짧고 간략하게 이야기를 끝맺는다.
- ✓ 손님으로서 할 말이 있다면 주최자가 말을 끝마친 뒤 양해를 구하고 나서 시작한다.
- ✓ 단 하나, 잊지 말아야 할 것은, 손님들이 치는 박수가 전혀 감동의 박수나 감사의 박수가 아니라는 것이다. 그들은 끝나서 다행이라는 의미로 박수를 치는 것이다.
- ✓ 주최자가 가끔씩 축배를 제안하되, 길고 오래 걸리는 행사에서는 건배를 남발하면 흥미가 떨어지므로 주의한다.

오른쪽? or 왼쪽? 양방향 서비스!

서양 식탁 예절에서는 전채, 수프, 주 요리, 디저트를 손님의 오른쪽에서 서브한다. 손님이 나서서 접시를 받거나 음식을 받지 말고, 나르는 사람이 식탁에 내려놓을 때까지 얌전히 기다리자. 물론 친한 친구나 새내기 주부가 음식을 갖다줄 때는 조금씩 도와주는 것이 더 좋다. 접시를 받아주고, 컵을 제자리에 놓는 친절은 집에서 식구들끼리 식사할 때 발휘하는 것이 바람직하다. 쓰고 난 접시를 반납할 때도 오른쪽에서 가져가며, 새 접시를 받을 때도 오른쪽에서 받는다.

다만, 음식이 따로 일인용 그릇에 담겨 나오지 않고 냄비나 쟁반 째로 서브될 때도 있다. 이럴 때는 손님의 왼쪽에서 왼손으로 음식을 들고서 개인 그릇에 담아주거나, 손님이 직접 덜게 한다. 만약 손님한테 음식을 서브할 때 오른손만을 쓰는 것이 힘들면, 식탁에 내려놓고 두 손을 다 써도 된다.

큰 음식 그릇을 돌려가면서 손님에게 직접 덜게 하는 방법도 있다. 그럴 땐 먼저 주최자가 음식을 덜고, 그릇을 자신의 오른쪽에 앉은 손님에게 전달한다. 빵과 샐러드는 왼쪽으로 서브한다.

음식을 먹는 도중에 포크와 나이프를 내려놓을 때는 포크 끝과 나이프 날이 서로 마주보게 하고, 식탁 위에 직접 내려놓지 말자. 포크와 나이프를 X자로 걸쳐놓으면 아직 식사가 안 끝났다는 의미이며, 더 먹고 싶다는 뜻이다. 물론, 일 인분씩 개별적으로 서브되는 식사는 더 먹을 수 없지만, 한꺼번에 나오는 요리는 남은 것이 있을 때 가능하다. 주인은 손님이 식기를 어떻게 내려놓았는지 보고 그것에 따라 서브를 한다.

오른쪽 밑에서 왼쪽 위로 비스듬히 나이프와 포크를 나란하게 올려놓으면 그 코스의 음식은 다 먹었다는 뜻이다.

와주셔서 감사합니다. 안녕히 가세요

식사를 끝내고 자리를 마무리하는 것은 주인이 해야 할 몫이다. 주인이 일어나 거실이나 응접실로 손님들을 유도한다. 이때 담배나 소화에 도움이 될 만한 음료나 술, 군것질을 준비한다. 아니면 식탁에 술잔만 남기고 그릇을 모두 치운 채, 같은 자리에서 조금 더 대화를 나누는 것도 괜찮다.

만약 자리를 옮기게 되면, 격식을 따지는 사이에서는 새로 잔이 마련되므로, 마시던 술잔은 식탁 위에 놔두고 움직인다. 친구들끼리는 먹던 잔을 들고 옆방으로 옮겨도 상관없다. 자리를 옮기는 것은 인사를 나누지 못한 사람들과 새롭게 대화를 시작할 수 있으므로 좀더 사교에 유리하다.

밥을 먹자마자 벌떡 일어나 가버리는 것은 예의가 아니다. 좀더 마음의 여유를 갖고 느긋이 이런저런 이야기를 나누자. 원래 공식 만찬에서는 식사가 모두 끝난 뒤 밤 12시가 되어야 본격적인 잡담이 시작된다. 게다가 친구끼리 모였다거나, 서로 집안 사정을 잘 아는 사이에는 크게 시간에 구애받지 않는 것이 보통이다. 그러나 다른 때와 마찬가지로 그때그때마다 상황과 분위기에 따라 자리에서 일어나는 시간을 조정한다.

일어나 나올 때는 다른 손님과 초대해 준 주인 모두에게 작별 인사를 하자. 대부분 집주인이 떠나는 손님을 집 바깥까지 배웅해준다.

초대받은 다음 날에는 전화를 걸어 지난 밤 대접해 준 것에 대해 고맙다는 인사를 전한다. 물론, 규모 있고 공식적인 행사에서는 그럴 필요도 없고, 그러기도 쉽지 않다. 그런 경우나, 초대한 사람들이 모두 바쁜 직장인일 때는 전화보다 카드에 감사의 말을 적어 보내는 것이 더 운치 있고 배려 있는 방식이다. 상대방이 인터넷을 쓰는 사람이라면 이메일을 보내는 것도 괜찮다.

이런 저런 요령을 모아, 모아, 모아서

혼자서, 혹은 가족 한 두 명이 많은 사람이 오는 식사 초대를 준비하기는 불가능하다. 가볍게 모이는 모임이라면 중국 음식점이나 피자 가게에서 배달을 시키면 되겠지만, 문제는 그렇지 않고 '제대로' 대접을 해야 할 때다. 그렇다고 식당으로 불러서 대접하기도 좀 어색할 때가 분명히 있다. 걱정은 붙들어 맬 것. 이 세상에는 그런 사람들을 위해 여러 가지 서비스가 존재한다.

파티와 초대의 구세주, 출장 요리

시간도 없고, 변변찮은 요리 솜씨로 그 많은 손님을 감당하기 힘들다면 출장 요리를 시키는 것이 좋다. 주로 뷔페 식 서비스가 많이 애용된다. 초대 시간 바로 전에 여러 가지 요리를 집으로 배달해 주며, 뜨거운 음식은 식지 않도록 데워주는 장치도 함께 설치해 준다. 만약 어느 정도 요리를 할 줄 안다면, 몇 가지는 스스로 준비하고 기타 어려운 요리를 주문하는 식으로 병행해도 괜찮을 것이다.

요리사 좀 빌려주세요

하루만 요리 전문가를 고용해서 준비를 위탁하는 방법도 있다. 그러면 식탁을 장식하고 식기를 늘어놓고, 요리를 담아서 내고, 음료를 준비하는 일만 하면 된다. 요리사들은 대개 주인들이 원하는 메뉴를 기준으로 조언을 해주고, 특별히 중요한 재료를 직접 골라와서 음식을 마련해 준다. 때로는 요리에 맞는 술이나 음료까지도 조언하고 구해주는 경우도 있다.

때로는 각종 그릇, 유리잔, 식탁보, 냅킨, 은수저와 포크, 나이프, 장식품까지 빌려주는 업체들도 있다. 또, 손님이 많고 규모가 큰 만찬을 준비할 때는 음식을 접대하고 여러 가지 시중을 들어줄 프로 도우미들도 고용할 수 있다. 손님 접대가 능숙하지 않은 주인들은 '전문가'들의

●●●● 뜻은 좋았지만……

어느 날인가 우리 부부는 다른 부부에게 저녁 식사 초대를 받아 그 집에 가게 되었다. 그들이 워낙 바쁜 사람들이라 우리도 제 시간에 맞춰 그 집 문 앞에 도착했다.

문을 열자, 프록 코트를 입은 집사가 은 쟁반에 샴페인 잔 네 개를 받쳐들고 있는 모습이 보였다. 부엌에 들어서니 흰 모자를 쓴 요리사가 정중히 인사하며 성대한 요리를 내왔다. 시간도, 요리할 자신도 없던 그 집 부인이 고용한 사람들이었다. 하지만 아무리 눈을 씻고 찾아 봐도 우리 부부 말고는 다른 손님은 없었다. 겨우 두 사람 때문에 출장 요리사와 집사를 고용하다니! 허물없이 이야기나 주고받으려고 갔던 저녁 식사가 이상하게 꼬이는 순간이었다. 주인 부부의 개는 거실을 촐랑대며 기어다니고, 흰 모자의 요리사와 프록 코트 입은 집사는 우리 옆에 서 있었다. 그냥 주변 식당에 가서 간단하게 음식을 들고, 산보나 하며 얘기를 즐겼더라면! 아니면 피자 한판 시켜서 콜라와 함께 웃고 떠들며 먹었더라도 아무 상관없었을 것을! 막상 상황이 전개되자, 주인 부부는 자기들이 잘못 생각했다는 것을 깨달았다. 그러나 이미 때는 늦었고, 한번 어색해진 분위기는 다시 제자리로 돌아올 줄 몰랐다. 정말 뜻 하나는 좋았는데……

도움으로 비교적 마음 편히 대화를 이끌고, 집을 안내하고, 친목을 도모할 수 있다. 도우미들은 나중에 설거지와 마무리까지 도와주고 가니, 큰짐을 더는 셈이다.

도와줘요 도우미!

식탁을 장식하고, 음식을 만들고, 상에 올리는 무수한 일거리를 완벽하게 소화해 내면서도 손님들과 즐겁게 웃고 떠들고 싶은가? 아무리 음식을 많이 만들었더라도 머리카락이나 손에서 음식 냄새는커녕 은은한 향수 냄새를 풍기며 손님을 맞이하고 싶은가? 방법은 있다. 바로 도우미를 부르는 것이다.

돈을 받고 일을 하는 프로 도우미들을 부르려면 만만찮은 비용이 든다. 대신 일주일에 두세 번씩 일을 해주는 가정부에게 부탁을 해보는 것도 좋다. 요리 솜씨를 장담할 수는 없겠지만, 분명 큰 도움이 될 것이다. 혹은 친정 어머니, 시어머니에게 도움의 손길을 요청하는 방법도 있다. 연륜과 경륜이 뚝뚝 묻어나는 베테랑들은 자기 일처럼 며느리나 딸의 고충을 해결해 줄 것이다. 직접 요리하는 일은 할 수 있는데, 손님들의 시중을 들 일손이 부족하다면, 초등학교 고학년 이상이 된 자녀들의 힘을 빌리는 것도 아이디어다. 용돈을 주겠다고 하면 분명 신이 나서 열심히 도와줄 것이다.

그러나 도우미들을 불러 누구에게 어떤 일을 시킬지 정하는 것부터가 큰 스트레스요, 일이다. 그렇게 대단한 초대가 아니라면 그냥 혼자 힘으로, 혹은 가까운 친구의 도움으로 조촐하게 행사를 끝내보도록 노력하자.

방명록에 꼭 이름을 써주세요

약간 규모가 있는 만찬 모임을 준비할 때는 방명록을 만들어놓고 다녀간 손님들이 이름과 작은 인사말을 써놓게 한다.

✓ 방명록 맨 앞에는 초대한 사람이 해당 날짜와 '정인수의 돌잔치', '오윤하 박사학위 축하 모임' 따위의 이름을 붙인다. 나중에 그날 왔던 손님들을 찍은 사진과 먹었던 음식의 메뉴를 붙여놓는 것도 즐거운 추억으로 남는다.

✓ 손님은 방명록에 이름을 쓰고, '좋은 자리에 불러주셔서 고맙습니다' 라든가, '회갑을 축하드립니다' 라고 인사를 덧붙인다. 만화를 그리거나 재치 있는 삼행시를 적어 넣으면, 훗날 주인들에게는 좋은 추억거리가 될 것이다.

✓ 자리가 많이 남았어도 같은 방명록을 두 번 쓰지 않도록 한다. 물론, 친구들 사이에서는 어떤 사람들이 다녀갔는지 보여주는 것도 좋지만, 업무상 만나는 사람들끼리는 어떤 사람들이 다녀갔는지 속속들이 알게 할 필요가 없다. 때로는 예기치 않게 어긋난 소문이 돌 수도 있고, 남녀 관계가 얽혀 있을 때는 누구와 누가 함께 왔다는 사실 때문에 상처를 입는 사람들도 있을 것이다.

✓ 부부끼리 왔어도 방명록 기입은 따로 한다.

방명록 말고도, 초대한 손님들에 대한 여러 가지 기록을 한데 집대성해 놓는 것도 나중을 위해 쓸모가 있다. 몇 명이 몇 시에 왔고, 어떤 음식을 먹었는지를 정리해 놓는다. 또, 어떤 손님이 소화불량이었거나 채식가였다든지, 무슨 음식을 좋아했다든지, 어떤 것에 알레르기가 있다든지 하는 내용을 적어두면 다음에는 그것을 참고로 해서 대접을 할 수 있다. 또, 술을 잘 못 마시는 사람, 맥주를 좋아하는 사람, 양주를 좋아하는 사람도 기록해 두면 좋다. 그날 있었던 대화 내용과 분위기를 간략하게 적고, 논쟁이 있었다면 무엇 때문이었는지, 함께 어떤 일을 결정했다면 그것이 무엇이었는지도 적어둔다.

사람들이 특히 좋아했던 음식을 기억했다가 다음에 또 준비할 수도 있고, 반대로 겹치지 않은 새로운 메뉴를 대접하는 데에도 편리할 것이다.

애완 동물, 지킬 건 지키자

자신의 개와 고양이가 예쁘고 사랑스럽다 해도, 모든 사람이 다 예뻐해 줄 거라고 믿지는 말자. 아무리 조그만 개라도 무서워하는 사람이 있고, 개들이 병균이나 오물을 옮긴다고 믿는 사람들도 무척 많기 때문이다. 그래서 동물을 데리고 다니는 사람들은 공공장소든, 자기 집에서든 다른 사람들과 접촉할 때는 각별히 신경을 써야 한다.

우리 집에 개가 있거든, 괜찮겠어?

동물을 자식만큼, 아니 자식보다 더 아끼고 사랑하는 사람들이여. 그 마음을 모르는 바가 아니다. 나이가 들만큼 든 성인이 고양이를 앞에 두고 즐겁게 대화하고, 여자들은 무릎에 앉은 강아지를 사랑스럽게 쓰다듬는다. 심지어 할아버지 할머니들도 자기가 기르는 애완 동물하고는 하루종일이라도 얘기하고 시간을 보낼 수 있다.

그러나 친구나 손님을 초대했을 때는 동물이 집에 있다는 사실을 꼭 알려주어야 한다. 어떤 사람은 털 알레르기가 있을지도 모르고, 어렸을 적 기억 때문에 개 공포증이 있을 수도 있다. 냄새에 민감한 사람은 개가 배설해 놓은 오물 냄새가 밴 집안이 싫을 수도 있다. 그뿐인가. 실제로 개나 고양이를 키우는 사람들도, 다른 집 동물은 싫어할 수도 있다. 반대로, 자기도 개가 있지만, 손님이 개를 데리고 오면 난색을 표하는 집주인들도 있다.

손님이 동물을 싫어하지 않는다는 것을 알고 나서도, 되도록 동물들이 손님을 귀찮게 하지 않도록 배려한다. 검은 양복을 빼입고 온 손님 옷에 흰 페르시아 고양이의 털이 묻으면 그것만큼 곤란한 것도 없다. 사람만 보면 날아가 어깨 위에 앉아 지껄이는 앵무새도 새장에 잠시 가둬두는 것이 낫다. 동물들이 아주 얌전히 있을 거라는 확신이 없으면 따로 떼어놓는 것이 가장 바람직하다.

개를 데리고 바깥으로!

"어머, 수컷이에요, 암컷이요?"

"만져봐도 되나요?"

"괜찮아요, 안 물어요."

동물을 데리고 거리에 나가본 사람이라면 이런 비슷한 대화를 듣거나 해본 적이 있을 것이다.

개를 공원이나 길거리로 데리고 나갈 때는 반드시 비닐 주머니와 종이를 준비해서 배설물을 즉각 치워야 한다.

개와 고양이는 무조건 튼튼한 끈에 매어 데리고 다닌다. 다른 사람에게 피해를 주지 않기 위해서이기도 하지만, 여기저기서 튀어나오는 자전거, 자동차와 부딪힐 가능성을 없애기 위해서다.

개가 너무 시끄럽게 짖거나 유난히 사람에게 달려드는 타입이라면 끈을 짧게 잡고 조심을 시킨다. 너무 사나운 개는 밖에 데리고 다니지 않는 것이 좋다. 특히 아이들한테 동물들이 달려들지 않도록 특별히 조심시킨다.

개나 고양이 목에는 반드시 이름표를 달아 분실이나 사고 때 주인에게 빨리 연락이 올 수 있도록 한다.

제6장 당신을 초대합니다!

즐거운 외식, 더욱 즐겁게

거래처와 점심 식사를

거래처와 안면을 익히고 정보를 교환하기 위해 식사를 하는 것은 좋은 방법이다. 딱딱한 사업 이야기를 비교적 유쾌하고 느긋한 분위기에서 맛있는 것을 먹으며 하면 일도 더 잘 풀린다. 그러나 심각한 사안이나 까다로운 협상은 대강 윤곽만 건드리는 것이 좋다. 레스토랑은 계약 조건이나 민감한 내용을 본격적으로 얘기하기에는 다소 산만한 편이다.

이 만남에서 당신이 원하는 바를 이루고 싶으면, 음식값과 음료, 술, 담배 등 모든 비용을 부담하는 것이 좋다. 물론 그렇게 한다고 해서 모든 게 해결된다는 보장은 없다. 또, 무조건 비싼 음식을 대접하는 것이 최고라는 생각도 버리자. 편안한 분위기, 적당한 장소를 잘 골랐느냐에 따라 그날 만남의 성과가 달라질 수 있기 때문이다. 거래처와 식사를 할 때 주의해야 할 몇 가지를 간단하게 알아보자.

준비를 철저하게 : 요리와 식사에 대해 기본적으로 지식을 갖추고

거래처를 접대하는 것이 좋다. 아무리 사업상 만나는 것이라 해도, 식사를 하기로 했으면 어디까지나 맛있는 식사를 대접하는 데 주의를 기울여야 한다. 주 요리와 술 종류에 대해 어느 정도 익숙한 곳으로 데리고 가서, 손님이 무엇을 좋아하는지 자세히 물어보고 그것에 따라 적절히 추천해 줄 수 있어야 한다. 또, 장소 선정에는 손님의 기본적인 취향과 나이, 성별이 고려되어야 함은 물론이다.

어떤 식당에 앉아 있느냐에 따라 밥을 먹는 사람의 행동과 태도도 달라진다. 소박한 밥집에 가서 격식과 우아를 떨 필요는 없다. 그런 곳에서는 대화도 훨씬 자유롭고 느슨한 분위기로 이어질 것이다. 반대로 우아하고 고급스런 이미지의 식당에서는 차림새부터 말투, 표정까지 매너에 저절로 신경을 쓰며 이야기를 나누게 된다.

만약 대화의 주도권을 잡고 싶다면 당연히 당신이 잘 아는 식당으로 손님을 데려가야 한다. 낯설고 특이한 '맛집 멋집'을 개척하는 일 따위는 친구들과 하자. 손님에게 베트남, 타이, 일본, 인도, 프랑스식의 특이한 메뉴를 대접하고 싶으면 먼저 사전답사를 하고 음식을 먹어보는 것이 좋다. 외국 손님들은 한국의 전통 요리를 가장 즐겨하므로 참고하자.

식당에 들어가서 자리에 앉기까지

식당 문을 열고 자리에 앉기까지는 찰나에 불과하지만, 그 사이에서 벌써 확연하게 당신의 됨됨이와 자신감이 엿보인다. 우물쭈물 거리는 태도보다는 익숙하고 당당한 자세로 손님을 안내하는 것이 중요하다. 손님은 처음 온 장소일 경우가 많으므로, "제가 먼저 들어갈까요?"라

제7장 즐거운 외식, 더욱 즐겁게

든지, "앞장서시면 따라 들어가겠습니다"라고 말을 건네어 움직임을 정해주는 편이 손님을 안심시키는 좋은 방법이다.

문 열고 들어가기 :
- ✓ 남자와 여자가 함께 문을 열고 들어갈 때는 남자가 문을 열어주고, 먼저 여자가 들어가게 한다. 이때 먼저 들어가는 사람에게 등을 돌리고 있어서는 안 된다. 문은 널찍하게 열고 안전하게 잘 잡아 편하게 들어갈 수 있도록 배려한다.
- ✓ 동성일 경우에는 손님을 초대한 사람이 먼저 문을 열어준다.
- ✓ 여러 사람이 함께 식당에 들어갈 때는 서열이 낮은 남성이 모든 사람들이 지나갈 수 있도록 문을 열어준다. 업무상 회식이나 접대에서는 이런 원칙이 비교적 잘 지켜지는 것이 중요하다. 예를 들어 당신이 관리부의 말단 사원이라면 부장을 비롯한 외부 손님들이 먼저 지나가도록 문을 열어준다.
- ✓ 친구들이나 동료끼리의 식사라면 남자가 여자에게 문을 열어준다. 여자들이 모두 들어가고 나면 남자들이 차례차례 들어간다. 이때 다음 사람을 위해 잠깐씩 문을 잡아주는 배려를 잊지 말자.
- ✓ 회전문에서는 남자가 여자보다 먼저 들어간다. 여러 사람일 경우 남자 한 명이 먼저 문에 들어서고 난 뒤 여자들이, 마지막으로 나머지 남자들이 좇아 들어간다.

일행이 모두 안으로 들어오면, 회식을 주최한 사람이 다시 앞장선다. 자리를 예약했으면 이름을 말하고 안내를 받는다.
- ✓ 남자, 여자 1명씩이면 안내원, 여자, 남자 순으로 따라간다.
- ✓ 여러 사람일 경우, 안내원, 여자들, 남자들 순서로 이동한다.
- ✓ 예약을 하지 않았을 경우에는, 옷과 짐을 내려놓기 전에 자리가 있는지 물어본다. 안내원이 자리가 괜찮은지 보여주겠다고 앞장서서 갈 때는 위의 순서에 따라 움직인다.
- ✓ 안내원이 따라가지 않을 경우에는 남자가 앞장서고 여자가 뒤를 따른다.

√ 예약 없이 여러 사람이 식당에 들어갔을 때는 남자 한 명이 자리를 찾아 먼저 움직이고, 다음에 여자들, 맨 뒤에 남자들 순서로 이동한다.

옷과 소지품 보관하기 : 격식 있는 레스토랑에서는 입구에 옷 보관소가 따로 마련되어 있고, 대부분 식당에는 식탁 주변에 옷걸이가 있다.

√ 남자가 여자의 외투를 받아 옷걸이에 걸거나 옷 보관소에 맡긴 후 자기 옷을 벗는다. 연인이나 부부가 끼어 있을 때는 남편이나 남자 친구가 각자의 파트너 옷을 받아준다. 때로는 종업원이 옷을 받아주기도 하지만, 외투를 벗거나 입을 때 도와주는 것은 동행한 남성이 여자 손님에게, 혹은 각각 남성이 동행한 여자 파트너에게 베풀어야 할 기본적인 배려다. 나갈 때도 여자가 먼저 옷걸이나 보관소에서 외투를 꺼내 입고, 다음에 남자가 옷을 걸친다.

√ 파트너가 없는 여성과 부부가 식당에 들어갔을 때는, 남자가 우선 아내의 옷을 받아 걸어주고 난 뒤 다른 여성의 옷을 받아준다. 젊은 여성들은 곧잘 혼자서 옷을 벗고 스스로 옷걸이에 걸려고 할 때가 많은데, 이럴 때는 미리 "제가 도와드렸으면 합니다"라고 말을 던진 후 빨리 옷을 받아주는 것이 예의에 맞는 행동이다.

● ● ● 여성이 외투를 입을 때는 이렇게 도와주세요

함께 있는 여성의 외투 등판을 자기 얼굴 쪽으로 놓고 입을 사람 등 뒤에 선다. 팔이 들어갈 입구 위쪽을 양손으로 각각 붙잡고 오른 팔부터 집어넣게 도와준다. 이때 팔이 들어가는 위치를 입을 사람의 가슴께로 내려주어야 한다. 팔을 끼우면 살짝 옷을 위로 당겨주고 곧바로 왼쪽 팔을 끼울 수 있게 옷을 다시 조금 내려준다.

아쉽게도 남자들은 여자들이 외투 입을 때 도와주는 것에 서투르다. 조금만 연습하면 금세 솜씨가 매끄러워지고, 배려 있는 남성이라는 칭찬을 듣게 될 것이다.

식탁에 앉아

자리에 앉기 : 손님을 초대한 입장이라면, 종업원과 눈이 잘 마주치는 자리에 앉는다. 식당 내부가 잘 보이고 더 편안한 자리는 손님이 앉게 하는 편이 낫다. 아니면 여성이나 웃어른에게 더 '좋은' 자리를 권한다.

먼저 의자에 앉지 말고, 모든 사람이 각자 앉을 자리를 정할 때까지 기다린다. 우선 남자들이 자기 오른쪽에 있는 여자들이 의자를 당겨 앉는 걸 도와주고 난 다음, 자기도 자리에 앉는다. 남자들만 있을 경우에는 귀빈이나, 손위 어른, 직위가 가장 높은 사람 등이 먼저 자리에 앉는다.

주문하기 : 식사 대접을 하는 사람은 늘 결단력 있고 침착하게 굴어야 한다. 그러나 이런 태도를 갖기가 생각만큼 쉽지 않다. 손님이 간섭받는 생각이 들지 않게 하면서 동시에 메뉴 선택에 어려움을 느끼게끔 하면 안 되기 때문이다. 분명하면서도 조심스런 어조로 손님을 도와주는 것이 중요하다.

종업원과 손님 모두에게 음식값을 지불할 사람이 당신이라는 점을 너무 노골적으로는 말고, 기술적으로 밝힌다. 그래야 나중에 계산서가 손님 앞에 놓여지는 일도 없고, 손님이 편안하게 메뉴를 고를 수 있다. 차림표가 사람 수대로 없어 부족하면, 먼저 손님이 보게 한 뒤, 종업원에게 더 요청한다.

따로 계산하기로 정해졌다면 종업원에게 계산서를 분리해 달라고 주문 시에 미리 말해둔다. 손님이나 초대한 측이 시간이 별로 없을 경우에도 종업원에게 식사 시간을 잘 조절해 달라고 부탁한다. 대부분 1시간에서 1시간 반 정도가 평일 점심 시간으로 적당하고, 사적인 만남이나 저녁 식사는 조금 더 넉넉하게 잡는 것이 좋다.

요리 선택하기 : 초대한 사람은 손님에게 어떤 메뉴가 좋은지 권하는 것이 좋다. 그러면서 당신이 감당할 수 있는 가격대도 함께 암시되기 때문에 아무리 평범한 메뉴뿐이라 해도 한 두 가지 종류를 언급하는 것이 필요하다. 만약 샐러드 중에서도 값비싸고 풍성한 것을 추천하면, 손님들은 반드시 값싼 요리를 시킬 필요가 없다는 것을 깨닫고 편하게 선택할 수 있다. 손님이 눈치를 보느라 "당신은 뭐를 드실 거지요?"하고 물어봐야 하는 우스꽝스런 상황을 미리 방지할 수 있어 편리하다.

주문한 코스는 함께 식사하는 사람들끼리 엇비슷해야 한다. 어느 한 사람만 몇 단계 많이 시키거나 적게 시키지 않도록 조절하고, 일행 중에 적게 먹으려는 사람이 있다면 작고 간단한 메뉴를 추가시켜 식사 시간과 가짓수가 균형을 이루게 만든다.

현명하고 적당한 메뉴 선택 : 많은 사람들이 식사를 하러 가서 각기 다른 음식을 시키는 것이 곤란할 때가 있다. 음식이 즉석에서 마련되는 것이라면 모를까, 하나하나 기본적인 시간이 걸리는 식단이라면 복잡함을 덜기 위해 몇 가지는 통일해서 주문하는 것이 바람직하다. 4사람 이상이 코스 요리를 시킬 때는 한 단계마다 한 가지, 혹은 두 가지 종류로 통일하자. 그렇게 하면 시간도 절약하고, 그만큼 음식 맛도 더하고, 와인 같은 술이나 음료 선택도 쉬워진다.

각자 자기가 고른 것을 말하되, 여자가 먼저 주문한다. 초대한 사람이 가장 나중에 주문한다. 두 사람만 식사를 하거나, 여러 사람들이 다 같이 한 가지로 메뉴를 통일했을 경우에는 초대한 사람이 몰아서 주문을 하기도 한다.

식기로 말해요 : 한 코스의 음식을 다 먹었다는 표시로, 혹은 추가로 더 원한다는 뜻을 나타내기 위해 수저와 포크를 포개 놓은 방법이 따로 정해져 있다. 큰 접시나 팬에 많은 양이 담겨져 나오는 요리가 나왔을 때는, 더 먹겠다는 표시로 수저와 포크를 X자로 포개 놓는다. 오른쪽 아래에서 왼쪽 위를 향해 포크와 수저를 나란히 포개 놓은 경우에는 이번 코스를 끝냈으므로 접시를 치워가도 좋다는 뜻이다. 정식으로 하자면, 동석한 손님들 모두가 한 코스를 마쳤을 때만 한꺼번에 그릇을 가져간다.

다음 요리가 나올 때까지 기다리는 시간에는 사용한 수저와 포크를 식탁 위에 직접 올려놓지 말고, 그릇 위에 A자 모양으로 포개 놓는다.

음료 주문하기 : 어떤 레스토랑에서는 요리를 주문하기 전 맨 먼저 마실 것을 주문하겠느냐고 묻기도 한다. 식욕 촉진용으로 아페리티프를 한 잔하는 것도 좋다. 와인은, 요리에 따라 선정 기준이 달라지므로 메뉴를 정하고 난 뒤에 주문하는 것이 낫다.

물론 점심 식사 때 술은 삼가는 것이 좋다. 그러나 손님에게 적당한 음료를 권하는 것은 초대한 사람의 의무다. 만약 손님이 와인을 좋아하는데, 당신이 와인에 대해 아는 바가 별로 없다면 종업원이 추천하는 것을 시음해 보는 것도 좋다. 그러나 종업원이 권한 와인이 지나치게 비싼 것일 수 있으므로, 차림표에서 정확하게 지적해 달라고 하는 것이 좋다. 그래야 가격이 얼마인지도 알 수 있고, 이름도 더 잘 기억할 수 있다.

종업원이 시음용으로 와인을 약간 따라주면, 그것을 마셔보고 온도, 향, 맛을 천천히 느껴본다.

• • • 일이냐, 밥이냐?

계산기, 그래프, 설명서, 기획안……. 밥을 다 먹기도 전에 이런 것을 식탁 위에 꺼내놓고 부스럭거리는 사람은 그야말로 '밥맛'이다. 적어도 식사가 다 끝난 뒤 디저트와 커피가 나올 때쯤 됐을 때 일 얘기를 꺼내놓는 것이 도리다. 안 그랬다면 그냥 사무실에서 만나지 뭐 하러 굳이 식당에서 만나 얼굴을 마주보고 밥을 먹겠는가.

완벽주의자들은 상품 판매곡선이나 새로운 개발안 따위를 식탁에서 얘기하는 것이 예의에 어긋나는 일이라고 생각한다. 오스트리아의 한 유명 외식업체 사장이 자신의 고급 레스토랑에서 걸핏하면 서류를 늘어놓고 사업 얘기를 하기 좋아하는 것을 보고, 한 유명 요리사가 성을 낸 적이 많다고 한다. 신성한 요리를 앞에 놓고 서류철이나 들여다보고 있는 이 사업가들에게, "밥을 먹든지, 어디 다른 데 가서 일을 다 마치고 오든지" 했으면 좋겠다고 투덜댔다고 한다. 심혈을 기울인 자신의 요리가 등한시되는 것을 보면 "속이 다 쓰리다"고 했다나.

그 밖에 알아야 할 중요한 것들 :

✓ 식당에서 한 얘기들은 비밀 얘기가 아니다. 별실에 들어간 게 아니라면 비밀을 지켜야 할 얘기는 삼가는 게 좋다. 직장인들이 잘 오는 식당이나, 업계 사람들에게 잘 알려진 장소에서 나눈 대화나 만남은 삽시간에 업계 전체에 알려지기 십상이다. 선전 효과를 노린다면 소문이 퍼지기 좋은 식당으로 손님을 모시고 가고, 그렇지 않다면 장소 선정에 주의해야 한다.

✓ 거래처와 회식을 하거나, 손님을 접대하는 자리에서는 휴대폰을 꺼놓자. 정말 급한 연락을 기다리고 있다면 전화가 왔을 때 동행에게 양해를 구하고 자리를 피해 전화를 받는다. 통화를 하고 나면 되도록 빨리 제자리로 돌아온다.

✓ 손님이나 주최측 모두가 제대로 서비스를 받고 있는지 신경을 쓰자. 만약 음식이 잘못되었거나 문제가 있을 경우에는 친절하고 침착한 태도로 종업원에게 이의를 제기하는 것이 바람직하다.

✓ 들어가 있는 식당이 어떤 곳인지에 따라 종업원에 대한 요구가 달라진다. 간소한 식당일 경우에는 와인을 따르는 일이나 음식을 덜어먹는 일을 직접 해야 하고, 고급 요릿집에서는 종업원이 시중을 드는 게 보통이다.

✓ 식사를 하고 나서 종업원의 수고를 덜어준답시고 그릇을 포개 놓거나 한 옆으로 밀어놓는 일은 불필요한 행동이다. 간이 식당에서 일할 손이 모자라 보인다든지 할 때는 선의에서 그릇을 한 쪽에 정리해서 놓아줄 수도 있다.

✓ 식당에서 아는 사람을 만났을 때는 잠깐 고개를 끄덕여 인사만 하는 것이 좋다. 물론 사람들이 서로 원하면 동석을 할 수도 있지만, 그러기 곤란한 경우에는 정중하게 거절한다. 식사가 다 끝난 뒤 자리에 들르겠다고 말하는 것으로 충분하다.

✓ 도중에 자리를 옮길 경우, 자기 개인 소지품은 들고 움직인다. 병이나 술잔 따위는 종업원이 옮기는 것이 일반적이다.

계산과 값 치르기 : 초대한 사람이 자기가 사겠다고 분명하게 밝힌 경우에는 큰 문제가 없다. "계산서 좀 주시겠어요?"라고 요청하면 케

이스에 꽂힌 계산서가 작은 받침대나 쟁반에 담겨 나온다. 대중적인 식당에서는 계산서를 뒤집어서 식탁 위에 올려놓는 경우가 많다.

현금으로 지불할 때는 받침대 위에 음식값을 올려놓는다. 종업원이 거스름돈과 영수증을 가지고 올 것이다. 영수증을 챙긴 뒤 팁을 따로 받침대 위에 올려둔다. 팁은 전체 음식값의 7%에서 10% 정도면 적당하다. 초대받은 손님이 얼마나 돈이 오가는지 알게 할 필요는 없다.

두 사람이 식사를 할 때 손님이 꼭 자기 음식값을 같이 치르겠다고 나서면 끝까지 만류하는 것도 어색하다. 만약 손님이 "제게도 영수증을 따로 주시겠어요?"라고 요청하면 그건 따로 계산을 하겠다는 의사를 표현한 것이다. 여자 손님이든, 남자 손님이든 마찬가지다. 이제 무조건 남자들이 여자에게 식사 대접하는 것이 '예절'인 시대는 지났다.

따로 계산하기로 했을 때는 처음에 음식을 주문할 때부터 종업원에게 말해두는 것이 중요하다. 기분 좋게 식사하고 나서, 계산 때문에 각자 나는 무엇을 먹었소 하고 읊어대야 한다면, 그다지 즐거운 일은 아니기 때문이다.

스스럼없는 친구들끼리라면 전체 비용을 사람 수대로 나눠서 균등하게 돈을 내는 것도 괜찮다. 그럴 때는 일일이 천 원, 백 원씩 나누는 것이 오히려 어색하고, 조금씩 더 내거나 덜 내는 관대함이 발휘될 필요가 있다.

식당 입구에 계산대가 따로 있다면 그곳에서 음식값을 낸다. 그럴 때는 팁을 다른 이들이 보는 자리에서 건네는 것보다는 식탁 위에 살짝 얹어두고 나오는 것이 예의다.

신용카드로 계산할 때는 계산서를 받은 뒤 받침대 위에 신용카드를 올려놓는다. 종업원이 신용카드와 매출전표, 영수증을 가져온다. 해외의 고급 레스토랑에서는 전표에 'Service'나 'Tip'이라고 되어 있는 공란이 있을 때가 있다. 그 위에 펜으로 직접 액수를 적어 넣을 수도 있고, 전표에 사인한 뒤 현금을 따로 팁으로 건넬 수도 있다.

사람이 많을 경우에는 다들 보는 자리에서 계산한다는 것이 불편할 수 있다. 그럴 때는 종업원에게 자리를 피해 계산을 해달라고 요청할 수 있다. 그러면 좀더 안정된 상태에서 종업원과 천천히 주문한 품목과 수량, 가격을 각각 확인하고 정확하게 값을 치를 수 있고, 일행이 일일이 지켜보는 앞에서 돈 계산을 하지 않아도 되는 장점이 있다.

예약을 할 때나 식당에 들어섰을 때 반드시 신용카드 결제가 되는지 물어보자. 해외에서는 고급 레스토랑이라 할지라도 현금 계산만 가능한 경우가 종종 있다.

자리에서 일어나 밖으로

식당에서 식사를 마치고 밖으로 나갈 때는 이런 점에 주의한다.
- ✓ 남자, 여자 두 사람일 때는 여자가 먼저 일어나 나가고, 남자가 뒤따른다. 나갈 때 남자가 문을 열어준다.
- ✓ 두 쌍 이상의 부부나 남녀가 섞인 여러 사람이 나갈 때는 여자들이 먼저 나가고, 남자들이 뒤따른다.
- ✓ 업무상 식사 접대를 했을 경우에는 손님이 먼저 나가고 초대한 사람이 그 뒤에 나간다. 초대한 사람이나 서열상 낮은 사람이 문을 열어준다.

식사를 하고 난 뒤에는 이렇게

사적으로든, 업무상으로든 식사 접대를 받고 난 다음이라면 잊지 말고 해야 할 일이 몇 가지 있다.

✓ 다음날 접대를 한 사람에게 이메일이나, 전화로 고맙다는 인사를 한다. 접대한 사람이 여자일 경우에는 꽃다발과 감사 카드를 써서 보내는 것도 좋다. 다만, 식사 접대 당일 식당에 꽃을 들고 가는 것은 적절치 못하다. 상대방이 생일이나 그 밖의 경사를 맞이했다면 괜찮다. 축하하기 위한 식사 모임이라면 선물과 케이크 따위를 마련하는 것도 좋은 아이디어다.

✓ 업무상 식사 접대가 있은 다음에는 초대한 측에서도 응해줘서 감사하다는 인사말을 전한다. 식사를 하면서 나눈 이야기를 다시 한번 정리하거나, 다음에 취해야 할 업무 처리 단계를 언급하거나, 다음 번 약속이나 계획을 정중하게 통지하는 것도 필요하다. 그러면서 모시게 되어 영광이었다든지, 만나 뵌 것으로 더욱 원활한 관계가 이어질 것을 믿는다는 말을 하는 것이 예의상 적당하다.

사고가 일어났다!

크고 작은 사고는 언제든 일어날 수 있다. 요리사든, 종업원이든, 손님이든 가끔 실수하는 일이 있으니까. 그런 일들에 어떻게 반응하고 대처해야 하는 것일까? 다른 사람이 맘에 들지 않게 행동하거나 당신의 심기를 불편하게 만들 경우 어떻게 해야 할까?

그럴 때는 일어난 사건에 따라 지나치지도 모자라지도 않게 감정을 드러내는 방법을 미리 익혀두어야 한다. 문제가 된 원인 자체만을 거론해야 함은 물론이고, 사과를 받거나 해야 할 시점을 정확하게 포착할 수 있어야 한다. 대개 사과나 변명은 사건이 일어난 즉시 하는 것이 좋지만, 때로는 약간 시간이 흐른 뒤, 아니면 당사자끼리만 있을 때 하는 것이 나을 때도 있다. 그리고 때로는 서면으로 사과를 하는 것이 더 이성적이고 정중해 보일 때도 있을 것이다.

종업원이 실수를 했을 때 :

✓ 음식이 너무 짜거나 고기가 질길 때, 머리카락이 발견되었을 때, 그릇이 깨끗하지 않을 때는 그것을 눈치채자마자 교환을 요구한다. 다 먹고 나서 문제를 지적하면 수긍을 얻기 힘들다.

✓ 시원하게 마시는 음료가 미지근하다든지, 뜨거운 음료가 식었을 때, 탄산 음료의 김이 빠지거나 와인의 향이 달아났다면 곧바로 얘기하는 것이 좋다. 대부분 고급 식당에서는 즉시 교환해 준다.

✓ 와인을 땄을 때 코르크 마개에서 나온 부스러기가 둥둥 떠다니는 경우에도 꾹 참고 마실 필요가 없다. 포크로 와인글라스 속을 휘젓느니, 침착하게 종업원에게 상황을 설명하고 바꿔달라고 말해도 된다.

✓ 새로 나온 와인 잔에 립스틱 자국이 남아 있거나, 수저와 포크에 음식이 붙어 있다면 그냥 넘어가서는 안 될 일. 종업원에게 문제를 지적하고 깨끗한 그릇을 요구하되, 지나치게 화를 내거나 꾸짖는 태도를 보여서는 곤란하다.

손님들의 실수는 어떻게?

✓ 와인이 가득 들어 있는 잔을 엎질렀을 때는 너무 당황하지 말자. 우선 같이 앉은 사람에게 살짝 사과하고, 자기 냅킨으로 엎지른 부위를 덮는다. 그리고 종업원을 불러 상황을 얘기하고 가볍게 양해를 구해 식탁을 정리해 줄 것을 요청한다. 만약 당신이 엎지른 것이 아니라면 너무 나서지 말고 "괜찮으십니까?"라고 물어보는 것으로 족하다.

✓ 만약 음식이나 마실 것을 엎질러서 남의 옷을 더럽힌 경우에는, 그 자리에서 닦으려고 노력하지 말고 최대한 정중하고 침착하게 사과한다. 그리고 세탁 비용을 변상해 주겠다고 예의 바르게 제안한다.

✓ 수저를 바닥에 떨어뜨렸을 때는 줍지 말고 새 것을 요청한다.

✓ 기침이나 재채기가 나올 때는 참거나, 고개를 옆으로 돌릴 필요는 없다. 그러나

갑자기 사래가 들거나 기침이 멈추지 않을 때는 잠시 자리를 피해 잠잠해질 때까지 기다린다. 다시 자리로 돌아와 실례했다고 사과한다. 음식을 먹는 도중이었다면 냅킨으로 입을 가려야 한다. 동행이 재채기나 기침을 하면 살짝 모른 척하고 가볍게 넘어간다.

✓ 이야기를 하다가 다른 사람의 기분을 상하게 했다면, 다른 사람들이 모두 지켜보는 가운데 사과를 하기보다는 다음날 정식으로 미안하다고 표현하는 것이 낫다. 편지나 이메일을 보내는 것도 좋지만, 수신 확인을 통해 반드시 제대로 전달되었는지 확인하는 것이 필요하다.

✓ 화장을 고칠 때는 반드시 화장실이나 파우더 룸을 이용한다. 식탁에서 입술연지를 바르거나 분을 바르는 것이 제일 보기 안 좋은 광경이다. 상대방이 자리를 잠깐 떴을 때 입술을 바르거나, 다른 사람과 얘기할 때 고개를 돌려 재빠르게 화장을 고치는 것도 그다지 권하고 싶은 방법은 아니다.

맙소사! 이 정도 사소한 실수는 아무도 문제삼지 않겠지?

뷔페에서 식사할 때

마음대로, 양껏 골라 먹을 수 있는 뷔페 식사를 싫어하는 사람은 별로 없을 것이다. 채식가이든, 다이어트 중인 사람이든, 대식가이든 선택의 여지가 풍부한 뷔페는 무척 실용적이고 다양한 메뉴를 제공하기 때문이다. 앉는 자리도 크게 구애를 받지 않고 동등하고 자유로운 분위기에서 이런저런 사람과 편하게 동석을 하거나 대화를 나눌 수 있다.

그러나 뷔페에 규칙과 격식이 아예 없는 것은 아니다. 진정 매너의 달인이라면 뷔페에 가서도 우아하고 올바르게 행동해야 한다.

시작은 이렇게 :
✓ 주최자가 뷔페를 시작하겠다고 말할 때까지 기다리는 것이 예의다. 식사를 시작하면 처음에는 많은 손님들이 한꺼번에 몰려서 편안하게 음식을 고를 수 없으므로 어느 정도 기다렸다가 줄이 뜸해지면 시작하는 것이 좋다. 모자란 음식은 다시 채워지므로, 좋아하는 요리가 바닥날까봐 안달하지 말고 느긋하게 마음을 가질 필요가 있다.
✓ 뷔페에서 요리를 담는 방향은 대부분 정해져 있다. 그릇, 식기, 냅킨이 놓여 있는 곳이 시작하는 곳이다. 이 방향을 거슬러 움직이면 다른 사람들에게 방해가 된다. 고급 뷔페라면 식탁 위에 미리 수저와 포크 따위가 놓여 있지만, 여벌 식기가 늘 준비되어 있으므로 참고하자. 큰 뷔페일 경우 처음부터 무조건 음식을 담지 말고, 한 바퀴 천천히 돌면서 어떤 요리가 있는지 보고 난 다음에 다시 처음부터 마음에 드는 것을 고르는 것도 좋은 방법이다.
✓ 제일 무난한 것은, 샐러드나 죽, 전채 요리, 수프, 생선과 고기 같은 주 요리, 반찬, 밥, 후식 순서로 음식을 가져오는 방법이다. 두 가지 요리 이상을 한 접시에 담지 않도록 하자.

음식 담기 :

✓ 음식을 담을 때는 접시 가장자리를 잘 잡고 한꺼번에 많이 담지 않는다. 요리가 담긴 큰그릇에 남아있는 음식의 모양새를 흐트러뜨리는 것은 예의에 어긋나므로, 다음 사람들을 위해 주의하는 것이 좋겠다.

✓ 뜨겁게 내놓는 주 요리는 요리사가 직접 화덕 위에 냄비나 팬을 올려놓고 온도를 유지해 가면서 손님들에게 떠준다. 그럴 때는 굳이 직접 음식을 퍼 담으려고 하지 말고 서비스를 받도록 하자.

✓ 사람들이 다 자리에 앉을 때까지 음식을 먹지 않고 기다릴 필요는 없다. 만약 동행이 있거나 함께 먹기로 한 사람이 있다면 그 사람이 돌아와 앉을 때까지만 기다리면 된다.

마실 것 담기 :

✓ 음료수는 종업원들이 따라주는 때도 있지만, 음료수 병이 식탁 위에 놓여 있는 경우가 대부분이다. 이때는 직접 병을 열고 잔에 부어 마신다. 잔이 넘치도록 많이 따르지 말자. 백포도주는 3분의 2 가량, 적포도주는 반만 따른다.

주의할 점 :

✓ 여러 번 가기 귀찮다고 접시에 이것저것 수북하게 쌓아서 들고 오지 말 것. 음식이 뱃속에서 마구 뒤섞이는 것이 얼마나 불쾌한 일일지 생각해 보자. 게다가 한꺼번에 여러 가지 음식을 먹으면 맛도 제대로 느낄 수 없다.

✓ 한번 사용한 접시는 다시 쓰지 말고 식탁 위에 내려놓는다. 수저와 포크도 너무 지저분하면 같이 올려놓는다. 종업원들이 알아서 치워준다.

최고급 뷔페에서

얼마 전 조촐한 파티에 참석한 적이 있다. 늘 사무실에 앉아 시간을 보내던 나였기에 오랜만에 사람들과 만나 이야기도 나눌 수 있겠다 싶어 흔쾌히 초대에 응했던 것이다.

처음엔 아페리티프가 나왔는데 빈속에 술을 마시고 싶지 않아 사양할까도 생각했다. 하지만 약간 기분을 느슨하게 풀어줄 필요도 있어 한 잔 집어들었다. 누군가가 인사말을 하고 뷔페를 시작하겠다고 선언했다. 뷔페 앞에는 금세 줄이 늘어섰다. 거기 끼어서 밀치고 밀리고 하는 것이 싫었던 나는 잠깐 기다렸다가 음식을 담기로 하고, 그 사이 웨이터가 부지런히 갖다주는 포도주를 마시며 시간을 보냈다.

뷔페는 사람들의 욕심이 가장 적나라하게 드러나는 장소다. 또 다시 웨이터가 술을 날라 왔다. 나도 이제 슬슬 배를 채우고 싶었지만 한꺼번에 두 가지를 할 수는 없는 노릇이었다. 내 옆에는 한 남자가 곡예를 부리듯 높이 쌓아올린 접시를 가지고 와서는 빠른 속도로 먹어치웠다. 그렇게 혼자서 먹고 있는 모양을 보니 왠지 불쌍해 보였다. 그러다가 또 술이 내 앞에 날라졌다. 혼자 술을 마시고 있는 모양새도 그다지 좋아 보이진 않겠지 싶어 이번에는 사양했다. 내 주변에는 접시와 잔을 들고 균형을 잡는 사람들이 잔뜩 서 있었다. 그 중 몇 사람은 먹고, 마시고, 이야기하고, 담배도 피웠다가 때로는 서로의 뺨에 키스까지 해댔다. 대단한 사람들이다. 하지만 뷔페 앞에 늘어선 사람들은 줄어들 줄을 몰랐다. 이상하게도 30분전에 봤던 사람들 얼굴이 계속 보였다.

자기 절제를 하는 사람들은 이런 곳에 오지 않나 보군 하고 생각했다. 꼭 야생의 법칙 같았다. 사자가 먹고 난 찌꺼기를 자칼이 먹고, 그 다음은 하이에나나 독수리가 뜯어먹지 않던가. 나중에는 개미가 와서 마지막 남은 부스러기를 실어간다. 꼭 나처럼, 하는 생각이 슬슬 들기 시작했다. 취기가 올라오는 것을 느낀 순간 명랑한 표정의 친구 하나가 내게 다가왔다.

"너를 여기서 만나는구나! 너 식사 다 했지? 저기 뒤에 화주가 있던데, 가서 마실까? 배부르게 먹은 다음에는 술을 좀 마셔줘야지!" 내가 "그럴까"하고 순순히 대답하는 소리가 들렸다.

그날 몇 시쯤인지 몰라도 집에 돌아온 나는 집에 도착하자마자 냉장고 문을 열어젖히고 온갖 음식을 꺼내놓았다. 그리고는 몇 시간 동안 그토록 고대하고 고대하던 것들을 허겁지겁 내 위장에 집어넣었다.

칵테일 파티는 즐거운 대화를 위해

스탠딩 뷔페와 칵테일 파티는 가장 간소한 뷔페 형식이다. 음식 종류도 간단하고 앉는 의자는 없는 대신 높고 둥근 탁자가 군데군데 있어서 접시와 잔을 올려놓을 수 있게 해놓았다. 접대원들이 한입에 먹을 수 있는 간단한 음식을 얹은 쟁반을 들고 손님들 사이를 돌아다니면 먹고 싶은 사람이 직접 집어들면 된다. 식기도 음식을 얹은 작은 접시, 그도 아니면 종이 냅킨 한 장이 전부다.

칵테일 파티는 특히 많은 사람들이 안면을 익히기 좋은 기회다. 여기저기 돌아다니며 아는 얼굴들과 서로 안부를 물을 수도 있고, 사업 파트너를 물색하거나 새로운 친구를 사귈 수도 있다. 배를 채우고 갈

증을 해소하는 자리라기보다는 만나고 대화하는 게 목적인 행사다. 만찬을 시작하기 전 행사로 여는 경우가 대부분이다.

서서 먹는 것도 요령이 필요해요 : 선 채로 음식을 먹는 것이 그리 편하지는 않을 것이다. 접시는 왼손에, 잔은 오른손에 들고, 때때로 사람들과 인사하고 악수도 교환해야 한다. 파티에 자주 참석해본 사람들은 마실 것은 왼손에 들고 있다가 오른손으로 인사를 하고, 잔에 든 것을 마실 때는 오른손으로 옮겨 든다.

업무 차 칵테일 파티에 들른 사람은 만남을 주목적으로 한다. 따라서 귀찮다고 인사를 소홀히 하거나 대화를 피해서는 안 된다. 일단 중요한 목적이 달성된 다음에 조금 먹고 마시는 것은 괜찮다. 누군가 공개적으로 연설을 하거나 인사말을 전할 때는 접시와 잔을 손에 들고 있지 않도록 한다. 말이 끝나면 박수를 쳐야 할 경우가 많기 때문이다.

사랑한다면 이들처럼

사랑한다면 이들처럼

남녀 관계에서 감정적인 분위기를 좌우하는 것 중에 품위 있는 태도 또한 빠질 수 없다. 예의바른 모습 자체만으로도 상대방에게 큰 호감과 매력을 선사하기 충분하다. 생각해 보라. 쉴 새 없이 트림하고 딸꾹질하는 사람하고, 점잖고 깔끔한 사람 중 누가 더 마음이 편하고 안정되는가? 중간에 자꾸 남의 말을 끊고 제대로 안 듣는 사람과, 상대방 말에 주의를 기울여주는 사람 중에서 누구랑 더 말이 잘 통하는가?

배려와 정중함은 서로에 대한 존중과 친밀감을 갖기 위한 기본 조건이다. 그런 사람이어야 평생 오래도록 잘 살 수 있다. 그렇다고 기계적이거나 피상적인 예의범절이나 형식적인 태도를 갖추라는 말은 아니다. 때로는 꽉 짜인 규칙에서 스스로 파격을 감행할 줄 아는 자유로움도 필요하다.

우리는 파워 커플

성공한 남성 뒤에는 항상 훌륭한 여성이 있다? 시대는 변했다. 특히,

남녀가 둘 다 직장 내에서 엇비슷한 지위를 누리며 사회 생활을 하는 부부라면 둘 사이의 관계도 달라져야 한다. 맞벌이를 하고, 서로의 목소리를 내며 함께 인생을 가꾸는 부부라면, 한 쪽은 주도하고 다른 쪽이 보조하는 관계는 낡은 잣대에 지나지 않는다. 이제는 여자들이 오히려 더 주목받고, 더욱 크나큰 성공을 이루기도 한다.

만약 한 사람이 오랫동안 직업을 갖지 않고 가사만 돌보았다든지 하면 직업을 가진 다른 한 사람이 하는 말이나 견해에 공감하기 힘들 것이다. 게다가 그 직업이 조금 특이하고 드문 것이라면 두 사람 사이의 대화 소재나 공감의 간극은 더욱 벌어질 것이다. 한마디로 '말이 안 통하는' 사이가 되고 마는 것이다.

부부간에 반드시 지켜야할 감정이 있는데, 그것은 바로 공평함이다. 어느 한 쪽도 밑졌다던가, 손해봤다던가 하는 생각을 해서도, 또 그럴 일이 생겨서도 안 된다. 그런 경험은 두 사람의 관계를 파국으로 밀고 가는 실마리가 되고 만다.

그렇더라도 상대방에게 어떤 변화가 있는지 빨리 알아차릴 수만 있다면 아직 기회는 남아 있다. 또, 남들과는 조금 다르게, 자신들의 의지대로 역할을 분담하고, 둘 만의 독특한 관계를 가꾼 부부라면 노력한 만큼에 대해서 충분히 자랑스러워해도 좋을 것이다. 주변에서 볼 수 있는 몇 가지 예를 들어 살펴보기로 하자.

성공한 남편이 있는 집안

출세한 남자들은 독보적으로 인생을 개척해 가지만, 때론 아내의 매력을 자신의 성공 가도를 닦기 위해 끌어들이기도 한다. 오스트리아

제8장 사랑한다면 이들처럼

사람들이 가장 좋아하는 황후 엘리자베트(Elisabeth), 일명 '시씨'(Sissi)가 바로 그런 경우다. 그녀는 헝가리에 대한 공감과 애정을 있는 그대로 드러내 보여 오스트리아와 헝가리가 하나의 제국으로 합쳐지는 데 공헌한 적이 있다.

조지 부시 미국 대통령과 로라 부시(Laura Bush) 영부인도 비슷하다. 부시가 2001년 백악관에 입성했을 때만 해도, 아무도 지금처럼 로라가 일반에 자주 모습을 드러내리라고는 생각하지 못했다고 한다. 그를 아는 친구들은, 순전히 집안 살림에만 매달리는 주부라고 입을 모아 증언했기 때문이었다. 힐러리 클린턴(Hillary Clinton)처럼 앞에 잘 나서는 여장부와는 근본적으로 이미지가 달랐다.

하지만 지금 세태는 완전히 돌변했다. 로라는 국가 차원의 귀빈을 맞는 데도 능숙함을 보였지만, 라디오와 텔레비전에도 자주 등장해 말솜씨를 자랑했다. 신문들도 연일 '국모'의 행보를 보도하느라 열을 올린다. 부시는 한 인터뷰에서 "아내의 침착함과 겸양이 내 힘의 원천"이라고 치하하기도 했다. 로라가 신경이 예민하거나 지나치게 감정적이었다면 어땠을까 하는 상상조차 하기 싫다고 그는 말했다. 부시가 다른 건 몰라도 아내 복만큼은 많은 사람인가 보다.

√ 여자들 중에는 어떤 위치를 얻음으로써 갑자기 진가를 발휘하는 사람들이 있다. 의외로, 기대하지 않은 능력과 솜씨가 탁월하게 나타나기도 한다. 겉으로 드러나지는 않지만 결정에 큰 영향을 미치기도 하고, 남편이나 주변 사람들에게 은근한 저력을 제공하는 구실을 한다.

오스트리아 수상 슈셀의 부인인 기기(Gigi)는 반대 타입이다. 기기는 전 수상 부인들과는 달리 심리치료학 석사로서 나름대로 일도 하고 고상한 자태를 유지하며 일반과 언론에 모습을 잘 나타내지 않는다. 무언가를 말해야 할 것 같은 상황에서도 침묵을 지키며, 공식 석상에서 남편과 함께 있는 모습을 보여주지도 않는다. 남편의 권위에 힘입어 이런 저런 영역으로 진출하는 여자들도 있지만, 있는 듯 없는 듯 존재하는 수상 부인도 어떨 땐 인상적일 수 있다.

✓ 자의식이 강한 여성들은 자아 실현을 위해 남편의 권력을 필요로 하지 않는다. 대중 앞에 나서기보다는 자신의 길을 묵묵히 걸어가는 여성은 아내라는 위치만큼 한 명의 사람으로서 가치를 중요시한다.

출세한 아내와 남편의 관계

요즘 남편들 가운데 자신의 사회적 출세와 여자의 뒷바라지 같은 것에 별로 흥미를 못 느끼고, 전통적인 분담 구조를 뒤바꿔 생활하는 경

당신, 이제 그만 내 그늘에서 벗어나야 해요!

우가 꽤 많아졌다고 한다. 즉, 남자가 앞치마를 두르고 가사를 돌보고 육아를 담당하며, 여자가 생계를 위한 수입을 책임지는 형태다.

오스트리아의 한 여성 환경 정치인과 그의 남편이 바로 그런 경우다. 남편이 아이를 키우고, 아내가 외부에서 돈을 벌어오고 사회 활동을 맡는다. 최근 다시 직업을 얻으려고 고용안정센터를 찾아 간 그가들은 말은, 이제껏 여자인 주부들이 듣던 말과 너무도 똑같았다. "직업적 기능이 저하되고, 사회성이 부족하다"는 것이다. 지금은 직장에 들어가는 대신 유기농 가게를 내어 부인의 신념과 활동에 걸맞은 사업을 벌인다고 한다.

여자들은, 주부로서 겪은 사회적 소외감을 잘 알고 있으므로, 남자들도 나름대로 자기 힘과 정성을 쏟을 일이 있어야 한다는 걸 잘 이해한다. 그런 점에서 여성이 아직은 조금 더 생존 적응력이 뛰어날지도 모른다.

유럽에서 최고 인기를 구가하는 요리사 요한나 마이어(Johanna Maier)는 자신이 갑자기 출세하자, 집안일과 성 역할 구조가 깨어졌다고 고백했다. 그 전까지는 남편이 모든 것을 결정하고 주도권을 잡았지만, 아내가 대스타가 된 지금은 남편이 손님 접대를 하고, 이런저런 집안 일을 결정하며, 아내의 TV 출연이나 광고 제안 등에 대해 내조를 충실히 해준다는 것이다. "아내가 유명해지면 당연히 나도 이득 아닌가요?"라고 말하는 그 남편에, "집에서는 남편이 왕이에요. 그게 저한테는 참 좋고요"하고 맞장구치는 그 아내. 실제 생활이 어떤지는 아무도 모르지만, 적어도 겉에서 보기에는 완벽한 역할 뒤집기가 성공한 것 같다.

밖에서 아무리 여자가 남자보다 출세했다고 해도, 집에서는 그가 왕이라는 것을 확실히 해주어야 한다. 그래야 남편이 자신의 상태를 긍정적으로 받아들이고 무슨 일이든 잘 극복할 수 있다.

유명인들의 부부 관계는 보이는 것만이 다가 아니다. 엘리자베스 2세 영국 여왕과 필립 공 부부를 예로 들어보자. 공식 석상에서 필립 공은 늘 한 발자국 뒤에서 아내를 따른다. 그런데 사냥을 갔을 경우에는 판도가 완전히 달라진다. 필립 공이 사냥을 할 때는 여왕도 입을 딱 다물고 조용히 따라만 다닌다. 그럴 땐 남편이 주인이고 아내는 그를 따르는 그림자 같은 전통적인 부부의 모습으로 돌아가는 것이다.

겉으로 드러나는 모습이 실제 관계를 다 보여주지는 않는다. 공식적인 자리에서는 자신이 표면에 나서다가도, 사생활에서는 남편에게 권위를 양보하는 여성들도 심심찮게 보인다.

여왕의 남편으로서의 권위 따위를 제대로 누려보지 못한 채 운명을 달리한 남성이 있다. 바로 2002년 작고한 베아트릭스 네덜란드 여왕의 남편 클라우스(Claus) 공이다. 그는 좋게 말하면 베아트릭스의 뒤에서 보조자 역할을 충실히 수행했고, 나쁘게 말하면 아내의 폭압에 휘둘려야 했다. 어쩌면 그런 난처한 사정 때문에 말년에 우울증, 파킨슨씨 병, 방광 질환, 심장병, 폐 전색증, 전립선 암 따위 병에 시달리다 죽음을 맞았는지도 모른다. 국민들로부터 나치 독일의 자손이라는 이유로 냉대를 받다가 끈질긴 노력으로 결국 사랑과 인기를 한몸에 받았던 클라우스 공은 이래저래 파란만장한 삶을 살다 간 사람이다.

한 쪽이 늘 보조자 구실만 지속적으로 하다보면, 실제로 질병과 우울증에 빠지고 만다. 클라우스 공 말고도 2001년 자살한 독일 헬무트

성공한 여성 뒤에는 훌륭한 남성이 있다고?
당신은 나를 집안에 눌러 앉히려고 만날 똑같은
소리만 하지!

콜(Helumt Kohl) 전 총리의 아내 한네로레 콜(Hannelore Kohl)도 비슷한 경우에 해당한다.

성공한 아내와 성공한 남편

힐러리 클린턴은 오랫동안 남편이 내비치는 후광의 그늘 아래 가려져 있던 정치 운동가였다. 남편에게 득이 되게 하려고 쿠키 굽기 대회에 나가기도 했다. 그가 남편이 이끄는 정부에서 꽤 비중 있는 영향력을 행사하는 듯 보이자, 정적들은 극심하게 반발하고 나섰다. 이윽고 '모니카 게이트'가 터지자, 그때서야 따갑기만 하던 일반의 시선이 힐러리를 전통적인 아내와 여자로서 바라보면서 조금 누그러졌다. 클린턴이 임기를 마치고 물러나자 힐러리도 본격적으로 정치에 나섰다. 벌써 뉴욕 주 상원의원 자리를 거머쥔 그의 행보는 차기 혹은 그 다음 번 대선을 향해 차근차근 예정된 길로 가고 있다.

✔ 어떤 여성들은 자신의 사회적 성공을 남편의 출세보다 아래에 두는 일이 있다. 그러다가 남편이 그 위치에서 내려오면 그때부터 자신의 경력을 쌓아나가기 시작한다.

오스트리아 연방 대통령의 부인인 마르고트 클레스틸-뢰플러 (Margot Klestil Löffler)는 최고의 외교가이다. 자기가 원하는 것을 정확히 인식하고, 계획을 세우고 나면 한치의 오차도 없이 그것을 실천한다. 어차피 그의 사생활과 일의 경계는 그다지 뚜렷하지 않지만, 어쨌든 두 가지 다 척척 잘만 해낸다. 처녀 때는 출세를 향한 길에서 승승장구 앞으로 내달리기만 했다. 그러나 결혼과 동시에 부장이었던 직급이 평사원으로 내려가고, 앞날이 창창한 매력적인 자리도 빼앗기고 말았다. 더군다나, 마르고트에겐 앞날이 창창한 일자리 따위가 사실상 필요치 않았다. 지금, 그는 남편이 대통령 임기를 빨리 마치고 평범한 시민으로 돌아오길 고대하고 있다. 그렇게 되면 그녀는 자신이 원했던 커리어를 계속해서 쌓을 것이다.

성공한 남자와의 결혼은 자신의 커리어 만들기에 다소 불리하게 작용하기도 한다. 질투와 시기는 때로 큰 걸림돌이 된다.

독일 유명 가십·연예 프로그램인 〈분테(Bunte)〉를 담당하는 책임 편집자 파트리샤 리이켈(Patricia Riekel)은 독일 유력 시사주간지 〈포쿠스 Focus〉의 편집장 헬무트 마크보르트(Markwort)와 부부 사이다. 두 사람은 비슷한 지위, 비슷한 계통의 일을 하면서 가정 내에서도 비

제8장 | 사랑한다면 이들처럼

숫한 권리와 책임을 나누어 맡는다. 한 일간지와의 인터뷰에서 기자가 파트리샤에게, 아내의 엄청난 출세를 남편이 문제없이 받아들이느냐고 물었을 때, 파트리샤는 이렇게 대답했다. "무슨 말씀이세요. 남편이 일하는 〈포쿠스〉는 20세기가 낳은 최고의 미디어예요. 그것에 비하면 저의 성공은 아주 보잘 것 없는 것입니다. 마크보르트 씨는 당연히 제가 이 일을 맡게된 걸 기뻐해 주었어요. 그렇지만 말이죠, 어떤 관계에서든 칼자루를 쥔 사람은 반드시 있기 마련이에요. 우리 사이에서는 남편이 그런 사람이고요. 집에서나 밖에서나 마찬가지예요."

✓ 남자와 여자가 동시에 보기 드문 성공을 이루었지만, 여자 쪽에 훨씬 더 많은 시선이 집중될 경우, 만약 똑똑한 여자라면 남편의 권위를 일부러 추켜세우는 감각이 있어야 한다.

연인, 부부, 가족 간에 지켜야 할 예절과 배려

짚신도 짝이 있고, 제 눈에 안경이라고 했다. 이 짚신 짝과 안경이 길게는 평생을 간다. 집에서든 밖에서든 부부는 바늘과 실, 스푼과 젓가락처럼 한몸으로 움직인다. 하지만 잘 살펴보자. 다른 여자들한테는 문도 열어주고, 외투도 입혀주고, 맛있는 것을 대접하기도 하면서 자기 부인한테는 무뚝뚝하기 그지없이 대하는 남자들이 너무나 많다. 여자들은 또 어떤가. 밖에 나갈 때는 화장에, 향수에, 스카프, 귀걸이, 안 하는 것 없이 다 하면서 집에서는 식구들 눈도 아랑곳 않고 온종일 씻지도 않고 속옷 바람으로 돌아다니는 여자들 말이다.

아무리 편한 사이고, 함께 사는 가족이라도 지킬 건 지켜야 한다. 부부간이나 형제지간, 부모자식 간에도 매너가 필요하고, 서로에 대한 배려가 있어야 한다. 가족이라는 관계가 무조건 '아무렇게나' 행동해도 되는 면허가 아니라는 것을 깨달았으면 좋겠다. 물론 밖에서 행동하는 것처럼 일일이 예의를 차리라는 것은 아니다. 적어도 서로를 너그럽게 대하고 나와 다른 점에 대해 포용력을 발휘하라는 뜻이다. 가족, 특히 부부 사이에 지켜야 할 최소한의 예의는 분명히 있다.

사랑스러운 내 당신

서로에 대한 정중한 태도는 막 사귀기 시작할 때만 필요한 것이 아니다. 오래 가는 남녀 사이를 보면 언제나 서로를 아끼고 존중하는 태도가 밑바탕에 깔려 있다. 늘 예의를 지키려고 노력하고, 좋은 모습을 보여주려 애쓰는 자세는 두 사람의 남남이 만나 관계를 이루고 친밀함을 더해 가는 데 반드시 있어야 할 필수 요건이다.

인생은 작은 몸짓, 다정한 말 한 마디가 주는 기쁨으로 이루어져 있다고 해도 과언이 아니다. 부부간에도 "…좀 해주겠어?"라든지, "고마워"라는 말을 잊지 말자. 집에 언제쯤 들어갈 건지 상대방에게 알려주고, 너무 늦을 것 같으면 반드시 전화를 한다. 예상치 못한 외출이 있을 경우 어디에 갔으며 언제 귀가할 건지 메모를 남겨두거나 전화를 한다. 어디서 뭘 하는지 감시하거나 구속하려는 게 목적이 아니다. 가족에게 불필요한 걱정을 시키지 않으려는 기본적인 배려일 뿐이다.

남편이나 아내가 힘들어하지는 않는지 주의 깊게 살펴보아야 한다. 지친 기색이 보이면 나눠 맡은 집안 일을 하나 줄여주는 것도 필요하

제8장 사랑한다면 이들처럼

다. 그럴 땐 상대방이 눈치채지 않게, 생색내지 말고 해야 한다. 그래야 남에게 부담을 줬다는 생각 때문에 상대방이 불편해하지 않는다.

부부가 취미나 성향이 똑같을 필요는 없다. 사이좋은 부부라고 해서 쌍둥이처럼 똑같은 삶을 영위하라는 법이 어디 있는가? 비슷한 사람들끼리는 처음에야 죽이 잘 맞고 모든 것을 함께 해서 좋겠지만, 나중에는 누가 누구이고, 자기의 의지와 취향은 어디로 갔는지 헷갈리고 만다. 각각 독자적인 인간으로 마주 볼 수 있는 기회가 없어지는 것이다.

너무 단호하게 고집을 부리는 것도 조화로운 관계를 망치는 행동이다. 처음 사랑에 빠졌을 때의 폭풍 같은 감정의 파도가 지나가고 나면, 이제 혼자만의 생활과 영역을 조금씩 되찾아야 할 시기가 다가온다. 따라서 별로 관심이 가지 않는 취미 활동을 상대방이 한다고 해서 성을 내거나 방해를 해선 안 된다. 자기가 할 일이 없다고 남까지 손놓고 앉아 있게 만드는 것은 이기적인 행동이다. 차라리 떨어져 있는 시간을 효과적으로 보낼 수 있는 일거리를 찾자. 그러면 함께 있는 시간이 더 소중하게 여겨질 것이다.

또, 각자 관심 가는 분야는 달라도 함께 대화하며 그 차이를 줄여나가도록 애쓰자. 같이 할 수 있는 일을 찾고, 둘 다 좋아하는 주제를 발굴하자. 더 나은 관계를 만들기를 포기하고, 더 이상 서로에게 기대를 하지 않는다면 아무런 발전도 없다. 상대방에 대해 속속들이 알 수도 없고, 알아야 할 필요도 없다. 서로에게 자유를 선사하고, 자발적으로 자신의 삶과 배우자의 삶을 조금씩 엮어가는 것이 바람직하다. 강제는 언제나 싫증과 부정적인 결과를 낳는다.

게다가 부부끼리도 몇 가지 비밀은 있는 법이다. 서로에 대해 모르는 점이 있어야 관계에 역동성이 생기고, 생기가 부여된다. 상대방을 알아가고 발견해가는 기쁨과 놀라움은, 서로를 향한 애정의 깊이를 더해줄 것이다.

아무렇게나 입지 말자

집에서 편한 옷차림을 하는 것이 틀렸다는 말이 아니다. 다만 보기 흉할 만큼 외모에 신경을 끄고 살지 말라는 것이다. 직장에 갈 때처럼 차려입을 건 아니지만, 외모가 자신의 인품을 어느 정도 드러낸다는 것을 자각하고 나와 남을 동시에 배려하는 마음이 필요하다. 거울을 한번 쳐다보자. 거기 비친 스스로의 모습이 마음에 드는가? 이런 모습을 남편이나 아내가 보고 조금이라도 불쾌하게 여기지 않을 자신이 있는가? 어디서든, 자신을 방치하는 것은 결코 올바른 삶의 방식이 아니다.

✓ 제때에 몸을 씻고, 식사 후에는 규칙적으로 이를 닦자. 입 냄새, 땀 냄새가 나지 않는지 집에서도 수시로 확인한다. 만약 화장을 즐기는 여성이라면, 집에서도 약하게 메이크업을 하는 것도 좋다. 화장은 스스로의 외모를 어느 정도 관리하고 있다는 증거이기도 하다.

✓ 늘 깨끗한 옷을 입는다. 집안 일을 해서 옷이 지저분해졌다면 즉시 갈아입자. 언제나 남편이나 아내에게 단정하고 깔끔한 모습만 보여주자. 나이가 들수록 옷차림이 깨끗하고 잘 어울리는지 신경을 더 써야 한다. 날씬하고, 깨끗하고, 단정하게. 이것이 나이 들어가는 사람들이 명심해야 할 모토다. 물론 젊은 사람들도 결코 예외는 아니다.

✓ 언제 어느 때 남을 만나도 괜찮을 만한 차림새를 하고 있어야 한다. 집배원이나 택배원, 이웃 사람이 왔을 때 부스스한 옷차림과 얼굴을 하고 문을 열어주는 일은 스스로에 대한 자존감을 깎아내리는 행동이다.

기분이 꽝이야! 게다가 부부 싸움까지!?

부부가 같이 살면 때론 즐겁고 행복하겠지만, 때로는 힘겹고 짜증이 나기도 한다. 서운하고 싫고, 말다툼도 생기고, 이유를 캐묻고 질투하기도 한다. 그러나 이런 시간도 신중하게 상대방에 대한 기본적인 도리를 지킨다면 지혜롭게 넘길 수 있다. 언제나 자제심과 분별력을 잃지 않으려고 애쓰면, 부정적인 갈등과 마찰도 시간이 지나면서 자연스레 치유되기 마련이다.

늘 유쾌한 기분을 유지하는 사람은 다른 사람들에게 인기가 좋다. 뚱한 얼굴로 투덜대는 사람보다는 잘 웃고 친절한 사람하고 있는 것이 훨씬 즐겁기 때문이다. 하지만 성격 좋은 사람조차 기분이 나빠질 때가 종종 있다. 모든 게 다 귀찮고, 스트레스로 여겨진다. 그럴 땐 스스로 마음을 잘 다스려 이겨내는 방법 밖에는 없다.

기분이 좋은 날에는 세상이 다 환하게 보이고, 순리에 따라 제대로 돌아가는 것처럼 보인다. 하지만, 기분이 나쁜 날에는 하늘도 잔뜩 흐려 보이고, 잘 되는 일이라고는 하나도 없고, 머리를 다른 색깔로 물들이거나 멋들어진 옷을 사도 나아지는 기색이 안 나타난다.

로버트 타일러(Robert Thayler) 캘리포니아 대학 교수는, 기분이 안 좋아질 때 나타나는 몇 가지 신체 신호를 다음과 같이 정리했다.

✓ 몸이 긴장되지도 않았고, 활력도 충분하다. 호흡과 심장 박동 역시 정상이지만, 조금씩 횟수가 많아지고 빨라진다. 이런 증상은 기분이 나빠지고 있다는 증거다.

✓ 느슨하게 이완되었지만 약간 피곤한 상태. 대개 이럴 때는 기분이 느긋하고 편안하다. 다만, 이런 상태가 깨어지고 휴식이 방해를 받으면 심리 역시 불안정해진다.

√ 긴장되고 활력이 넘치는 상태. 신체적으로는 정상이지만, 정신적으로는 위험한 경우다. 어깨와 목의 근육이 수축되고 심장 박동도 빨라진다.

√ 제일 나쁜 경우가 긴장한 데다 피곤하기까지 한 때다. 이럴 때는 기운은 없지만 휴식을 취할 수도 없어서 기분이 완전히 다운되기 십상이다.

그렇다면 기분이 변덕을 부릴 때 가족들을 어떻게 대해야 하는 걸까? 그냥 되는 대로 나쁜 기분을 아내나 남편에게 발산해도 되는 걸까? 기분이 안 좋을 때 정말 잊지 말아야 할 것은, 가족들에게 자신의 심리 상태가 별로라는 점을 솔직하게 밝히고 그것이 가족들 때문이 아니라는 것을 알리는 것이다. 그러면 기분 때문에 무뚝뚝하게 나오는 말 한마디, 퉁명스런 행동 하나도 평소보다 쉽게 이해될 수 있을 것이다.

심리학자들이, 기분이 나쁠 때 기분 전환 삼아 하면 좋은 일을 순서대로 정리한 내용이 있다.

√ 제일 좋은 일은 운동을 하는 것이다. 조깅, 자전거, 헬스클럽, 수영, 산책, 아이들이나 애완 동물과 뛰어 노는 일 따위가 적당하다.

√ 그 다음 좋은 방법은 잠을 자고, 좋은 책을 읽고, 미장원에 가서 머리를 새로 하고, 사고 싶은 물건을 사는 일이다.

√ 그 밖에 그럭저럭 기분에 나쁜 영향을 미치지 않는 일로는, 미뤄둔 집안 일을 하거나, 맛있는 것을 먹거나, 친구들이나 가족들과 이야기를 나누거나, 조용한 음악을 들으며 안정을 취하는 일이다.

√ 효과가 제한적인 방법도 있는데, TV를 보거나, 장을 보러 가거나, 외출해서 놀거나, 드라이브를 하는 것이다.

√ 기분을 더 나쁘게 하는 일은 술을 마시는 거다. 스트레스를 술로 푸는 것은 가장 어리석은 행동이다.

남편이나 아내의 기분 전환을 돕는 법 :

✓ 그 사람을 건드리지 말고 적당히 거리를 둔 채 가만히 내버려둔다.

✓ 어설픈 위로의 말을 하지 않는다. "아유, 잘 되겠지 뭐." 같은 하나 마나 한 소리 대신, 웃기는 얘기를 생각해 내서 폭소를 터뜨리게 하는 것이 더 나은 방법이다.

✓ 여자들은 가만히 얘기를 들어주거나 꼭 껴안아주면 꽤 위안을 얻는다.

부부 싸움을 하지 않는 부부가 있을까? 화가 날 때마다 무조건 참기만 하다가 한꺼번에 미친 듯이 폭발하는 것보다는, 문제가 생겼을 때마다 제때제때 잘 해결하는 것이 낫다.

✓ 다툼은 직접 상관이 있는 당사자들 끼리만의 문제다. 다른 사람들이 보는 앞에서, 예를 들면 공공 장소나 친지들이 있는 곳에서 싸움을 일으켜 갈등에 휘말리지 않게 해야 한다.

✓ 자녀가 보는 데에서 말다툼을 하지 말자. 만약 어쩔 수 없는 상황이라면 되도록 감정에 치우치지 않은 상태에서 대화를 하려고 노력해야 한다. 부모의 싸움이 아이들에겐 큰 상처가 될 수 있다는 것을 꼭 기억하자.

✓ 아무리 싸우는 와중이라도 야비한 언행은 삼간다. 인신공격 하는 말이나 신체적인 접촉은 절대 금물이다. 대화는 언제나 자신의 감정과 생각을 호소하는 것에 초점이 맞춰져야 한다.

✓ 다시 화해하는 방법을 연구하고 넓은 마음으로 상대를 받아들이는 노력을 거듭한다.

질투가 문제일 때 : 질투심은 누구든 겪는 지극히 자연스런 감정이며, 심지어 생물학적인 본능에 따른 것이기도 하다. 다만 이 감정이 병적으로 발전하면 파괴적인 결과를 불러올 수 있다. 지나친 질투는 본인은 물론, 배우자한테도 심각한 고통을 안겨준다. 병적인 질투심, 곧

의부증이나 의처증은 스스로를 평가 절하하는 심리에서 생겨난 증상이다. 한번 증상이 나타나면 주변 사람들도 그것을 금방 눈치채기 때문에 가정에서든 직장에서든 모두가 피해를 입게 된다.

질투심이 도를 넘는다고 생각하면 이런 방법으로 극복해 보는 것이 좋다.

√ 우선 자기가 마음속에 그리는 장면이나 생각이 사실과 정말 일치하는지 하나하나 따져보자.

√ 배우자가 당신을 질투하게 만드는 게 아니라, 스스로가 만들어내는 감정에 휩싸이는 것이다. 남편이나 아내가 무뚝뚝하게 대한다고 해서 별다른 뜻이 있다거나, 당신을 싫어해서가 아니다. 근거 없는 추측은 스스로를 하찮게 여기고 학대하는 마음에서 나온다.

√ 당신이 느끼는 감정에 대해 배우자와 진지하게 얘기를 나눈다. 자존심 때문에 덮어두고만 있으면 사태가 더 심각해진다. 혼자서 끙끙 앓지만 말고 당신의 문제를 두 사람이 공유해야 한다. 터놓고 얘기하다 보면 어떤 점이 착각이고, 잘못된 행동이었는지 드러나게 마련이다.

√ 가장 친한 친구에게 고민을 털어놓아 보자. 제 3자의 눈으로 보고 객관적으로 평가해 줄 사람이 필요할 때가 종종 있기 때문이다.

√ 무엇보다 자의식을 키워라. 건강한 자신감이야말로 질투심을 없앨 수 있는 최상의 묘약이다. 스스로를 사랑하고 자기 확신이 강한 사람은, 공상에 빠지거나 과장된 라이벌 의식에 사로잡히지 않는다.

√ 남편이나 아내만 바라보고 살지 말자. 당신에겐 당신만의 인생이 있다. 배우자의 친구들하고만 어울리지 말고, 자기만의 교우 관계를 돈독히 하자. 배우자에 의존하는 삶은 결코 행복할 수 없다.

√ 상대방을 잃을까 두려워, 자신의 욕구는 억누른 채 모든 것을 배우자의 욕구에 내맡기지 말자.

✓ 배우자가 보여주는 사랑의 표시에 반응을 보여야 한다. 그런 제스처가 자꾸 무시되면 상대방도 상처를 입고 기분이 나빠진다.

✓ 어떤 일이 있어도, 배우자를 통제하려고 하지 말자. 통제는커녕, 비웃음의 대상이 되고 스스로를 괴롭히는 역효과만 난다.

✓ 아무리 화가 나고 불안해도 끝까지 상대방에 대한 존중의 마음을 잃어서는 안 된다.

이별도 우아하게 : 부부든, 연인 사이든 때로는 헤어질 수도 있다. 두 사람 사이의 화합이 깨졌을 때 그 관계를 다시 회복해 보려고 노력하는 부부들이 점점 드물어진다. 이왕 관계를 끝내기로 마음먹었으면, 되도록 보기 좋게, 상대에 대한 존중과 예의를 잃지 않고 마무리할 줄 아는 지혜가 필요하다.

헤어지는 이유를 명확하게 설명하지도 않고 흐지부지하게 얼버무린다든지, 전화로 앞뒤도 맞지 않는 거짓말을 지어낸다든지, 아무 말 없이 자취를 감춘다든지 하는 것은 가장 나쁜 경우에 해당한다. 또, 헤어진 전 남편이나 부인, 혹은 옛 애인을 우연히 만났을 때 모른 척하거나, 인사도 안 하고 피해버리는 것은 상대방에게 상처를 주는 비겁한 행동이다.

더군다나, 요즘 들어 생긴 보기 안 좋은 광경 중에 하나가, 이메일이나 휴대폰 문자 메시지로 이별을 통고하는 행동이다. 영국 5인조 여성 그룹 스파이스 걸스(Spice Girls)의 전 멤버였던 제리 할리웰(Geri Halliwell)은 남자 친구에게 이메일을 보내 이별 의사를 밝혔다. 그의 남자 친구는 한 언론을 통해 "명색이 애인이었는데, 직접 만나 말해줄 수는 없었을까요"라고 불만을 토로했다.

가족의 사생활을 지켜주세요

잠깐이 됐든, 평생이 됐든, 연인이나 배우자와는 주거지를 비롯해, 식탁, 이불, 심지어 빚까지도 공유한다. 그렇게 늘 함께 사는 사람들이니 만큼 더욱 더 혼자만의 사생활을 지켜주어야 할는지도 모른다. 가족 구성원 각자가 가진 혼자만의 영역은, 당사자가 동의한 경우가 아니라면 절대 침해받거나 무시되어서는 안 된다.

우편물 : 가족들끼리라 해도 우편물을 함부로 열어봐서는 안 된다. 겉봉에 쓰여진 수신인이 직접 봉투를 열어보게 해야 한다. 아이들에게 온 편지도 마찬가지다. 다만 "아무개 씨 댁"처럼 집안 전체에게 배달된 것은 어른들이 열어보는 것이 일반적이다.

그리고 따로 의논한 바가 없다면, 상대방이 쓴 신용카드 청구 내역이나 은행 관련 우편물 역시 사생활을 보호해 주는 측면에서 본인이 직접 뜯어보게 해야 한다.

전화와 휴대폰 : 일반 유선 전화는 특별한 약속이 없는 한 가족 모두가 걸 수도 있고, 받을 수도 있다. 전화를 받을 때는 "아무개 집입니다"라고 하는 것이 좋고, 다른 식구를 찾을 때는 "저는 남편 됩니다만, 잠시만 기다려주세요"라고 하든지, "저는 부인인데, 남편은 외출했어요"라고 정중히 알려준다. 전화를 바꿔주고 난 뒤에는 가능한 자리를 피해주는 것이 예의다. 전화를 건 사람이 찾는 식구가 집에 없다면 건 사람의 이름과 시각을 정확히 적어두고 반드시 제때 전달해 준다.

반면 휴대폰은 우편물처럼, 개인 한 사람에게만 지정된 연락처다.

다른 사람이 대신 받아줄 필요도 없고, 본인이 그렇게 해도 좋다고 허락했을 때는, 받자마자 "아무개 씨 휴대폰입니다. 지금 전화를 받을 수 없어 남편인 제가 대신 받았습니다"라고 알려주는 것이 좋다. 자신의 휴대폰을 받을 때는 의무 사항은 아닐지라도 이름을 얘기하면서 받으면 더 좋다. 최근엔 발신자의 번호가 표시되어, 전화기에 저장된 번호일 경우 조금 다른 방식으로 전화를 받을 수도 있다. "여보세요"라고 말하는 대신 "안녕하세요, 선생님"이라든지, "잘 지냈나요, 아무개 씨?"하고 받을 수도 있다.

일반 전화든, 휴대폰이든 다른 식구가 전화를 할 때는 엿들으려고도 하지 말고, 그 식구가 당신을 피해 다른 곳에 가서 전화를 받아도 기분 나빠하지 말자. 또, 식구들이 전화를 끊은 다음 누구와 통화했는지 몰래 훔쳐보거나 확인하는 짓은 부끄러운 일이다. 자녀를 계도하는 뜻에서 하는 일일 수도 있지만, 차라리 터놓고 물어보는 편이 더 빠르고 매너 있는 행동이다.

다이어리와 수첩, 절대 열지 마! : 누구에게나 일과 관련된 일정을 적어놓은 달력 외에, 사적인 일을 표시해 둔 다이어리나 수첩이 한 개쯤 있다. 함께 보려고 만든 것이 아니라면, 다른 식구의 다이어리를 들쳐 보는 일은 엄연한 사생활 침해다. 그야, 사랑하는 가족의 하루 일과나 앞으로의 계획을 들여다보고 싶은 마음은 이해가 간다. 하지만 이런 저런 메모 중에는 이름 몇 개, 전화번호, 만나는 장소 따위가 들어 있을 수도 있고, 의심이 많은 사람은 그런 것을 가지고 엉뚱한 공상에 사로잡히기 쉽다. 소유자가 열어봐도 좋다고 하지 않은 한, 절대 남의 수첩이나 다이어리는 손대지 말아야 한다. 두 사람이 공동으로 알아야 하는 일이 많을 때는 달력을 하나 마련해 가족들 생일, 아이들 학교 행사, 휴가 날짜, 각종 기념일, 병원 진료일, 친척 방문일 따위를 표시해 두면 좋다.

잡동사니를 담았어도, 가방은 가방 : 가방과 핸드백은 온전히 그것을 소유한 사람만의 것이다. 비록 열기 쉽게 생긴 것이라 해도, 엄연히 외부와는 차단된 개별적인 영역을 만들기 때문에 소유자 이외의 사람이 열어볼 수 있는 소지품이 아니다. 남의 가방을 허락도 없이 뒤지는 사람은, 사탕을 찾으려고 무작정 엄마 가방을 열어젖히는 어린아이와 동급이라고밖에 볼 수 없다.

또, 다른 사람의 코트 주머니나 바지 주머니에 손을 넣어보는 것도 예의에 어긋난다. 물론 그 옷을 빨아달라거나, 세탁소에 보내달라는 부탁을 받았을 때는 경우가 달라진다. 그러나, 동의 없이 식구들 옷을 뒤지다가 무언가를 찾아냈다고 해서 그것으로 당사자를 추궁하는 것은 올바르지 못한 행동이다.

금전 문제, 이것이 왕도 : 돈 문제에서도 부부끼리는 어느 정도 비밀을 가질 권리를 지켜주어야 한다. 다만, 경제 문제는 가족 전체의 생계와 관련된 주제이므로, 각자 공정하게 돈을 쓰고 서로에게 솔직하게 돈 얘기를 터놓는 태도가 절실히 필요하다. 생활비 통장이나 적금 등 공동의 재산에 대해서는 부부가 똑같은 권리와 책임을 가진다. 매일 얼마만큼의 용돈을 지출할 것이며 어떤 식으로 저축을 할 것인지 공평하게 정했으면, 그것을 잘 따르도록 노력한다. 돈은 꽤 민감한 주제이므로, 투명하고 지혜롭게 다루어야 원만한 살림을 꾸려나갈 수 있다.

지갑 : 지갑에는 지폐와 동전도 들어있지만, 각종 영수증, 신분증, 신용카드, 회원증 따위도 보관되어 있다. 가족 중 한사람의 지갑에서 돈이나 카드를 꺼내갈 때는 반드시 사전에 허락을 받고, 얼마를 가져 갔는지 정확하게 말해주어야 한다.

통장과 신용카드 청구서 : 유가증권 보관증서, 신용카드 전표, 통장 따위는, 공동 소유가 아닌 이상은 아무리 배우자라 해도 열어보거나 읽어볼 수 있는 권리가 없다. 따라서, 원만한 부부 관계를 위해서는 미리 자신의 금전 관계에 한해서는 독자권을 인정받고 싶다든지, 아 니면 자기 것을 열어봐도 좋다는 언질을 따로 해두는 것이 현명한 방 법이다.

욕실 : 다른 식구가 쓰고 있는 욕실이나 화장실을 침범하는 것은 그 릇된 행동이다. 젊은 사람들 중에는 무조건 함께 하고, 숨기거나 가리 는 것이 없어야 한다는 생각으로 '모든 것'을 서로에게 개방하기도 한 다. 물론 한 사람이 이를 닦을 때, 다른 사람이 소변을 볼 수도 있다. 또, 한 명이 요구르트를 떠먹는데, 다른 한 명이 바로 옆에서 발톱을 깎 기도 한다. 막 사귀기 시작하고, 이제 막 결혼한 신혼 부부는 그래도 모 든 게 예뻐 보이고 사랑스럽게 여겨질 것이다.
그러나 열정이 차츰 가라앉고, 사랑이 일상 속으로 파묻혀 들어가면

전에는 아무렇지도 않던 것이 흉하게 보일 수도 있고, 무신경함으로 비쳐질 수도 있다. 지극히 사적인 용무를 서로가 있는 자리에서 해결하는 것이 꼭 나쁜 결과를 낳지는 않겠지만, 반대로 사랑의 증거가 될 수는 없는 노릇이다. 지켜야 할 것은 잘 지키고, 적당한 거리를 유지하는 것. 이것이 두 사람이 공동으로 꾸려갈 삶을 위해 더 올바른 선택이 아닐까?

아이들 앞에서 옷을 챙겨 입으라고? : 요새는 부모 자식간에 신체를 조금 노출하는 정도는 아무렇지도 않게 받아들여진다. 그러나 어느 시점이 되면 아무런 거리낌없이 속옷 차림으로 돌아다니는 것이 불편해질 때가 온다. 아이들의 얼굴에 여드름이 돋아나고, 욕실 문을 꼬박꼬박 잠그고 샤워를 하고, 엄마 아빠 앞에서 옷을 갈아입으려 하지 않을 때. 바로 사춘기 때다. 아이들의 그런 변화를 반드시 존중해 주고, 부모 역시 그에 맞게 몸가짐을 조심하고 지나치게 분방한 태도를 삼가야 한다.

노크해 주세요, 제발 : 집에서 누군가 방문을 닫아놓고 있다면, 혼자 있고 싶고, 방해받고 싶지 않다는 뜻이다. 직장에서 혼자 일을 할 때 방해하지 않는 것은 거의 당연하게 여기면서도 집에서 가족이 그런 행동을 하면 대수롭지 않게 여기고 항의하기 일쑤다. 화장실이나 욕실을 쓸 때처럼, 서재와 작업실, 개인 침실도 주인이 아닌 다른 사람이 함부로 침입해서는 안 되는 사적인 공간이다.

만약 급한 용건 때문에 반드시 문을 열어야 한다면, 반드시 미리 노

제8장 사랑한다면 이들처럼

크를 한다. 어른들의 방뿐만 아니라 아이들한테도 마찬가지다. 문이 조금 열려 있다면 들어오거나 말을 걸어도 좋다는 뜻이다. 이때는 꼭 필요한 경우가 아니면 노크를 하지 않아도 된다. 공동으로 쓰는 서랍이 아니라면 마찬가지로 함부로 열어보지 말자.

집 바깥에서는 연인이나 배우자와 어떻게 처신해야 할까?

자기 집이 아닌 다른 곳에서는 가족들과 어떤 방식으로 소통하고 처신해야 할까? 남 앞에서 해도 되는 일과 해서는 안 되는 일에 무엇이 있을까? 말다툼이든, 애정 표현이든 가족이나 연인끼리 있을 때와 남들과 함께 있을 때의 태도는 언제나 분별 있게 조절할 줄 알아야 한다.

감정 조절 : 문화가 많이 자유분방해졌기 때문인지, 종종 공공 장소에서 애정 표현을 잘 드러내는 남녀를 본다. 전철이나 버스에서 서로를 무릎에 앉히거나, 바짝 붙어서 껴안고 있거나, 상대의 옷 속으로 손을 집어넣기도 한다.

선부른 엄숙주의를 요구하는 것은 아니다. 다만, 남과 더불어 사는 공동 사회에서는 최소한 자기 통제가 가능해야 한다. 감정을 표현하되, 절제된 제스처와 방법으로 하자. 꼭 낯뜨거운 장면을 연출해야만 애정을 제대로 표현하는 것은 아니다.

별명 : 자기가 제일 사랑하는 사람을 별명으로 부르는 사람은 무척 많다. 그런 이름에는 부르는 사람이 가진 애틋한 마음이 그대로 담겨 있고, 두 사람이 얼마나 허물없는 관계인지 잘 나타난다. 하지만, 친구

한 권으로 끝내는 비즈니스 몰드

들이나 낯선 사람 앞에서 서로를 별명으로 부르는 것은 상대를 난처하게 만드는 행동이다. 다른 사람들 사이에 있을 때는, 연인이든 부부든 공식적으로 사회 속의 인간이다. 둘 만의 세계가 아닌, 또 다른 차원의 세계에 있기 때문에, 둘 끼리만 하는 행동은 삼가야 한다. 회사 동료들을 집에 초대해 식사를 대접하고 즐겁게 얘기하고 있을 때 갑자기 남편이나 아내가 "그런데, 우리 뚱땡이 남편이 말이죠……"라든가 "땅꼬마 씨, 소금 좀 줘"라고 불렀다고 생각해 보라. 설령 가까운 친척이나 친구들과 있다 해도, 그들은 물론이고 당사자를 무척 당혹스럽게 하는 행동이니 꼭 삼가야 한다.

아기에게 젖 먹이기 : 근래 들어 엄마 젖이 아기에게 미치는 좋은 영향이 잘 알려져, 분유 대신 젖을 먹이는 엄마들이 많이 늘어났다. 다만, 젖을 먹이는 일은 엄마와 아이만의 교감을 나누는 행위이다. 친구나 가족, 잘 아는 여자들끼리 있을 때는 가슴을 드러내고 젖을 먹이는 광경을 보는 일이 자연스럽고도 행복한 일일 것이다. 그러나 모성이 아무리 위대하고, 양육이야말로 사회를 이끌어 가는 원천이라고 해도 사람들이 오가는 공원이나 대중교통 수단 안에서 버젓이 단추를 풀고 젖을 물리는 것은 지나친 행동이다. 이동 중에 아이가 급하게 젖을 보채면, 차라리 사면에 어느 정도 벽이 있고 오가는 사람 모두의 눈에 띄지 않을 만한 장소로 들어가는 것이 현명한 방법이다.

사무실에서 일어난 어떤 일

10년 전, 데미 무어가 마이클 더글러스를 유혹하며 성희롱하는 내용의 영화가 등장해 화제가 되었던 적이 있다. 기업 내의 부정과 권력, 성의 부당한 사회적 관계를 다룬 할리우드 영화 〈폭로〉였다. 남자는 여자에게 속은 뒤 성적 요구를 거부하고, 이 사건은 법정까지 간다. 그러면서 회사 안에 모종의 음모가 이루어진다는 사실이 드러나기도 하지만, 위기에 처한 주인공은 아내한테서나 사회 전체한테서 신뢰를 받지 못한다. 좀 말도 안 되는 결론인지 모르지만, 내가 보기에 거기서 한 가지 얻을 만한 교훈은 이거다. 한 직장에 다니는 사람끼리의 연애와 섹스는 거의 좋은 결말을 기대하기 힘들다는 것.

영화에서도 드러나지만, 그런 관계에는 대체로 권력과 계급이라든지, 속된 말로, 원치 않는 '작업'이나 유혹, '성추행'에 해당하는 부정적인 행위들이 도사리고 있기 때문이다.

애인 구함, 단 사무실에서!

그런데도 사람들은 아직도 직장을, 애인을 구하기 좋은 장소라고 여긴다. 기업들도 사내 연애가 때로는 업무 능률을 높여주고, 활력을 불어넣는 데 도움이 된다고 평가한다. 미국 항공사 사우스웨스트 에어라인(Southwest Airlines)은 심지어 '외로운 사람들의 모임'까지 만들어 사내 연애를 장려하기까지 한다. 이 회사에서 탄생해 결혼까지 골인한 사내 커플만 해도 800쌍이 넘는다고 한다.

직장은 어떻게 보면 고갈될 줄 모르는 '애인 창고' 같은 것인지도 모른다. 큰 회사들은 남녀 사원 수의 차이가 크지 않고, 직원도 많아 그만큼 선택의 폭이 넓다. 일하면서 만난 사람들한테서 이성에 대한 이런저런 기준을 마련할 기회를 얻기도 한다. 일할 때야말로 사람이 자신을 그대로 드러내는 시간이 아닌가. 게다가 어떨 땐 하루 중에서 같이 보내는 시간이 가족보다도 훨씬 많을 경우도 있다. 어찌 관심이 가지 않고 배기겠는가!

✓ 독일 여론 조사 기관 포르자(Forsa)가 행한 설문 조사에 따르면, 공무원 중 45 퍼센트가 같은 직장 사람과 적어도 1번 이상은 몰래 연애를 해본 적이 있다고 대답했다.
✓ 갤럽이 오스트리아에서 실시한 조사에서는, 생업에 종사하는 사람들의 12퍼센트가 지금 애인이나 배우자를 일하면서 만났다고 대답했다.
✓ 또 11퍼센트는 현재 사내 연애를 하고 있다고 답변했다. 하지만 오스트리아의 성 문제 연구가인 게르티 젱거(Gerti Senger)에 따르면, 오스트리아 인 중 50 퍼센트가 벌써 한 번씩 사내 연애를 경험한 적이 있다고 한다. 갤럽의 설문 조사에서는 응답자들이 그다지 사실을 밝히고 싶어하지 않아서 낮은 수치가 나온 것으로 추측된다.
✓ 갤럽 조사에 따르면 오스트리아 사람 중 3분의 2가, 배우자와 같은 직장에서 일하는 것에 큰 지장은 없다고 응답했다.

사랑이 싹튼 사내 커플, 이렇게 하자

일터의 비슷한 직급에 있는 동료끼리는 애정 관계가 이루어질 가능성이 꽤 크다. 자, 그렇다면 언제 들이닥칠지 모르는 사랑의 감정에 빠지기 전에 알아두어야 할 것이 몇 가지 있다.

서로에게 끌리고 대강 마음을 확인했다 쳐도, 처음 몇 달간은 본격

적으로 행동을 취하지 말고 가만히 사태를 지켜본다. 자신의 감정이
오래 지속되는 것인지, 상대방은 어떤 생각인지 조심스럽게 관찰한다.

✓ 견디기 힘들지라도 서로에 대한 애틋함을 일터에서 드러내지 말자.

✓ 두 사람만 있고 싶다고 해서, 다른 동료들을 외면하거나 배척해서는 안 된다.

✓ 두 사람 사이에 일어난 사적인 다툼이나 갈등을 사무실에까지 연장시켜서는
   안 된다. 업무 분위기를 흐리는 말과 행동은 그야말로 남에 대한 배려가 없는
   짓이다.

✓ 둘이서 꼭 붙어 다니면서 밥 먹고, 차 마시고, 얘기하는 것은 금물. 직장은 어
   디까지나 직장이라는 것을 명심할 것.

✓ 꼬리가 길면 잡힌다는 말이 있다. 비밀스런 관계가 오래 지속되다 보면 이런
   저런 계기로 다른 사람들에게 사실이 알려지고 만다. 만약 상황이 그럴 만하
   다면, 솔직하게 둘의 사이를 공개하는 것도 쓸데없는 기운을 빼지 않기 위해
   필요하다.

✓ 둘 사이가 멀어지고 헤어지게 될 경우에는, 한 직장에서 어떻게 처신해야 할지
   명확하게 짚고 넘어가도록 하자.

✓ 사내 연애에는 늘 소문과 말이 뒤따른다. 떠도는 이야기를 적당히 무시할 정도
   로 그것에 익숙해져야 한다는 걸 잊지 말자.

동급이 아니라 상하 수직 관계에 있는 사람끼리 연애를 시작했을 때
는 좀더 몸가짐에 신중을 기하고, 처신에 신경을 쓸 필요가 있다. 그런
관계에는 이런저런 위험이 도사리고 있다는 걸, 반드시 명심하고 관계
를 시작해야 한다.

✓ 낮은 자리에 있는 사람이 갑자기 승진을 하거나, 기획안이 채택된다거나, 연봉
   이 오르거나 하면, 사원들은 권력을 가진 애인의 입김이 작용했을 거라고 생각
   한다.

✓ 조직 내의 상하 관계에서 이뤄지던 연애가 끝나면, 낮은 쪽이 높은 쪽한테서 많든 적든 피해를 입을 수 있다. 심지어 회사에서 쫓겨나는 경우도 가끔 있다.

✓ 그러므로 수직 관계에서는 연인이 된 후에 어떤 식으로 관계를 이어나갈 것인지, 헤어진 뒤에는 어떻게 될 것인지 하는 문제들을 투명하고 자세하게 거론하고 결정해야 한다.

먼 친척보다 가까운 이웃사촌!

친구는 골라 사귈 수 있지만, 이웃은 그러기가 쉽지 않다. 그러나 이웃과의 관계는 의외로 우리의 생활을 크게 좌우한다. 뛰어난 의사 소통 능력을 요구하고, 적절한 관용과 사교술도 필요하다. 이웃과 사이가 나쁘면, 자기 집안도 편안할 수가 없다.

서로에게 친절하고 너그럽게 대하며 약간씩 양보하는 마음이 있다면 크게 문제될 일은 없다. 그러나 언제나 "말은 쉽다." 이웃은 때론

'눈치를 봐야 하는' 대상이고, 때론 위안과 따뜻한 정을 나누는 친구다. 그만큼 멀고도 가까워서 좋은 관계를 유지하는 데에 상당한 노력이 요구된다.

그렇다면 이웃과 적당한 거리를 유지하면서 화목하게 지낼 수 있는 요령은 무엇일까? 어떨 때 타인의 생활에 끼여들어야 하며, 어떨 때 너그럽게 모르는 척해야 하는 걸까?

새로 이사를 왔을 때

이사를 왔을 때는 바로 옆집이나 앞집과 인사를 나누고 지내야 한다. 계단에서나 정원, 복도, 주차장에서 마주쳤을 때 먼저 말을 건네는 것이 좋다. 옆집과 인터폰이 통한다든지, 전화번호를 알고 있다면 미리 연락을 하고 잠깐 들러 인사를 해도 좋다. 아니면 이웃을 집에 초대해 잠깐 차를 대접하는 것도 괜찮다.

자, 그럼 앞으로 잘 부탁합니다!

글쎄요

✓ 이웃 사람들은 자기 이름과 하는 일, 가족 관계 등을 알고 싶어할 것이다. 이웃과 처음으로 안면을 틀 때, 잘 부탁한다며 정중하게 인사를 하고, 문제가 생기면 알려줄 것을 요청한다.
✓ 가끔 이웃에게 피해가 갈 수도 있는 일을 해야 한다면 미리 양해를 구하는 게

좋다. 아들이 트럼펫을 가끔 연습한다든지, 개 짖는 소리가 들릴 거라든지 하는 얘기를 해두면 그런 일이 있을 때 훨씬 너그럽게 받아들여 줄 것이다.

✓ 대화가 잘 통하고 비교적 친해진 경우라면 서로 작은 도움도 주고받을 수 있다. 부재중일 때 소포를 받아주고, 휴가 중에 신문이나 우편물을 들여놓아 줄 수도 있다.

✓ 필요에 따라 집 전화번호, 휴대폰 번호를 교환하는 것도 좋다.

친절하고 너그럽게, 이웃 관계의 모토

이웃간에 얼마만큼 친밀해지느냐는, 얼마만큼 생활 패턴에서 공유되는 부분이 많은가에 달려 있다. 아이들이 다니는 학교가 같다든지, 같은 헬스클럽에 다닌다든지 하면 대화 소재도 많아지고 서로 도울 수 있는 부분도 생긴다. 이웃간의 우정이 피어날 기회는 익명성이 넘쳐나는 대도시에서보다는, 덜 복잡하고 물리적 범위가 작은 지방에서 더 많다. 다른 친구도 아닌, 이웃간에 친구가 되는 데 알아야 할 몇 가지를 알고 넘어가도록 하자.

✓ 어른들끼리 만났을 때 인사를 하는 것은 말할 필요도 없지만, 특히 아이들이 상대편 어른에게 인사하도록 잘 교육시킨다. 또, 인사만 하고 헤어지지 말고, 별다른 이유가 없어도 다정하고 친절한 말 몇 마디를 건네는 것이 좋다.

✓ 함께 쓰는 공동 공간을 깨끗이 사용한다. 계단, 엘리베이터, 복도, 화단, 공동 창고에 쓰레기를 버리지 않는다. 자신의 우편함에 덕지덕지 붙은 광고 전단은 곧바로 치운다.

✓ 이웃의 사생활을 존중해 준다. 그러나 도움을 줄 일이 있는지 최소한 신경을 써야 한다. 특히 나이 드신 분들은 자존심 때문에 솔직하게 도움을 요청하지 않는 경향이 있다. 혼자 사는 사람이나 노인의 생활을 가끔 들여다보고, 힘든 일은 없는지 물어보자. 슈퍼마켓에서 만났을 때는 짐을 나눠 들어주고, 우연히

마주치면 다정한 말 한마디를 건네자. 상대방에게 필요할 때 도울 자세가 되어 있다는 것을 보여줄 수 있는 방법이다.

✓ 집에서 잔치를 한다든지, 큰 소음이 날 일이 있다든지, 먼지가 많이 나는 수리를 한다든지 할 때는 이웃들에게 미리 알리고 양해를 구한다.

✓ 개는 늘 줄에 묶어둔다. 동물을 대하는 심정은 사람마다 천차만별이다. 개를 싫어하는 이웃이 있다면 그 뜻을 존중해주고, 절대로 공동으로 쓰는 복도나 계단에 개가 오줌을 싸지 못하게 단속해야 한다.

• • •
이웃 사촌, 정말 필요한가?

〈디 프레세 *Die Presse*〉 2002년 10월 8일 치. "여자들의 수다"

15년 전쯤 나는 시골 마을에서 대도시인 비엔나로 이사를 왔다. 내가 살던 포어알베르크의 시골에서는 모퉁이 하나만 돌아가면 농장에서 짠 우유를 살 수 있었다. 우리 옆집에서는 토끼를 길렀고, 급할 때는 식료품 한두 가지 정도 이웃끼리 꾸어다 쓸 수 있었다. 우리가 그곳으로 처음 이사할 때 이웃들은 먹을 것을 이것저것 싸들고 왔다. 게다가 가구를 차에서 내려 집안에 들여놓는 걸 도와주기까지 했다.

갑자기 옛 이웃들이 생각난 계기가 있다. 얼마 전 친구 비올라가 부탁을 해왔다. 2주 동안 부모님 댁에 가야 하는데 그 사이에 집안에 있는 화초들을 보살펴달라는 거였다. 남편과 아이들도 같이 가니까 집이 텅 빈다고 했다. 나는 그야 어려울 것 없지만, 어째서 10분 거리나 되는 나에게 부탁들 하러 왔는지 물어봤다. 비올라는 24가구가 함께 사는 공동주택단지에 살고 있는데 말이다. 그 사람 들 중에서 일주일에 한 번씩, 합해봐야 고작 2번만 문을 열고 들어가 화초에 물을 줄 만한 사람이 아무도 없단 말인가? 비올라가 대답했다.

"웃기지? 이 건물에서 아는 사람이 하나도 없어."

그래서 곰곰 생각해 보니, 나 역시 이웃으로 지내는 사람이 딱 한 명 밖에 없었다. 그러자 그토록 가깝게 지내던 포어알베르크의 시골 이웃들이 저절로 떠올랐다. 토끼 고기를 했다며 먹으러 오라던 매저 씨네. (먹을 수가 없었다. 바로 그 전날까지도 함께 뛰어 놀던 녀석들을 어떻게!) 우리 식구가 집안에서 모두 벗고 다닌다고 헛소문을 퍼뜨린 랭글 씨네. 돈이나 물건을 빌려가고 빌려온 일들. (놀랍게도 어머니는 한 가지도 잊지 않고 소상히 기억하고 계시다!)

솔직히 말해서, 나는 비엔나에서 사는 것이 나쁘지 않다. 그냥 이렇게 이웃을 만나면 "안녕하세요"라든가, 가끔 기분이 내킬 때는 "춥죠?", 아니면 "비가 그만 내려야 하는데"라고 말하면서 지내는 게 편하다.

만약 먼 훗날 내가 집안에서 숨을 거둔 채 혼자 썩어가고 있다면? 그야, 나는 어차피 아무것도 못 느낄 테니, 손해볼 것도 없다. 다만 이웃들한테는 좀 냄새가 나겠지만.

적당한 거리가 필요해

✓ 이웃과 친해지는 데 조바심을 내지 말고 천천히 우정을 쌓아나가자. 자신과 마음이나 취향이 잘 통하는지 객관적으로 잘 살펴보라. 또, 생활 패턴이 비슷한지, 상대방을 잘 배려하는지도 눈여겨봐야 한다. 당신이 바쁜지, 한가한지 살펴보지도 않고 매일같이 쓸데없는 수다나 떨러 들르는 이웃은 경계해야 한다.

✓ 도움에 인색하게 굴지는 말되, 여기저기에 이용당하지 말자. 즐거운 마음으로 도울 수 있는 한계가 어디까지인지 명확히 선을 긋는다. 조금이라도 무리라고 여겨지면 정중히 거절할 수 있어야 한다.

갈등이 생겼을 땐 이렇게

✓ 이웃 때문에 피해를 입었다면 차분하고 객관적으로 문제에 대해 의논한다. 말하기 껄끄럽다고 문제를 무턱대고 덮어두어서는 안 된다. 제 3자가 끼여들지 않을 만한 장소를 골라 차근차근 대화를 시도한다. 복도나 계단, 주차장에서 싸우는 것은 지나가는 다른 이웃들의 시선을 신경 쓰게 되고, 대화가 진솔해지지 못한다.

✓ 그냥 넘어가도 되는 일은 아닌지, 자기 방식을 조금 바꾸면 문제가 사라지는 경우는 아닌지 잘 생각해보자. 아니면 직접 지적하는 대신 에둘러 표현하거나 눈치로 알려줄 수는 없는지도 곰곰 따져보자. 원만한 관계를 위해서는 정색하고 대화하는 것보다는 우선 우회적인 방법을 취해보는 것도 괜찮다.

✓ 민감한 내용일 경우에는 직접 얼굴을 마주하는 것보다, 서면으로 의사 소통을 하는 방법을 취해보자. 문제를 지적하고 나서는 함께 해결책을 찾아내자는 식으로 말을 끝맺는다. 그래도 아무런 반응이 없으면, 몇 일 후에 이웃과 대화를 시도해 보아야 한다.

조용히, 부디 조용히!

✓ 점심 시간 후(오후 1시에서 3시)와 늦은 저녁(밤 10시부터 다음날 아침 7시)에는 되도록 소음을 일으키지 말아야 한다. 피아노 치는 소리, 전기 청소기, 크게 틀어놓은 음악 소리, 아이들 떠드는 소리는 이 시간에는 대체로 자제한다. 특히 나이 드신 이웃들은 낮잠을 잘 즐기고, 밤에는 일찍 잠자리에 든다. 작은 소음도 다른 사람의 휴식이나 작업을 방해할 수 있다는 것을 잊지 말자.

✓ 사람들을 많이 불러 집들이나 잔치를 할 일이 있다면 미리 주변 이웃들에게 양해를 구한다. 다음 날에 남은 음식을 깨끗하게 담아 이웃들에게 돌리며 어제는 너무 시끄러워서 미안했다고 인사하는 것도 좋은 방법이다.

클래식을 싫어하세요?

언젠가 집에 미국 유명 피아니스트가 며칠 간 묵은 적이 있다. 그는 유럽 순회 공연 중이었는데, 영광스럽게도 내가 사는 도시를 방문했을 때는 우리 집에 머물게 된 것이다.

나는 너무나 기뻐 몇몇 손님들을 초대해 그를 위한 조촐한 저녁 식사를 마련했다. 모두들 즐겁게 대화를 나누었고, 내가 정성 들여 만든 요리를 맛있게 즐겼다. 때는 저녁 9시 59분. 분위기가 고조되자, 갑자기 우리의 피아니스트가 일어나 내 볼품없는 피아노 앞으로 다가가 뚜껑을 열어 젖혔다. 그리고는 즉석에서 쇼팽의 올림바 단조 폴로네즈를 치기 시작했다. 우리는 무척 감동하여 넋을 잃고 음악을 듣고 있었다.

10시 1분이 되자 전화벨이 울렸다. 휴식을 방해하는 '소음'에 대한 아래층 이웃의 항의전화였다. 남편은 상황을 설명하고 30분만 '유예기간'을 달라고 요청했다. 나는 그런 얘기를 손님에게 하고 싶지 않았다. 다만 30분이 지나자, 찬사와 감사를 동시에 보내며 오스트리아 전통 사과주를 꺼내들고 그를 피아노에서 떼어놓을 수밖에 없었다.

똘레랑스, 너그러움의 미학

어떤 예법 관련 책이든, 가족들 사이의 서열과 본분, 위치에 대해 자세히 설명해 놓는다. 교육자 엄마에 교육자 아빠는 버릇이 잘 든 아이들이 강아지, 고양이, 앵무새와 햄스터랑 뛰어 노는 모습을 행복하게 바라보며 미소짓는다. 화목한 가정의 이상형이요, 그림책에나 나올 법한 아름다운 광경이다. 하지만 현실에서 이런 가정이 대체 몇이나 될까? 아니, 아예 있기나 한 걸까? 이혼으로 말미암아 엄마 아니면 아빠인 한 부모 밑에서 자라는 아이들, 의붓아버지나 의붓어머니도 점차 많아지고, 낳아준 부모가 다른 아이들끼리 한가정의 테두리 안에서 살아야 하는 경우도 있다. 요즘은 동성애 연인들이 가정을 이루고 사는 경우도 드물지만 속속 생겨나고 있다.

패치워크 패밀리

이혼이나 사망으로 배우자를 잃은 두 가정이 하나의 가족으로 결합하는 일을 심심찮게 목격한다. 생각 같아서는 부디 아무런 마찰 없이, 서로의 상처를 딛고 따뜻하고 정겨운 새 가족을 만들어내면 좋겠지만 어디 그것이 쉬운 일인가.

일명 패치워크 패밀리(Patchwork-Family : '짜깁기 가족' 이혼과 재혼을 통해 관계가 다양하게 얽힌 가족-옮긴이)는 가까운 장래에 하나의 표준이자 패턴으로 자리 잡을 이 시대의 가족 형태다. 이별한 전 남편이나 전 부인도 가족의 일원에서 완전히 배제되지는 않는다. 그러다가 한 사람이 다른 사람과 재혼을 하는데, 그 새 배우자 역시 재혼이고 아이들도 있다. 여자들은 남편을 떠나도, 전 시어머니와는 친척이나 친구처럼 관계를 유지한다. 아이들한테는 부모가 재혼을 하면 갑자기 할머니, 할아버지가 늘어난다.

새로운 가정이 생겨나는 것은 어찌 보면 기쁜 일이지만, 일부 구성원들에게는 스트레스일 수 있다. 진심으로 마음이 잘 통하려면 서로 무던히 애를 써야 하고, 여러 가지 가족 행사에 참여하는 것부터 얽히고 설킨 가족 관계 속에서 발이 걸리지 않고 무사히 생활할 수 있을 만한 지혜가 필요하다. 또, 서로 다른 환경에서 살다 온 사람들끼리 너그럽게 이해하는 관용의 정신이 가장 절실하게 요구되는 가족형태다.

남편과 남편, 아내와 아내

동성애자인 배우자들이 꾸린 가족은, 흔히 생각하는 이상으로 많다. 몇몇 나라에서는 결혼에 준하는 파트너십으로 인정받기도 하고, 동성애 부부의 합법적인 결혼도 가능한 지역까지 생겼다.

이성애자인 사람들은 그런 동성애 부부에 대해 어떻게 대해야 할지 혼란스러워할 때가 있을 것이다. 누가 '여자' 역할이고, 누가 '남자'

역할을 할까? 이성애자들이 흔히 가지는 궁금증이지만, 동성애 커플에게는 그런 기준과 구분이 중요하지 않다. 결혼식을 올리는 동성애 커플이 많아진다면, 아마 둘 다 부케를 들 수도 있고, 둘 다 안 들 수도 있다. 집안 일도 똑같이 나눠 하든지, 하고 싶은 사람이나 할 형편이 되는 사람이 좀더 많이 할 것이다. 그럼 집안 일을 더 한다고 그 사람이 여자역할을 하는 걸까? 앞서 말했듯, 이성애자들의 그런 흑백논리 식의 기준은 더 이상 통하지 않는 관계가 동성애 부부의 생활을 이룬다.

이제 나와 다른 남을 받아들일 수 있는 마음의 자세를 갖기 위해 노력해야 한다. 어리석은 질문이나 속단 대신 다른 방식의 삶에 대해 공부하고, 관찰하는 것이 더 필요하다.

실제로 동성애자들 중에는 남자하고든 여자하고든 말이 잘 통하고, 다정한 사람들이 유난히 더 많다. 남자들은 좀더 세심하고 배려가 깊

상식과 편견사이

어느 날, 비엔나 오페라극장 무도회 기획자에게 '오스트리아 게이 프로페셔널'이라는 단체의 제안이 들어왔다. 단체는 명망 있는 문화 기획자라면 시대에 걸맞은 사고 방식을 가졌다는 것을 증명하기 위해, 무도회 개장 때 동성애 커플이 춤을 출 수 있게 하라고 요청했다. 그렇다고 그들이 드랙 퀸을 보내겠다고 한 것은 아니다. 그들이 한 사람은 흰연미복, 다른 사람은 검은 연미복을 입은 커플이 어떻겠느냐고 제안했다. 소위 '상식'으로 똘똘 뭉친 오페라 기획자는 아주 잠깐 얼굴이 창백해지더니, 곧이어 정신을 차리고는 고맙지만 사양하겠다고 정중히 의사를 전달했다.

으며, 생각의 폭이 넓다. 여자들은 적극적이고 소탈하며, 남에 대한 이해가 빠른 편이다. 이런 사람들을 친구로 가진다는 것은 행운일지도 모른다.

● ● ●
전차 안에서

예전 우리 집은 비엔나 시 외곽에 있어서 도심에 있는 사무실로 매일 전차를 타고 출근했다. 아침마다 잠이 덜 깬 표정으로 맥없이 서 있거나 앉은 사람들 틈에 끼어 나 역시 종종 하루를 우울하게 시작했다. 아무도 서로를 쳐다보거나 웃거나, 말을 하지 않았다.

그런데 가끔 마주치던 농아 학생들만은 달랐다. 그 아이들은 언제나 수다를 떨기에 여념이 없었고, 재밌어 죽겠다는 듯 웃음을 입에 달고 있었다. 차를 타고 가는 내내 얼굴에는 역동적인 표정이 넘쳐 났고, 손과 팔은 바쁘게 움직였다. 그들은 서로에게 행복한 눈빛을 지어 보였고, 그날 하루에 대한 기대에 가슴이 부푼 듯했다. 그들의 즐거움은 나한테도 전염되어, 종종 전혀 이야기를 이해할 수 없는데도 나도 모르게 마음이 따뜻해지고, 어느새 기분 좋은 미소가 입가에 가득 걸려 있었다.

장애인, 자연스럽게 대하세요

많은 사람들이 장애인을 어떻게 대해야 할지 감을 못 잡고 무척 난처해한다. 그래서 그냥 못 본 척하기도 하고, 동정심을 갖고 대하기도 한다. 그러나 둘 다 바람직한 방법은 아니다. 억지스런 태도보다는 자연스럽고, 편안한 마음으로 대하되, 말은 어느 정도 조심해야 한다.

✓ 장애인을 어린아이처럼 대하지 말자. 장애인도 비장애인과 똑같이 아이에서 청소년이 되고, 다시 어른이 된다. 비장애인을 대하듯 똑같이 그들의 나이에 걸맞은 대우를 해줘야 한다.

✓ 자신의 감정과 관심을 솔직히 드러내되, 연민이나 동정을 보이는 것은 좋지 않다. 장애인들도 인생에 대한 나름대로의 행복과 고통을 똑같이 가졌으며, 때로는 비장애인들보다 훨씬 강인하다.

✓ 장애인에 대한 명칭은 꽤 민감한 문제다. 요즘엔 '장애우'라는 단어가 잘 쓰이는 듯 하지만, 아직 까진 '장애인'이란 말이 가장 중립적이고 공식적인 명칭으로 쓰인다. 다만, 장애인이 아닌 사람을 일컬어 '정상인'이라고 부르는 것은 실례. 그 맥락에서는 자동으로 장애인이 '비정상인'처럼 규정되기 때문이다.

✓ 흔히, "휠체어에 몸이 묶여 있으니 얼마나 답답하겠어"라고 말한다. 그러나 지체장애인들은 '묶여' 있지 않다. 휠체어는 구속 수단이 아니라, 장애인의 이동을 돕는 보조물이다.

✓ '절름발이', '소경', '귀머거리', '벙어리', '몽골로이드' 따위의 명칭으로 장애인을 부르는 것은 무식을 드러내는 행동이다. '뇌성마비인', '지체장애인', '시각장애인', '청각장애인', '언어장애인', '다운증후군 장애인'으로 순화해서 불러야 한다.

✓ 장애인에 대한 편견을 버리고, 세심한 배려로 상대방이 특별 취급을 받거나 차별을 받고 있다는 생각이 들지 않도록 연습하자. 장애인을 만나도 용기 있게 대하고, 적극적이면서도 자연스런 태도를 잃지 말자. 어떤 병이 걸렸는지 묻고 싶으면 묻고, 어떤 보조물을 사용하는지 궁금하면 정중하게 물어보자. 평범한 호의와 관심을 거부하거나 퉁명스럽게 대하는 일은 거의 없을 것이다.

나이 드신 어른들과의 대면

노인들은 젊은 사람들에게 완고하게 굴고, 융통성이 없으며, 너그럽지 못하다는 비난을 자주 듣는다. 그 말이 맞을 수도 있다. 그러나, 젊은 사람들이 노인들을 대하는 태도가 비뚤어져 있다는 말이 더 맞을 것이다. 남한테 바라는 그 관용의 정신을, 나이 든 사람은 젊은이에게, 젊은이는 나이 든 사람에게 먼저 발휘한다면 얼마나 좋을까.

✓ 일부만 보고 전체인 양 확대해서 말하지 말자. "요즘 애들 정말 버릇없어"라는 말과 "세상 물정 모르는 못 말리는 구세대들"이라는 말은 둘 다 잘못된 표현이다. 어떤 집단이든 개인마다 천차만별로 다르기도 하거니와, 그 중에는 개방적이고, 사려 깊고, 친절한 사람은 분명히 있게 마련이다.

✓ 누구에게나 살면서 굳어진 습관이라는 것이 있다. 노인들에게 나름대로 갖고 있는 편하고 익숙한 습관을 고치라고 강요하는 것은 무리다.

✓ 젊은 사람 눈에 구식으로 보여도, 나이 든 사람에게는 멋지고 좋아 보인다. 오래된 것, 전통적인 것을 지키는 것은 어찌 보면 노인들의 특권이자 사명이다. 그들의 취향과 사회적 구실을 각별히 존중하자. 젊은 사람도 나이가 들면 그들을 훨씬 더 이해할 수 있을지도 모른다.

✓ 나이 든 사람은 젊은 사람보다 매너와 예절에 더 큰 가치를 둔다. 조금만 신경 써서 말과 행동거지를 예의바르고 정갈하게 하고, 타인을 존중하는 태도를 취한다면, 노인들에게 훨씬 큰 기쁨을 줄 수 있다.

✓ 나이 든 사람은 무조건 구식이라고 생각하지 말자. 젊고 독특한 생각으로 사는 노인은 얼마든지 많다. 이런 사람들까지 싸잡아서 '구세대'라고 통틀어 일컫는 것은 생각 없는 행동이다.

진짜 신사는 나이 든 부인들의 마음에 쏙 드는 행동을 잘 한다. 60세

제8장 사랑한다면 이들처럼

이상의 나이 든 여성들은, 문을 열거나 잡아주고, 외투를 입거나 벗을 때 도와주고, 차 문을 열어주는 일, 인사할 때 정중히 자리에서 일어나는 것이 훌륭한 태도라고 평가했다. 어쩌면 이런 행동은 대개, 몸이 불편하고 힘이 세지 못한 노인들에게 실제적으로 작으나마 도움을 주기 때문인지도 모른다.

아이들과도 지켜야
할 예의

아이들과도 지켜야 할 예의

아이들에 대한 한탄과 걱정은 언제, 어딜 가나 똑같다. 심지어 이집트 피라미드에 새겨진 상형문자나 고대 그리스의 문서에서도 청소년들의 행동거지에 대해 개탄하는 말들이 들어있을 정도니 말이다.

부모, 교사, 삼촌, 이모들이라면 아이들과 치르는 매일의 전쟁을 잘 알 터이다. 학교 갈 시간이 지났는데도 헤어 젤을 찾느라 온 집안을 헤집고 다니고, 잠자리에 들어야 할 시간에 "배고파 돌아가시겠다"며 먹을 것을 해내라고 법석을 떤다. 부모들에겐 하루하루가 위기일발이요 서바이벌게임이다. 하지만 대체 얼마만큼 엄격하게 하고, 얼마만큼 관용을 베풀어야 할까? "너 짜증나게 굴래?"라고 팍 말해버려도 될까? 그래도 된다면, 말투는 어떤 식으로 해야 할까? 부모들은 무수한 의혹과 망설임 속에서 아이들을 키우고 대한다. 아이들이 어른들 때문에 정신적인 스트레스를 받지 않고도 버릇이 잘 들고, 좋은 품성을 지닌 사람으로 자라나게 하려면 어떻게 해야 하는 걸까?

세대차이, 아직도 있나요?

조선시대처럼 엄격한 유교적 교육도, '386세대' 이전의 권위주의적인 부모 세대도 이미 지났다. 지금은 원칙이 없는 원칙의 시대다.

아이들은 스트레스 제조기?!

6살짜리가 계속 딸꾹질을 해대면서도 사탕을 물고 있으면 이것을 빼앗아야 할까, 그냥 놔두어야 할까? 초등학교 일 학년짜리가 반 친구에게 "씹새야, 잘 잤냐"라고 인사를 하면 선생은 그걸 보고 어떻게 해야 할까?

어른들은 아이들이 문제를 일으키면 감정 내키는 대로, 아니면 어디선가 배운 대로 반응을 취한다. 이렇게 하라, 저렇게 하라고 정해주고, 의견을 말해주고, 어느 정도 자유와 결정권도 내어준다. 어떻게 보면 요즘 어른은 아이들의 제일 친한 친구 같은 존재다. 지금처럼 아이들 키우기가 힘들었던 적은 없을 것이다. 하지만 어떻게 하든지 간에, 우리 행동은 거의 틀린 행동들이다.

어른인 부모들도 자신들이 늘 틀릴 수 있다는 것을 인정해야 한다. 교육의 최우선 조건은, 자기 아이들의 잘못과 불완전함을 있는 그대로 받아들이는 것이다. 아이들에 대한 책임감을 잃지 않고, 좀더 여유를 갖고, 아이들이 뭔가 잘못을 저질렀을 때 어른한테도 그 원인이 있다는 것을 깨닫는다면 교육 자체의 어려움이 놀랄 만큼 줄어들 것이다. 아이들에게는 분명 적지 않은 권리가 있다. 하지만 그에 못지않은 의무도 많다는 것을 일깨워주는 것은 부모와 교사들이 해야 할 몫이다.

✓ 부모들은 왜 학교에 가야 하는지 아이들을 똑바로 이해시켜야 한다. 하지만 성적이 좋다고 해서 반드시 누구나 행복하게 사는 것은 아니라는 점을 분명히 해주어야 한다. 성적이 낮은 사람이나, 학교를 그만둔 사람도 나중에 크게 출세하기도 한다는 점을 감춰서는 안 된다.

✓ 아이의 의견과 개성을 수용하되, 자기 기준도 버리지 않는다. 또한 부모도 아이한테서 얼마든지 배울 점이 있다는 것과, 어른들이 늘 백 퍼센트 옳은 것만은 아니라는 점을 잊지 말자.

✓ 아이가 의견을 개진하면, 그것이 실행되게끔 도와준다. 자기한테 가장 좋고 알맞은 것은 자신이 가장 잘 알기 때문이다.

✓ 아이들은 어른들의 말과 행동을 의심할 권리도 있고, 그것을 거부할 권리도 있다. 그러면서 자의식도 생긴다. 아이는 결코 부모의 복사판이나 로봇이 아니다.

✓ 아이들도 거짓말할 수 있다. 어른들도 '사회성' 운운하면서 잘만 써먹는데, 아이들이라고 하지 말란 법은 없다.

✓ 언제나 착하고 얌전할 필요도 없다. 아무리 말썽꾸러기라도 커서 현명한 어른이 되기도 하고, 그 반대의 경우도 다반사다.

✓ 학교에 들어가기 전의 어린아이들은, 말도 안 되는 떼를 쓰기도 한다. 그런다고

한 권으로 끝내는 비즈니스 매너

무조건 아이를 혼내기만 해서는 안 된다. 그러면서 자신의 의지를 관철시키는 법, 남을 배려하는 법, 참을성을 기르는 법을 배운다.

아이들과 이런 대화를 하자

어떤 부모들은, 경쟁과 약삭빠른 행동이 더 대접받는 이 사회에서 아이들에게 그래도 너는 다른 사람을 배려하고 친절해야 하며, 예절을 지켜야 한다고 가르치는 것이 과연 잘하는 짓일까 회의를 품기도 한다. 정말 배려심이나 예의가 오히려 경쟁에서 뒤쳐지는 이유가 될까? 냉혹하고 거친 인간 관계는 이제 일상이 되어버렸다. 지난 몇십 년 동안 당연하다고 생각해 온 교육의 관점을 이제 다시 점검해야 할 시간이다.

관용의 정신

관용은 얼마간의 극기와 의지가 필요한 덕목이다. 타인과 마찬가지로 자신도 존중할 줄 알아야 한다는 것을 아이들에게 일깨워주자. 외모, 나이, 피부색, 종교, 출신, 계층에 상관없는 인간으로서의 권리가 모든 이에게 있음을 잊지 않게 한다. 한 사람 한 사람은 각자 고유한 성격과 가치를 지닌 개인이며, 다른 이들로부터 대접받을 권리가 있다.

낯선 사람들뿐만 아니라 가족, 친구, 스스로에 대해서도 마찬가지다. 자기 존중과 관용은, 어설픈 완벽주의보다 훨씬 중요한 성품이다.

책임감

되도록 일찍부터 스스로의 인생에 대한 책임을 지는 법을 알려주자. 그것을 빨리 깨달을수록 청소년이 되어서도, 또 어른이 되어서도 확실한 책임 의식을 갖는다. 부모는 아이가 완전히 혼자서는 문제를 해결할 수 없을 때에만 뒷받침을 해준다. 아이가 직접 결정을 하지 못하게 하거나 모든 상황에서 도움의 손길을 제공하면, 자꾸 의존하려 들고 혼자서 아무것도 못하는 사람이 되고 만다.

✓ "학교 가기 싫어!" : 부모가 "좋아, 하지만 그렇게 되면 오늘 공부하는 내용을 놓치게 되고, 그것을 따라잡으려면 스트레스가 만만찮을걸"이라고 말해보라. 아마 마음을 고쳐먹고 가방을 들고 집을 나서는 아이도 꽤 있을 거다.

✓ "아무것도 하기 싫어" : 자기 내면과 맞닥뜨리고, 기분을 조절하는 법을 배우게 한다. 거울을 보고 한번 빙그레 웃어보라고 하자. 다정한 얼굴을 보면 기분도 훨씬 나아지고, 의욕도 생긴다.

✓ "텔레비전이랑 컴퓨터 좀 자정까지 하게 해줘!" : 무조건 안 된다고 다그치는 것이 능사는 아니다. 차라리 이성적으로 설득하는 게 낫다. "그래 그럼 재미는

영리한 강아지의 책임감

심지어 개들한테서 책임감을 배울 수도 있다. 내가 키우는 개 맥스는 5킬로그램밖에 나가지 않는 요크셔 테리어 종이다. 줄에 매여 있을 때는 싸움꾼처럼 덩치 큰 개들한테도 시비를 붙인다. 하지만 풀어놓으면 상대의 이모저모를 꼼꼼히 살펴보기도 하면서 신중에 신중을 기한다. 주인과 연결된 끈이 없으면 그만큼 개도 조심을 하게 되고, 자기 스스로에 대한 책임감이 커지는 것이리라.

있겠지. 하지만 다음날 졸려서 어떻게 하려고 그래? 잘 쉬고 난 다음에야 아침을 상쾌하게 시작할 수 있는 거야."

신뢰감

아이들에게는 부모를 완벽하게 믿고 따를 수 있다는 확신이 있어야 한다. 믿음은 자아를 단단하게 해주고 자의식도 깨우쳐준다. 서로 간의 신뢰는 정직하고 곧은 말과 행동을 이끈다. 또, 엄마 아빠가 얼마나 서로를 믿는가에 따라, 아이의 성품도 달라진다. 배우자끼리 사사건건 감시하고 통제하는 부모는 아이들한테도 비슷하게 행동한다. 그런 분위기에서 신뢰감이 자라난다는 것은 거의 불가능하다.

배려심

전철이나 버스에서 옆 사람에게 방해가 될 만큼 크게 음악을 틀어놓고 이어폰으로 듣는 청소년들이 많다. 큰 소리로 떠들거나, 다리를 꼬는 아이도 있다. 휴대폰은 큰 소리로 울리고, 통화 목소리 때문에 정신이 나갈 정도다. 껌 씹는 소리는 또 어떤가. 나이 든 어른이 탔는데도 노약자 석에서 일어날 줄을 모른다. 꼬마들은 쉴 새 없이 다리를 흔들어 서 있는 승객의 바지에 흙을 잔뜩 묻혀 놓거나, 앞좌석 등을 계속 발로 차기도 한다.

이쯤이면 어른들의 인내도 한계에 도달한다. 다른 사람에 대한 기본적인 예의와 배려는 어떤 상황에서든 생략될 수 없는 덕목이며 의무다. 아이들은 이 세상에 저만 사는 것이 아니며, 자기 때문에 남들이 피해를 입어서는 안 된다는 것을 빨리 깨우쳐야 한다. 밖에서뿐만 아니라, 집안에서 가족한테도 배려하는 마음을 가져야 한다.

특히, 도움을 필요로 하는 나이 드신 어른들, 임산부, 아이를 데리고 있는 어머니, 장애인에 대해서도 배려심을 키우도록 타이른다. 다만, 어린 학생이라 할지라도, 진짜 배려심이란 섬세한 관찰력과 분별력이 수반되어야 함을 배우게 한다. 지하철을 타고 갈 때, 노동에 지친 피곤한 50세 아주머니와, 혈색 좋고 멋지게 치장한 건장한 할머니 중에서 누구한테 자리를 양보해야 할지 정도는 구분할 줄 알아야 한다.

자립심

어렸을 때부터 자기 물건은 자기가 정리 정돈하게 하자. 특히 학교에 들어가면 모든 학용품과 준비물을 스스로 챙기게 하고, 입은 옷을 내놓고 깨끗한 옷은 옷장에 정리하는 법도 가르친다. 급할 때는 스스로 속옷이나 양말도 빨게 하고, 초등학교 이상이 되면 세탁기 작동 법을 알려줘도 괜찮다. 식탁 차리기나 설거지, 쓰레기 봉투 정리, 신발장 정리, 애완 동물에게 먹이 주기 따위를 맡아서 책임지도록 하는 것도

한 권으로 끝내는 비즈니스 매너

의무감을 향상시키는 데 좋은 방법이다. 아이들은 자기 혼자서도 뭐든 할 수 있다는 걸 보여주고 싶어한다. 언제까지나 '아이' 취급을 하면 자립심이 떨어진다.

부모가 옆에서 지켜보는 조건으로, 부엌에서 요리와 설거지를 시켜 보면 무척 즐겁게 따라할 것이다. 꽃에 물도 주고, 우편함을 확인하고, 동생을 돌보는 일은 다른 사람을 돕는 마음씨도 배우게 한다. 하지만 심부름을 했다고 돈을 주거나, 그때마다 보상물을 제공하는 것은 바람직하지 못하다. 다만, "고맙다, 수고했다"라는 진심 어린 칭찬이면 충분하다.

돈 다루는 법 배우기

집안에서 돈만큼 자주 다툼의 원인이 되는 것도 없을 것이다. 어릴 적부터 돈의 개념과 가치, 중요성을 깨닫고 스스로 책임 있게 관리하

지갑을 열어요

아들이 12살일 때, 내가 곧잘 용돈 주는 날을 까먹어서 우리는 자주 실랑이를 벌였다. 그래서 나는, 남편과 나 사이에 금전 문제를 하나도 남김없이 공개하자고 한 규칙을, 아이한테도 똑같이 적용하기로 마음먹었다. 돈이 필요하면 필요한 만큼 지갑에서 가져가도 좋다고 허락을 한 것이다. 그리고 정말 효과가 있었다. 아이는 단 한 번도 그 상황을 이용해서 돈을 많이 챙기지도 않았고, 돈에 대한 책임감과 절약하는 태도를 배웠다. 때로는 아이의 자율성에 완전히 내맡겨 보는 것도 나쁘진 않을 듯하다.

는 법을 가르치자. 통장을 만들어주고, 저축하는 것을 도와주자. 또 영수증 정리, 공과금 납부, 가계부 쓰기를 도와주게 하는 것도 좋다. 아이가 돈에 대한 책임감을 더 확실하게 갖게 될 것이다.

옷이 날개다?!

어른들처럼 아이들도 자기만의 취향이란 게 있다. 물론, 학교 들어가기 전의 아동들은 부모가 옷을 골라서 입혀줘야 하겠지만, 그 이후에는 스스로 선택하게 해야 한다. 무엇을 입느냐에 따라 그 사람의 성품과 행동이 드러나고, 정해지기 때문이다. 학교에서 교복을 입는 것 말고는, 유행도 따라 해보게 하고 자기한테 맞는 스타일을 찾을 기회를 줘보자.

다만, 때와 장소에 맞게 옷을 입는 법이 필요하다는 것도 알려줄 필요가 있다. 친척 어른의 환갑 생신에 구멍 난 청바지나 운동화를 신어서는 안 된다는 것을 차근차근 얘기한다.

청결한 몸에 청결한 마음이

지저분한 아이보다 깨끗하고 단정한 아이가 친구들 사이에 인기도 많다. 사춘기가 되면 몸에 이런저런 변화가 오고, 호르몬 분비가 달라지며 신진대사도 활발해지므로 몸 손질도 더 세심하게 해야 한다. 땀 냄새가 나지 않게 자주 씻고, 머리도 자주 감게 한다.

아이들이 잘 씻지 않으려 할 때는 부모가 솔선수범을 보인다. 그래도 효과가 없으면, 함께 버스나 전철을 탔을 때 몸에서 냄새가 나는 사람이 있으면, 그 사람이 얼마나 다른 사람들에게 피해를 주는지 조용히 지적해 주는 것도 좋다.

　목욕도 잘 안 하면서 향수를 뿌린다든지, 때 낀 손톱을 매니큐어로 가린다든지, 이를 닦지 않아 입 냄새가 난다든지 하는 일이 얼마나 창피한 것인지 수시로 알려준다. 말을 듣지 않으면 어느 정도 강제로 교육시키는 것도 괜찮다.

우아하게 먹는 법

　꼬마일 때부터 어른과 식사를 하면서 식탁 예절을 교육받은 아이들은 어디를 가서도 착한 모습으로 밥을 먹는다. 가끔 몇 코스나 되는 서양식 요리, 상다리 부러지게 차려놓은 한정식을 앞에 놓고도 눈도 깜짝 안 하고 얌전하고 조용히 온갖 음식을 떠먹고, 꺼내 먹고, 빨아먹는 아이들을 보면 참 감탄스럽다.

　가족과 함께 식사할 때는 자연스럽게 식탁 예절을 배우는 좋은 기회다. 물론 어른들부터 올바르게 처신하는 법을 잘 알고 있어야 한다. 가족이 다 함께 식사할 때는 '우리' 라는 인식이 강해지며, 나 아닌 남에 대한 배려가 직접 드러난다.

　다른 사람과 밥을 먹을 때는 함께 시작해서 비슷하게 끝내는 습관을 들이게 하자. 밥을 먹으면서 휴대폰 통화를 하거나 TV를 보지 못하게 한다. 무엇보다도 아이들과 함께 식사하는 것을 하루 일과로 정해놓고, 어른들도 제때에 맞춰 밥상에 앉도록 노력해야 한다.

✓ 음식을 먹는 장소와 분위기에 따라 매너가 달라진다는 것을 보여준다. 맥도날드 햄버거 가게에서 먹을 때와 아늑한 식당에서 외식을 할 때는 당연히 지켜야 할 몸가짐이 다르다.

✓ 학교에 들어가기 전의 아동은 한시도 가만히 있지 못한다. 그런 아이더러 시간이 오래 걸리는 식사를 하는 내내 얌전히 있으라고 하는 것은 무리한 주문이다. 그럴 땐 "밥하고 국만 다 먹으면 움직여도 좋아"라는 식으로 조건을 다는 것도 좋다. 아이를 무조건 억누르면 즐거운 식사가 고통으로 여겨질 것이다.

✓ 식사하는 모습도 멋질 수 있다는 것을 보여준다. 입맛을 다신다거나, 후루룩대거나, 숟가락으로 마구 휘젓고 접시에 입을 대고 핥는 사람 대신, 우아하고 깔끔하고 조용히 식사하는 사람이 멋쟁이라는 것을 깨닫게 한다.

✓ 밥을 먹다가 실수로 무언가를 엎지르거나 흘렸을 때, 침착하게 해결하는 방법을 가르친다. 실수를 지나치게 두려워하면, 다른 사람과 식사를 할 때의 즐거움을 여유 있게 즐기지 못한다.

✓ 식탁에 있는 것을 다 먹게 하지 말자. 양껏 먹게 하되, 무작정 싫증내는 태도는 없애도록 만든다. 일정한 양을 정해두고, 그것까지는 다 먹겠다고 약속을 시킨다. 어린이용 탁자를 따로 마련해서, 거기 놓인 적당량의 밥과 반찬을 책임지고 먹고, 그릇을 개수대에 옮겨놓는 것까지 훈련하면 더 좋다.

✓ 손가락으로 먹어도 되는 때가 언제인지 자세하게 가르쳐준다. 과자, 감자튀김, 야채 쌈, 김 따위는 손으로 먹어야 하지만, 다른 밥과 반찬은 반드시 수저로 떠먹게 한다. 국그릇을 입에 대고 후루룩 마시는 것은 집안에서나 하는 일이라는 것도 귀띔해 준다.

초등학교 3, 4학년이 되면 어른과 비슷한 예의를 지키도록 요구해도 괜찮다. 밖에서 외식을 할 때는 함부로 자리에서 일어나 돌아다니지 못하게 하고, 상에 흘리지 않게 주의시킨다. 사춘기가 되면 어른들과 외식하는 것을 불편해 하는 아이들이 많다. 그럴 땐 너무 강요하지 말자. 가족이 모두 참여해야 하는 자리가 아니라면 아이들의 자유 의사에 맡기는 것이 좋다.

바른 말, 고운 말

"나쁜 놈", "병신", "씨　", "　끼", "졸　" ……. 아이들 입에서 나오는 욕의 종류에는 한도 끝도 없다. 그런 말을 쓸 때마다 일일이 못 하게 하면, 아이들은 더 재밌어하면서 여러 가지 응용까지 더해 자주 욕설을 사용한다. 어른들도 분명 욕을 쓴다. 그러면서 기분이 더 나아지고, 시원해질 때가 있지 않은가. 아이들한테만 금지시키는 것은 조금 이기적인 행동이라는 생각이 든다. 잠깐씩 "젠장", "재수 없어" 정도는 하게 내버려두는 게 낫다.

다만, 지나치게 심한 욕을 하거나 횟수가 많아지면 당연히 입버릇을 고치게 해야 한다. 말이 거칠어지면, 당연히 행동과 마음도 거칠어진다. 욕을 할 때는 마음속의 울분을 짧게 토하는 정도에서 그치도록 유도하자. 남을 모욕하거나 위협하기 위해서, 혹은 순전히 나쁜 버릇 때문에 욕을 하는 것은 철저히 금지시켜야 한다.

자 다 됐다, 얘들아. 아빠가 직접 만든 식물성 커틀릿, 건강 감자튀김, 그리고 정원에서 가꾼 토마토로 만든 유기농 케첩이란다.

쳇, 식물성 커틀릿 재수 없어, 건강 감자튀김 재수 없어, 유기농 토마토 케첩 재수 없어! 커틀릿, 감자튀김, 케첩, 마요네즈를 줘!

제9장 아이들과도 지켜야 할 예의

1318을 위한 매너 가이드

초등학교에 들어가면 다른 사람을 대하는 방법을 체계적으로 배운다. 그러다가 사춘기가 되면 당사자와 부모가 모두 약간 더 까다롭고 힘든 시기를 보낸다. 이때 가장 중요한 것은, 스스로에 대한 의식을 일깨우는 것이다. 다른 사람의 행동이나 상황을 보고서 자신의 말과 행동이 어떤 파급 효과를 갖는지 끊임없이 시험해 보는 시기가 이때다. 자기가 정중하게 대하면 주변 사람들도 정중해지며, 자신이 잘못을 하면 상대방도 나쁘게 나온다는 것을 배운다. 청소년은 그러면서 환경과

천 개의 거울이 있는 사원

천 개의 거울이 있는 사원이 있었다. 어느 날 개 한 마리가 이 사원에 들어왔다. 천 개의 거울이 있는 큰 방에 들어섰을 때, 천 마리의 개가 그 개를 쳐다보았다. 개는 털을 곤두세우고, 무섭게 으르렁거렸고, 이빨을 드러냈다. 그러자 개 천 마리도 똑같이 털을 곤두세우고, 무섭게 으르렁거리며 이빨을 드러냈다. 개는 꼬리를 내리고 사원을 빠져나가면서 이렇게 생각했다. 세상에는 온통 이빨을 드러내고 으르렁거리는 무서운 놈들만 가득하다고.

또 다른 개가 천 개의 거울이 있는 방에 들어갔다. 그리고 똑같이 개 천 마리가 자기를 쳐다보는 것을 발견했다. 그러자 그는 친구들이 반가워 꼬리를 흔들고 팔짝팔짝 뛰어다니며, 자기와 같이 놀자고 말을 걸었다. 그러자 개 천 마리도 꼬리를 흔들고 팔짝팔짝 뛰어다니며 자기랑 놀고 싶어했다. 개가 사원 문을 나설 때, 이렇게 생각했다. 방금 나는 천 마리의 친구를 얻었다고.

자아의 상호 작용을 몸으로 경험할 것이다.

아이들은 시간이 지나면서 차츰 어른들이 하는 예법과 행동거지를 비슷하게 따라한다. 따라서 어른들과의 관계가 돈독할수록, 성인이 되는 과정도 큰 무리 없이 치를 수 있다. 청소년기부터 타인과 원만하게 지내는 방법을 차근차근 익힌 사람은 직업에서든, 일상 생활에서든 그렇지 않은 사람보다 훨씬 유리한 위치에서 시작할 것임에 틀림없다.

나 좀 놀다 올게요!

아이들은 최대한 '쿨' 하고, 최대한 앞서 가는 스타일로 놀고 싶어한다. 힙합 리듬에 맞춰 신나게 몸을 흔들고, 부모들의 눈에는 '거지 패션' 으로 보이는 옷을 입고서라도 무지하게 튀고 싶다. 아이가 밖으로 놀러 나갈 때는 부모와 아이 사이에 신뢰가 전제되어야 한다.

어디서 언제까지 놀 건지 정확하게 말하게 하고, 그것을 지키라고 요구하자. 다만, 요즘 아이들이 가는 파티는 어른들이 집에 들어올 시간까지도 끝나지 않는 경우가 많다. 아니, 심지어 그 시간에 시작하는 파티도 많다. 얼마간 재량권을 주는 것도 좋지만, 청소년들이 밤에 집 바깥에서 노는 것은 법적으로도, 사회적으로도 위험한 일이므로 지나치다 싶으면 제동을 걸어야 한다.

다음은 한국 〈청소년보호법〉에 나와 있는 규정으로 참고할 만하다.

청소년보호법 제2조 (정의) 중에서

5. "청소년 유해업소"라 함은 청소년의 출입과 고용이 청소년에게 유해한 것으로 인정되는 다음 가목의 1에 해당하는 업소(이하 "청소년

출입·사용 금지 업소"라 한다)와 청소년의 출입은 가능하나 고용은 유해한 것으로 인정되는 다음 나목의 1에 해당하는 업소(이하 "청소년 고용 금지 업소"라 한다)를 말한다. 이 경우 그 업소의 구분은 그 업소가 영업을 함에 있어서 다른 법령에 의하여 요구되는 허가·인가·등록·신고 등의 여부에 불구하고 실제로 이루어지고 있는 영업 행위를 기준으로 한다.

가. 청소년 출입·고용 금지 업소

(1) 식품위생법에 의한 식품접객업 중 대통령령으로 정하는 것

(2) 음반·비디오물 및 게임물에 관한 법률에 의한 비디오물 감상실업 및 동법에 의한 노래연습장업 중 대통령령으로 정하는 것

(3) 체육 시설의 설치·이용에 관한 법률에 의한 무도학원업, 무도장업

(4) 사행 행위 등 규제 및 처벌특례법에 의한 사행 행위 영업

(5) 전기 통신 시설을 갖추고 음란 폭력적인 내용의 전화 통화를 할 수 있도록 하게 하거나 음란 폭력적 행위를 매개하는 영업

(6) 제2조 제3호 및 제4호의 규정에 의한 청소년 유해 매체물, 청소년 유해 약물 및 물건을 제작·생산·유통하는 영업 등 청소년의 출입과 고용이 청소년에게 유해하다고 인정되는 영업으로서 대통령령이 정하는 기준에 따라 청소년보호위원회가 결정하여 고시한 것

나. 청소년 고용 금지 업소

(1) 식품위생법에 의한 식품접객업 중 대통령령으로 정하는 것

(2) 공중위생관리법에 의한 숙박업, 이용업, 목욕장업 중 대통령령으로 정하는 것

(3) 음반·비디오물 및 게임물에 관한 법률에 의한 음반 판매업, 비디오물 판매업, 비디오물 대여업 및 동법에 의한 게임 제공업 중 대통령령으로 정하는 것

(4) 담배사업법에 의한 제조 담배의 소매업

(5) 유해화학물질관리법에 의한 유독물 제조업·판매업 및 취급업

(6) 회비 등을 받거나 유료로 만화를 대여하는 만화 대여업

(7) 제2조 제3호 및 제4호의 규정에 의한 청소년 유해 매체물, 청소년 유해 약물 및 물건을 제작·생산·유통하는 영업 등 청소년의 고용이 청소년에게 유해하다고 인정되는 영업으로서 대통령령이 정하는 기준에 따라 청소년보호위원회가 결정하여 고시한 것

"유통"이라 함은 매체물 또는 약물 등을 판매(가두 판매·자동판매기·통신 판매 등을 포함한다. 이하 같다), 대여, 배포, 방송(종합 유선 방송을 포함한다. 이하 같다), 공연, 상영, 전시, 진열, 광고하거나 시청 또는 이용에 제공하는 행위와 이러한 목적으로 매체물 또는 약물 등을 인쇄·복제 또는 수입하는 행위를 말한다.

"청소년 폭력"이라 함은 폭력을 통해 청소년에게 신체적·정신적 피해를 발생하게 하는 행위를 말한다.

제3조 (가정의 역할)

청소년에 대하여 친권을 행사하는 자 또는 친권자를 대신하여 청소년을 보호하는 자(이하 "친권자 등"이라 한다)는 청소년이 청소년 유해

매체물과 청소년 유해 약물 등 및 청소년 유해 업소 · 청소년 폭력 · 학대 등(이하 "청소년 유해 환경"이라 한다)에 접촉이나 출입을 못하도록 필요한 노력을 하여야 하며, 청소년이 유해한 매체물과 유해한 약물 등을 이용하고 있거나 유해한 업소에 출입하고자 하는 때에는 이를 즉시 제지하여야 한다. 〈개정 1999. 2. 5〉

제4조 (사회의 책임)

① 누구든지 청소년이 청소년 유해 환경에 접할 수 없도록 하거나 출입을 못 하도록 노력하여야 하고, 청소년이 유해한 매체물과 유해한 약물 등을 이용하고 있거나 청소년 폭력 · 학대 등을 행하고 있음을 안 때에는 이를 제지 · 선도하여야 하며, 청소년에게 유해한 매체물과 약물 등이 유통되고 있거나 청소년 유해 업소에 청소년이 고용되어 있거나 출입하고 있음을 안 때, 또는 청소년 폭력 · 학대 등으로부터 피해를 입고 있음을 안 때에는 제21조 제3항의 규정에 의한 관계 기관 등에 신고 · 고발하는 등 청소년 보호를 위하여 필요한 노력을 하여야 한다. 〈개정 1999. 2. 5〉

② 매체물과 약물 등의 유통을 업으로 하거나 청소년 유해 업소의 경영을 업으로 하는 자와 이들로 구성된 단체와 협회 등은 청소년 유해 매체물과 청소년 유해 약물 등이 청소년에게 유통되지 아니하도록 하고 청소년 유해 업소에 청소년을 고용하거나 출입하지 못하도록 하는 등 청소년 보호를 위하여 자율적인 노력을 다하여야 한다.

(이하 생략)

부모가 법적인 규정을 일러줄라 치면, 으레 아이들은 동정을 구하는 듯한 표정을 지으며 봐달라고 할 것이다. 하지만 부모는 아이들의 보호자이며 안전에 대한 책임이 있다. 위험한 일에 대해서는 다소 엄격한 태도를 취하며 귀가 시간을 잘 지켜줄 것을 강요할 권리가 있다. 그리고 이때 필요한 것이 바로 서로에 대한 신뢰와 책임감이다.

보호자는 어떤 사람인가?

√ 청소년에 대하여 친권을 행사하는 자 또는 친권자를 대신하여 청소년을 보호하는 자.

√ 친권자, 후견인, 아동을 보호·양육·교육하거나 그 의무가 있는 자 또는 업무·고용 등의 관계로 사실상 아동을 보호·감독하는 자.

인생 적신호. 술, 담배, 마약

멋있다고, 심심하다고, 남들이 피운다고 담배를 입에 무는 청소년들이 많아졌다. 성장기 청소년들의 건강에 큰 해를 끼치는, 백해무익한 이 기호품에 빠지지 않도록 하려면 어떻게 해야 할까? 우선, 집안에서 담배를 피우는 어른이 없어야 한다. 술도 마찬가지다. 어른들이 먼저 담배를 피우고, 술을 마시면서 아이더러 당장 끊으라고 명령하는 것은 하나 마나 한 짓이다.

물론 부모가 술과 담배를 입에 대지 않는다고 해서 위험이 전혀 사라지는 것은 아니다. 금지된 것은 언제나 가장 매혹적으로 느껴지게 마련이다. 아이에게 술과 담배가 주는 위해를 설명하는 것도 좋지만, 법적으로도 통제를 받는다는 사실을 인지시킨다. 그것을 어기면 본인은 물론, 부모도 함께 법적인 처벌을 받기 때문에 큰 문제가 발생한다는 점을 명확히 알려주는 것이 필요하다. 아래 법조문에서도 볼 수 있겠지만, 한국에서는 만 19세가 되는 해의 1월 1일부터 성인으로 간주하므로, 청소년의 기준은 만 18세가 되는 해의 12월 31일까지인 사람을 말한다.

술과 담배, 약물에 대한 〈청소년보호법〉의 규정을 살펴보면 다음과 같다.

"청소년"이라 함은 19세 미만의 자를 말한다.

다만, 만 19세에 도달하는 해의 1월 1일을 맞이한 자를 제외한다.〈시행일 2001. 8. 25〉

"청소년 유해 약물 등"이라 함은 청소년에게 유해한 것으로 인정되는 다음 가목의 1에 해당하는 약물(이하 "청소년 유해 약물"이라 한다)과 청소년에게 유해한 것으로 인정되는 다음 나목의 1에 해당하는 물건(이하 "청소년 유해 물건"이라 한다)을 말한다.

가. 청소년 유해 약물
(1) 술
(2) 담배
(3) 향정신성의약품관리법의 규정에 의한 향정신성 의약품
(4) 마약법의 규정에 의한 마약
(5) 대마관리법의 규정에 의한 대마
(6) 유해화학물질관리법의 규정에 의한 환각 물질
(7) 기타 중추신경에 작용하여 습관성, 중독성, 내성 등을 유발하여

인체에 유해 작용을 미칠 수 있는 약물 등 청소년의 사용을 제한하지 아니하면 청소년의 심신을 심각하게 훼손할 우려가 있는 약물로서 대통령령이 정하는 기준에 따라 청소년보호위원회가 결정하여 고시한 것(이하 생략)

자의식이 강한 아이일수록 술이나 담배보다는 다른 곳에 돈과 시간을 쓰는 것이 현명하다는 지적을 잘 받아들일 것이다. 또, 일단 중독이 되면 끊고 싶어도 상당한 노력과 시간을 기울여야 한다는 점도 함께 얘기해주면 좋겠다.

아이와 한 번쯤은 약물에 대해 이야기를 나눠보는 일도 필요하다. 위험하게 들릴지 모르지만, 아이가 혹시라도 약물과 접할 기회가 있을 거라고 생각이 들면 "시험 삼아 딱 한 번만" 해보고 그 다음부터는 하지 말라고 말해보자. 절대로 안 된다는 말은 아이의 호기심을 자극한다. 하지만, 자신의 의지와 재량에 모든 것이 달려 있고, 스스로의 몸과 인생에 책임을 지어야 한다는 생각이 들면 마음가짐이 달라질 것이다. 아이를 훈계하는 것이 아니라, 이성적으로 대화해야 함을 항상 명심하자.

3060을 위한 매너 가이드

아이들한테도 자기 혼자만의 사생활을 보장받아야 할 권리가 있다. 낳아준 부모라고 해서 정당한 이유도 없이 아이들의 영역을 침범해서

제9장 아이들과도 지켜야 할 예의

는 안 된다.

✓ 문이 닫혀 있는 아이 방에 들어갈 때는 잠깐이라도 노크를 해야 한다.
✓ 화장실, 욕실을 아이가 사용할 때는 같은 성별을 가진 부모라도 들어가는 것을 삼간다.
✓ 책가방과 책상 서랍은 함부로 열어보지 않는다. 미리 동의를 얻었을 때와 아주 급한 경우에만 예외가 가능하다. 아이에게 문제가 생겼을 때는 몰래 뒤져보는 것보다는 터놓고 이야기하는 것이 더 현명하다.
✓ 아이의 휴대폰에는 온갖 정보가 담겨 있다. 친구들이 보낸 문자 메시지하며, 이런저런 이름과 전화번호, 메모 따위가 잔뜩 들어있다. 아이의 생활을 들여다볼 수 있는 결정적 단서인 것만은 확실하지만, 그렇다고 허락도 없이 휴대폰을 열어보지 말자. 아이는 금방 감시 받는다고 여기고 거부 반응을 일으킬 것이다. 휴대폰 요금이 너무 많이 나오거나, 집 전화기를 너무 오래 붙들고 있어서 다른 식구들이 사용하는 데 지장이 생긴다면 얼굴을 마주보고 문제를 해결해야 한다. 요금 한도를 정해주거나, 사용 시간을 제한하고 그것을 준수할 것을 약속하게 한다.

성인 자녀와 사는 법

어느 정도 나이가 들어서도 계속 부모들 품을 벗어나고 싶어하지 않는 젊은이들이 많다. 어렸을 때부터 응석을 받아주고, 집안 일이나 심부름도 거의 해본 적이 없으며, 부모가 빨래나 청소, 요리를 도맡아 해주는 '서비스'를 받고 자라났기 때문이리라.

책임감 있는 사람이라면 부모 못지않게 일을 분담하고, 독립적으로 생활하는 법을 익혀야 한다. 그래야만 함께 사는 생활이 어느 한쪽, 특히 부모에게만 부담으로 다가오지 않는다.

√ 자녀가 성인이 되었는데도 몇 시에 어디서 무얼 하는지 꼬치꼬치 캐묻고 감시하는 태도는 적절하지 않다.

√ 전화, 우편, 인터넷 등의 통신 생활에 간섭해서는 안 된다.

√ 다만, 아주 늦을 경우에는 미리 전화를 주고, 여행을 떠날 때도 대강의 행선지와 일정을 알리도록 한다.

√ 생활비는 공동으로 부담하게 한다. 부모 자식간이라도, 성인인 자녀를 언제까지고 '공짜로' 먹여주고 재워줄 수는 없다. 일부러라도 생활비를 내게 하는 것이 경제 개념을 확실하게 갖게 하는 데 도움이 된다.

√ 결혼한 자녀 부부가 함께 산다면, 집안 일을 더욱 공평하게 분담해야 한다.

√ 자녀가 손님을 데리고 올 때나 집에서 재울 때는 반드시 미리 알리도록 해야 한다. 아침에 낯선 사람이 욕실에 있거나 식탁에 앉아 있는 것을 보는 것은 과히 기분 좋은 일은 아니다.

√ 아무리 너그럽게 봐준다고 해도, 냉장고에 있는 식료품이나 그 밖의 집안 물건을 온통 친구들에게 퍼다 나르는 일은 용납하지 말자.

√ 그 밖에 다른 식구들의 생활을 방해하는 모든 행동은, 어렸을 때보다 훨씬 더 엄격하게 제한하는 것이 좋다. 음악을 크게 틀어놓거나 사람들을 불러 밤새 술을 마신다면 곧바로 이의를 제기하고, 공동체의 일원으로서 책임감 있는 행동을 요구한다.

여행, 또 다른 매너의 시작

- 가방, 어떻게 싸야 잘 쌌다고 소문이 날까?
- 낯선 나라, 낯선 규칙
- 무엇보다 안전이 최고

제 10 장

여행, 또 다른 매너의 시작

일년에도 수백 번씩 일 때문에 비행기를 타고, 기차를 타는 사람들은 여행이라는 것이 일상이 되어 지겹겠지만, 그렇지 않은 사람들에게는 하나의 즐거움일 수 있다. 집을 떠나 낯선 곳으로 떠나는 여행의 설렘을 모르는 사람이 있을까? 특히 평소부터 꿈 꿔왔던 해외 여행을 드디어 실천하는 사람이라면 가슴이 두근거리고, 마음은 새로운 모험에 대한 기대로 잔뜩 부풀어오를 것이다. 그러나, 낯선 나라에는 낯선 규범과 질서가 존재하는 법. 게다가 여행을 떠나기 전에 가지고 가야 할 온갖 '잡동사니' 도 제대로 챙겨야 한다. 이제부터 하나부터 열까지 차근차근 준비를 시작해 보자.

가방, 어떻게 싸야 잘 쌌다고 소문이 날까?

최대한 옷이 망가지지 않고 무사히 목적지까지 도착하는 것이 우리의 목표다. 옷을 잘 접어 넣으면, 오랜 시간이 지나도 구겨지지 않은 채 꺼내 입을 수 있다. 출장을 가는 사업가나 직장인들은 잘 알아두면 유용하게 써먹을 수 있다.

셔츠 : 단추를 다 잠그고 등 쪽으로 뒤집어 펼쳐놓는다. 왼쪽과 오른쪽 옆구리를 등판 쪽으로 수직으로 접는다. 이때 접은 선과 칼라 사이의 폭은 손가락 두 개의 두께 정도면 된다. 양 소매를 한번 바깥으로 꺾어, 접은 옆선 위에 포개 놓는다. 셔츠의 총 길이를 3등분하여 세 번 올려 개킨다. 앞으로 뒤집어 전체적인 모양을 반듯한 직사각형으로 만든다. 트렁크에 여러 개의 셔츠를 포개 넣을 때는 맨 아래부터 칼라 방향을 번갈아 가며 겹쳐 올린다.

윗저고리 : 단추는 열어놓는다. 오른쪽 어깨를 뒤집어 안쪽 솔기가 바깥으로 드러나게 한다. 왼쪽 어깨를 그대로 뒤로 접는다. 이때 왼쪽 어깨를, 뒤집힌 오른쪽 어깨 속으로 집어넣는다. 소매가 저절로 맞닿을 것이며, 옷은 세로로 반이 되어 접혀진다. 칼라를 정확하게 겹치면 옷이 잘 맞물리는 상태가 된다. 가로로 반을 접어 트렁크에 넣는다.

바지 : 두 가지 방법이 있다. 바지 옆선을 똑같이 겹쳐 놓는다(바지 앞 주름을 따라 접으면 된다). 바지 길이를 3등분하여 밑에서부터 차곡차곡 접는다. 또 하나는, 우선 바지를 길게 접은 채, 허리 부분부터 트렁크에 가지런히 놓는다. 당연히 바지 다리가 트렁크 바깥으로 튀어나온다. 그 위에 다른 옷들을 올려놓고 맨 마지막에 바지 다리로 옷들을 감싸듯이 올리고 트렁크를 닫는다. 이렇게 하면 바지에 3등분 주름이

잡히는 것을 예방할 수 있다.

치마 : 짧은치마는 접지 않고 트렁크 바닥에 그대로 펼쳐 넣는다. 긴 치마는 앞서 바지를 넣듯이 허리 부분을 잡고 트렁크에 넣은 뒤 그 위에 옷을 다 올리고, 마지막에 치마로 감싸고 트렁크를 닫는다.

도착하고 난 뒤 옷이 구겨진 것을 발견했다면 옷걸이에 걸어서 욕실에 걸어놓는다. 뜨거운 물을 틀어 담아놓고 욕실 문을 닫는다. 작은 구김살은 수증기로 쉽게 펴진다.

낯선 나라, 낯선 규칙

휴가를 즐기는 여행자들은 '자유롭고 싶어서' 여행을 떠난 것이다. 몸과 마음을 옭아매는 규율과 법칙으로부터 자유롭고 싶어서 말이다. 물론 지당한 말씀이다. 하지만 그런 자유는 관광객들이 잘 다니는 몇몇 구역에만 한정되어 있다. 잘 훈련된 호텔 직원들과 기념품 가게 점원, 택시 운전사들은 손님들의 그런 요구를 잘 파악하고 있으므로 문제될 것이 없다.

그러나 그런 보호 구역을 조금만 벗어나도, 무척이나 다른 기준과 규칙이 지배하는 세계에 발을 들여놓게 된다. 로마에 가면 로마법을 따르라는 말처럼, 여행자는 여행지의 법도와 관습에 열심히 적응해야 한다. 낯선 곳에 가면 자신에게 편하고 익숙한 잣대를 들이밀 수 없다. 여행자의 의무는, 다른 문화를 있는 그대로 존중하고 관찰하는 것이다.

그렇다고 무조건 현지인과 똑같이 행동하라는 것은 아니다. 정도껏 상대방의 요청에 응하고, 무리가 가지 않을 만큼 동참한다. 현지인과 완전히 동화할 수도 없고, 할 필요도 없다.

공공 장소에서

여행지에서 아무렇게나 옷을 걸쳐 입는 관광객들이 많이 눈에 띈다. 짐을 꾸릴 때부터, 여행지에서 공공 장소를 다닐 때는 어떤 옷을 입어야 이상하게 보이지 않을지 심사숙고해야 한다. 옷차림은 몸을 보호하는 구실도 하지만, 오늘날에는 관습과 지위, 도덕 개념을 나타내는 표시로서의 구실이 더 크다.

옷 때문에 웃음거리가 되는 것은 관광객들뿐만이 아니다. 예전 오스트리아 외무장관은 공식 행사로 요르단을 방문했을 때 반바지를 입었던 것이 탄로나 곤욕을 치른 적이 있다.

여성들은 종교적인 장소를 갈 때는 짧은치마, 반바지, 목과 팔이 많이 드러나는 옷은 되도록 피해야 한다. 특히 이슬람 문화를 가진 국가나 제 3세계에서는 남자들의 눈총을 모면하기 어렵다. 품이 넓고 긴치마나 바지, 소매가 너무 짧지 않은 옷을 입고, 튀는 행동을 되도록 삼가야 쓸데없는 충돌을 피할 수 있다.

옷 색깔도 신경을 써야 한다. 그곳 사람들이 어둡고 눈에 잘 띄는 색깔의 옷감을 주로 쓰는 편이라면, 새빨간 티셔츠나 노란 원피스 따위는 지나치게 남들의 눈을 자극하므로 삼간다. 정치적 분쟁이나 무력 갈등이 빚어지고 있는 곳에서는 소위 '국방색'이라고 하는 카키색을 비롯한 군복 색깔이나 '밀리터리 룩'을 반드시 피한다.

남성들도 마찬가지. 민 소매 옷이나 반바지는 언제나 문제의 소지가 된다. 더울 때는 통이 넓고 얇은 면바지나 마바지를 입으면 반바지 못지않게 시원하다. 다리와 팔을 조금만 가려도 다른 사람의 빈축을 살 염려가 줄어든다.

낯선 곳일수록 옷차림이 단정하도록 신경 써야 한다. 여행객들은 일반적으로 형편이 넉넉한 사람들이라는 인상을 주기 때문에, 낡아서 너덜너덜하거나 빛이 바랜 옷을 입으면 곧바로 '가난한 떠돌이' 느낌을 주기 쉽다. 그래서 여행지에서는 다소 점잖고 고상한 차림새와 태도를 갖는 것이 가장 무난하다.

종교적인 성지에 들어갈 때나, 일반 가정에 들어갈 때도 신발을 벗어야 하는 경우도 있다.

또, 전통 의상을 곧잘 구입하는데, 실제로 현지인 들이 그런 의상을 즐겨 입는지 잘 살펴보고 입어야 한다. 이슬람 근본주의 국가에서는 관광객들도 여자라면 반드시 머리에 차도르를 둘러야 하지만, 이방인이 인도에서 사리를 입거나 일본에서 키모노를 입는 것은 약간 우습게 보일 수도 있다.

옷을 벗고 해수욕을 즐기는 것을 허용하는 나라는 많지 않다. 비키니 수영복이 아직도 낯뜨거운 속옷바람으로 인식되는 나라도 적지 않다. 엄격한 이슬람 국가에서는 물론이거니와, 미국 같은 자유분방한 나라에서도 공공 해수욕장에서 여자들이 위 가슴을 드러내는 일이 금지되어 있다. 심지어 가슴이 발달하지 않은 꼬마 숙녀들한테도 반드시 수영복으로 가리도록 법으로 명시되어 있다고 한다. 성인 여성이 가슴을 드러냈다가 적발되면 구금형에 처해질 수도 있다.

● ● ● 유럽 횡단 여행

비엔나 시내에서 일본인 단체 관광객을 마주쳤을 때 나는 깜짝 놀랐다. 그들 중 한 여성이 눈에 띄는 복장을 하고 있었기 때문이다. 머리에는 챙이 널찍하고 커다란 꽃 장식이 달린 분홍색 모자를 쓰고 있었고, 스코틀랜드 식 치마에 알록달록한 자수가 놓인 농촌 풍의 블라우스를 입었다. 목에는 비엔나 왕실기마학교의 말이 그려진 비단 스카프를 두르고, 발에는 튼튼한 등산화가 신겨져 있었다. 초록색 술 장식이 달리고 굵은 흰 실로 짠 무릎 양말도 보였다. 그날은 비가 오는 날이어서 우산을 하나씩 들고 있었는데, 그 사람의 우산에는 모차르트의 얼굴과 '클라이네 나하트무직(Kleine Nachtmusik)'이라는 곡명이 적혀 있었다.

이 일본인 관광객들이 어떤 루트를 거쳐 여행을 했는지 한눈에 확 들어왔다. 그 일본인 여인은 영국과 스코틀랜드를 시작해, 파리, 뮌헨(혹은 인스부르크), 잘츠부르크, 부다페스트, 비엔나를 섭렵하며 기념품을 하나씩 사들였을 것이다. 그리고 전리품처럼 하나씩 몸에 걸쳤다. 일본인 관광객의 차림새는 실로 장관이었다. 아마 영국의 디자이너 비비언 웨스트우드(Vivienne Westwood)가 그것을 보았다면 얼굴에 환한 미소를 지었을지도?!

종교적인 예배를 올리는 장소는 원래부터 신자들에게 개방된 곳이지, 관광객들이 주 이용대상이 아니다. 따라서 책임자가 입장을 허가할 때만 들어가고, 예배나 기도 시간을 피해 관람해야 한다.

이슬람 사원에 들어갈 때는 신을 벗는다. 여자들은 머리카락을 천으로 가려야 한다. 사원 안에 놓인 예배 물품이나 성물을 만지지 말고, 허가된 장소와 시간에만 사진을 찍는다. 기도하는 사람을 촬영하는 것은 규율에도 어긋나지만, 실제 당사자에게도 큰 실례다. 종교적인 장소에서는 차라리 조용히 분위기를 체험하고 신자들의 모습을 관찰하는 것이 더 예의바른 태도다.

종교 의식에 참여할 기회가 주어지면 숙연한 자세로 임한다. 사진 촬영은 금물이고, 사진기를 갖고 갔을 경우에는 관계자에게 촬영을 하지 않겠다고 약속을 하고 이것을 잘 지켜야 한다.

여행지에 가서 자기가 얼마나 돈이 많은지 자랑할 필요는 없다. 특히 지금 머물고 있는 나라가 비교적 경제 사정이 안 좋을 경우에는, 몸에 지니고 다니는 금붙이 하나만으로도 위화감을 조성할 수 있으므로 주의하자. 값비싸 보이는 옷이나, 번쩍이는 시계, 보석, 비싼 사진기를 들고 돌아다니지 말자. 현금도 필요한 만큼만 안전한 장소에 넣어 두고, 지갑 가득 현금을 채우고 다니며 사람들이 보는 앞에서 꺼내드는 일은 도난 당할 위험이 크므로 삼가자.

공공 장소에서 연인이나 배우자끼리 딱 붙어서 적극적으로 애정 표현을 하는 것은 별로 좋은 인상을 주지 못한다. 그런 광경이 낯설게 여겨지는 나라에서는 여행객들의 출신 국가에 대해 나쁜 느낌을 받을지도 모른다. 아무도 자신을 모르는 낯선 곳에서 최대한의 익명성을 누려보고 싶은 기분이야 이해가 되지만, 그렇다고 완전히 조심성을 내팽개쳐서는 안 된다. 살던 곳에서 지켜야 했던 규범은 밖에 나가서도 비슷하게, 아니 더 엄격하게 적용되게 마련이다. 예를 들어 동양이나 이슬람 문화권에서는 동성끼리의 다정한 몸짓이 호의와 우정을 나타내는 것으로 인식되지만, 서양에서는 동성애자의 애정 표현으로 오인되기도 한다.

함께 식사를 하자는 현지인의 요구를 무작정 사양하지는 말자. 여행하는 장소가 많이 동떨어진 곳일수록 이방인을 환영하는 기쁨이 강하게 표현된다. 현지인한테서 초대를 받는다는 것은 서로의 사회적 위신과도 관련이 있으며, 해외에 아는 사람이 생긴다는 점에서 각자에게 유리하게 작용하기도 한다. 물론, 상품을 소개한다든지 사업상 제안을 하기 위한 초대도 있다. 어떤 상황에서 어떻게 처신하는 것이 좋은지 심사숙고하여 결정해야 한다.

그 지역의 전통 음식이 입맛에 전혀 맞지 않을 경우도 있다. 하지만 초대를 한 사람에 대한 예의와 감사의 표시로 맛있다는 표현을 하는 것이 도리다. 그러나, 도저히 삼키기 어려울 정도로 입에 맞지 않을 때는, 위장병이 있다거나 배탈이 났다는 변명을 둘러대는 것도 괜찮다. 하지만, 새로운 것에 대한 도전은 늘 여행의 최대 매력이므로, 눈 딱 감고 익숙지 않은 음식을 시식해 보는 용기도 필요하다.

함께 식사하고 난 비용을 손님이 공동으로 부담해야 하는지 아닌지는 상황에 따라 미묘하게 달라진다. 적은 액수라도 보태는 것이 호의로 받아들여지는 경우도 있지만, 어떤 때는 모욕으로 느껴지기도 하기 때문이다. 그러므로 정황을 신중하게 살펴, 언제 자신의 호의나 보답이 무리 없이 받아들여질 것인가를 알아내야 한다.

여행지에서 찍은 사진은 여행을 다녀왔다는 증거요, 추억이고, 전리품이다. 자기 일행이나, 바다, 산, 호수, 동물을 찍는 거야 상관없지만, 모르는 사람들을 필름에 담는 것은 상당히 주의해야 한다. 운이 좋으

면, 가만히 포즈도 취해주겠지만, 욕을 하거나 공격을 해오는 사람들
도 때론 있기 때문이다. 전통 민속 공연이나 시설물을 보러 갔을 때, 그
곳 관계자들과 사진을 찍는 것은 상관없다. 다만, 사진을 찍을 때 금전
적 대가를 치러야 할 경우도 있으므로 미리 확인할 필요가 있다.

사진과 관련해 알아두어야 할 것들 :

√ 모르는 사람을 촬영하기 전에는 반드시 미리 허락을 구한다. 당사자가 원치 않
　으면 촬영해서는 안 되고, 그럴 때도 고맙다는 인사를 잊지 않는다.

√ 아이들을 찍을 때는 주변에 보호자가 있는지 살피고 양해를 구한다. 또, 아이들
　에게 돈을 집어주어서는 안 된다. 주제넘은 행동이기도 하지만, 때로는 구걸을
　조장하는 셈이 된다.

√ 사진을 찍고 났는데 돈을 내라고 할 때는, 그것이 아주 적은 액수일 경우에는
　상관없지만, 무리다 싶으면 차라리 다른 것으로 보답을 한다. 장사하는 사람일
　경우에는 작은 물건을 하나 사주거나 담배 같은 것을 건네 사례를 한다. 그리
　고 사진이 찍힌 사람과 적어도 몇 마디라도 말을 주고받는 것이 예의다.

√ 사진 촬영이 금지된 곳에서는 절대로 사진을 찍어서는 안 된다. 특히 군사 시
　설 근처에서는 심각한 오해를 불러일으킬 수 있으므로 주의한다. 군사 훈련이
　나 경찰들의 업무 장면을 찍는 것도 금물이다.

√ 몇몇 문화에서는 사진을 찍는 것 자체가 모독이자, 인권 침해로 여기는 경우가
　있다. 빈곤과 참담함을 담은 장면을 기록하지 말고, 종교적인 행위에 대해서도
　촬영을 포기해야 한다.

√ 때로는 사진 찍은 것을 보내달라는 요청을 받을 때도 있다. 그럴 땐 반드시 돌
　아가서 약속을 지켜야 한다.

사람과 사람이 만날 때

　어디를 여행하든지, 간단한 인사말이나 예절 관련 표현을 배워두면

쓸모가 있다. 아무리 외국어를 못해도 한두 마디 정도 발음을 외우는 것은 할 수 있다. 거기다가 그 나라 사람들이 잘 쓰는 제스처를 동반하면 더욱 효과적이다. 그 밖에 낯선 사람들과 만날 때 주의해야 할 몇 가지 사항을 잘 익힌 뒤 여행을 떠나자.

처음 만났을 때 : 서양이나 서구 문화가 일반적인 곳에서는 악수를 하고, 동양권 일부 나라에서는 가슴께에서 두 손을 모아 합장을 하기도 한다. 북부를 제외한 아프리카의 나라와 중국에서는 남자가 인사를 하기 위해 여자의 손을 잡는 것은 금기다. 그러므로 낯선 나라로 여행을 할 때는 미리 그곳의 관습을 소상히 알아보도록 한다.

아랍 문화권에서는 남자를 정면으로 바라보고 웃는 여자를 창녀라고 생각한다. 또한 남자가 그 나라의 낯선 여자에게 말을 시키거나 물어볼 경우에는, 정중하든 그렇지 않든 상관없이 모욕을 당했다고 생각한다. 그런 행동 때문에 여자들이 남편이나 타인들로부터 부정한 행동을 했다고 질타를 받기도 한다.

시선 처리 : 사람을 쳐다보는 방식도 나라마다 다르다. 서구에서는 상대방과 되도록 눈을 마주치면서 이야기하는 것이 예의지만, 다른 나라에서는 똑바로 눈을 쳐다보는 것이 버릇없고 적대적인 행동으로 취급받기도 한다. 어떤 경우에는 성적인 유혹으로 비치기도 한다.

최소한 군인, 경찰, 세관원 앞에서는 선글라스를 벗고 대하는 것이 안전하다. 그래야 무언가를 숨긴다는 인상을 주지 않는다.

겸양과 사양의 태도 : 낯선 사람들과 만나 얘기할 때는 그들의 말에 귀기울이는 모습을 보여주고, 자기 잘난 척 대신 조용히 바라보는 태도를 취한다. 옷차림, 제스처, 말투를 겸손히 하고 절제하자. 그러면 실수도 그만큼 덜 한다.

여행하는 나라의 관습이 때론 이상하고 모순처럼 보일지라도 그것을 있는 그대로 받아들이는 것이 문제 발생을 줄이는 최선의 방법이다. 섣불리 비판을 하거나 변화시키려는 시도는 하지 말아야 한다.

짜증나는 일이 생겨도 큰 피해를 입지 않은 이상 화를 내는 대신 그냥 웃어 넘겨보자. 대책 없이 기다려야 하거나, 그렇게 기다렸는데도 아무런 소득이 없었을 때, 무언가 고장이 나고 일이 틀어졌을 때도 우선 마음을 가다듬고 좋은 방향으로 생각하자. 화가 나서 펄펄 뛰는 짓은 문제를 해결할 가능성을 스스로 더 차단하는 꼴이며, 오히려 더 나쁜 결과를 초래할 수도 있다.

밝고 환한 표정은 일단 상대방을 안심시키고, 경계를 없앤다. 다만, 웃음이 오히려 화를 미치는 경우도 있으므로 주의할 필요가 있다.

✓ 민감하고 감정적인 문제가 일어났을 때 웃음을 지으면 상대방은 그것을 도리어 비웃음과 조롱으로 여기고 더욱 공격적으로 나선다.

✓ 끊임없이 웃는 얼굴만 하면 겉으로만 꾸민 것으로 여긴다. 아무리 기분이 좋아도, 하루종일 웃고 다니는 사람은 없다.

✓ 동물 사이에서도 '미소'가 위협의 몸짓으로 해석되는 경우가 있다. 사람도 마찬가지다. 이를 드러내는 것은 남을 제압하려는 의도로 이해되기도 한다. 지나치게 과장된 웃음은 다른 사람에게 위협감을 줄 수 있으므로 세심한 주의를 요한다.

무엇보다 안전이 최고

　현지인들과 만나서 문화적인 체험을 해보고 싶어도, 그곳의 관습과 규범을 모르면 실수만 연발하여 오히려 역효과를 초래한다. 우리보다 못사는 후진국에 가서, '정겨운 가난'을 체험해 보겠다고 이리저리 쏘다닌다고 치자. 그곳 사람들의 자존심을 건드리는 것은 물론이요, 큰 봉변 아니면 목숨까지 위태로운 상황에 처할 수도 있다. 낯선 곳에서 위험에 처할 가능성을 백 퍼센트 없앨 수는 없어도, 가려는 나라를 진지하게 조사하고 준비하면 위험도를 크게 낮출 수 있다.

　여행은 몸만으로 가는 것이 아니다. 머리 속으로 구상하고, 자료를 모으고 연구하는 시점부터 여행은 시작된다. 준비가 철저할수록 위험에 노출될 일도 적어지고, 또 위험에 처했어도 비교적 쉽게 헤쳐 나올 수 있다.

　도시화가 많이 진행된 나라든, 그렇지 않은 나라든 여행객에 대한 위험이 도사리고 있기는 마찬가지다. 대도시에는 거칠고 위험한 구역들이 하나 둘씩 있게 마련이다. 미국 뉴욕의 센트럴 파크는 낮에는 한가하고 조용한 쉼터이지만, 해가 지고 나면 절대로 가서는 안 되는 구역으로 돌변한다. 여행을 떠나기 전, 다음 몇 가지 필수 사항을 체크해 보자.

✓ 가려는 지역에 경제적 빈곤, 정치 위기나 갈등, 엄격한 규율, 전염병 따위가 존재하지는 않는가?

✓ 여행 시기에 날씨가 너무 덥거나, 태풍, 폭설이 예상되지는 않은가? 종교 행사나 특정 명절이 끼어서 친구들을 잘 만나지 못한다든지, 교통 혼란이 있을 가

능성은 없는가?

√ 각별히 경의를 표하거나, 조심해서 대해야 할 사람이 있는가? 사회, 정치, 종교, 민족에 따른 문화적 배경을 잘 숙지한다.

√ 삼가야 할 것은? 장신구와 사진기, 값진 물건, 부적절한 의상, 이런저런 문화적 상징, 이성을 다루는 태도 따위의 행동 지침을 체크한다.

이런 주제는 조심!

낯선 사람과 말문을 트고 이야기를 나눈다는 것은 분명 즐겁고 흥미로운 경험이다. 그러나 어떤 주제를 어떤 식으로 다루어야 할지 잘 몰라 서로의 감정을 상하게 하면 낭패가 될 뿐이다. 다른 문화를 가진 두 개인이나 집단이 종교, 정치, 성에 대한 상반된 의견 때문에 마찰을 빚는 모습은 심심찮게 목격된다.

정치 이야기 : 다른 나라의 정치 상황을 주제로 삼는 것은 적절치 못하다. 어설픈 정보를 가지고 대화를 시작하는 것은 별로 바람직하지 못하며, 상대방에 대한 예의 때문에 한 쪽이 자신의 의견을 완전히 솔직하게 드러낼 수 없는 경우도 종종 있다. 또, 의견 대립이 날카로워지면 사태는 걷잡을 수 없이 나빠진다.

대신, 자신의 출신 국가에 대해 남들이 허황되고 과장된 정보를 알고 있다면 정정해 주는 것은 필요하다.

종교 이야기 : 여행하는 사람은 대충 세계의 주요 종교에 대해 공부를 하고 떠나는 것이 좋다. 이슬람교도는 곧잘 상대방의 종교를 잘 물어본다. 예수가 예언자였다는 점을 인정하는 분위기라면 밝혀도 좋다.

이슬람교, 바하이교도 그렇다. 불교나 힌두교는 다른 종교에 대해 비교적 관용적인 태도를 취한다.

　무신론자라도, 종교를 가진 사람들에게 신의 존재를 부인하는 논리를 펼쳐서는 안 된다. 그저 그들이 펼치는 종교론에 귀를 기울일 뿐, 섣불리 반박하려 들지 말자.

　성 이야기 : 아직 많은 나라에서는 성적인 금기가 다양하게 존재하며, 그런 규율은 대부분 종교적인 배경에서 유래한다. 함부로 얘기를 꺼내기에는 복잡한 문제이므로 아예 대화 주제로 삼지 않는 것이 편할 것이다.

　아무리 개방적인 미국에서도 딸이 약혼자를 데리고 오면 손님방에서 따로 재운다. 반면 유럽 사람들은 가끔 자식들이 애인과 함께 같은 방에서 자도 크게 어색하게 여기지 않는다. 그러므로 방문한 나라의 성문화가 어떠하든, 그저 이야기를 듣고 우리의 문화와 같은 점과 다른 점을 새롭게 알아내는 기회로 삼으면 좋을 것이다. 동양은 무조건 폐쇄적이고, 서양은 무조건 문란할 것이라고 단정지으면 곤란하다.

　이 세상에는 손님에게 매춘을 제공하는 것이 융숭한 대접으로 간주되는 나라도 있다. 아니면 적어도 매춘 자체를 정상적인 상업 종목 이상, 이하도 아닌 것으로 분류하는 나라도 적지 않다. 태국의 매춘업계 여성들은 다른 직종 종사자들에 비해 경제적으로도 자립도가 높고, 가족에게는 든든한 부양자로 인식되기도 한다. 따라서 여행자의 기준으로 섣부른 비판을 가해서는 안 된다.

　또한, 비교적 경제적인 발전도가 낮은 나라에는, 타지 여행객과 관계를 맺어 경제적인 난관을 극복할 기회로 삼으려는 젊은이들이 있다. 성과 애정 관계는 곧 경제적인 조건과 무관하지 않으므로 신중한 자세가 필요하다.

팁은 어떻게, 얼마나 주어야 할까?

나라마다 다르지만, 업소에서 손님들이 주는 팁이 종업원들의 실제 수입원인 나라도 상당수에 달한다. 싱가포르 같은 곳에서는 팁 문화가 발달하지 않았거나 아예 금지되어 있지만, 그 외의 나라에서는 팁을 반기는 추세다.

서비스가 좋았다고 생각하면 팁을 주고, 그렇지 않으면 한 푼도 주지 않아도 된다. 또, 서비스가 훌륭했다고 해도 도를 지나친 팁은 오히려 경우에 어긋난다. 해당 국가의 경제 수준, 호텔이나 식당의 등급에 준하는 액수를 건네야 한다.

밖으로 나갈 때는 잔돈을 많이 준비하는 것이 좋다. 동전이 없어서 팁을 못 주면 인색한 구두쇠 소리를 듣기 십상이다. 잔돈이 없으면 최대한 적은 액수의 지폐를 건네며 바꿔달라고 해도 괜찮다. 으레 팁을 주려고 그런다는 것을 눈치채고 바꿔줄 것이다.

레스토랑에서 : 식당에서는 총 식사 비용의 5에서 10%를 팁으로 지불한다. 미국이나 영국에서는 따로 차림표나 계산서에 언급되지 않는 한 음식값에 봉사료가 포함되지 않는다. 따라서 적어도 10% 정도는 팁으로 건네는 것이 좋다. 만약 서비스가 탁월했다면 조금 더 얹어주어도 괜찮다.

호텔에서 :

√ 서비스를 요청하고 그 비용을 숙박비 계산에 포함시킬 때는 심부름을 해준 사람에게 해당 비용의 10% 정도를 어림잡아 건네준다.

√ 호텔 숙박비와 제반 비용을 계산할 때는 체류 기간 동안 서비스를 해준 종업원 모두에게 사례한다는 의미로 열쇠와 함께 건넨다. 특정 종업원의 서비스가 훌륭했다면, 개별적으로 팁을 주어도 좋다.

√ 호텔 포터는 대개 가방 한 개당 1내지 2달러를 받는다. 공항이나 기차역의 포터는 정해진 금액을 받으므로, 요금을 잘 모르겠으면 정중히 물어보고 이용한다.

√ 호텔 룸메이드가 매번 깨끗하게 방을 정돈해 주었다고 생각되면 아침마다 베개 밑에 1달러나 2달러를 놓고 나간다.

√ 택시를 잡아주거나, 공연 표를 예매해 주었다면 그것에 대한 사례로 얼마간의

한 권으로 끝내는 비즈니스 매너

팁을 건넨다.

✓ 룸서비스를 받을 때는, 아침 식사의 경우 1달러, 점심이나 저녁은 각 2달러 정도를 팁으로 지불한다. 아니면 주문한 음식의 10% 정도 선에서 액수를 정하면 적당하다.

택시, 버스, 기차를 이용할 때 :

✓ 택시 기사에게는 미터 요금의 약 10%를 팁으로 건넨다. 다만, 짐을 싣고 내리는 데 도움을 주고, 이상한 길로 가지 않고 안전하고 조심스럽게, 지름길을 택해 잘 왔을 경우에 만이다. 운전하며 담배를 피우거나, 차가 지저분하거나, 일부러 돌아온 느낌이 들면 한 푼도 건네지 않아도 된다.

✓ 여행사를 통해 고용된 버스 운전기사가 늘 친절하고 단정한 처신을 보였다면 하루에 1달러에서 3달러 선의 팁을 준다.

✓ 단체 여행객일 경우, 따로 규정이 있지 않는 한 가이드와 운전사에게 거의 예외 없이 팁을 준다. 한 사람당 하루 1달러에서 3달러씩 계산해서 모아 주면 된다. 가이드가 무척 만족스럽게 여행을 이끌었다면, 팁도 후하게 주거나 선물을 마련해서 전달하는 방법도 있다. 작은 선물은 성의를 보이는 데 좋고, 돈을 주는 것은 실용적이어서 더 감사해 할 것이다.

✓ 열차 승무원은 팁을 받지 않지만, 때때로 음료나 먹을 것을 주문했을 때 자리로 갖다주는 경우에는 즉시 10% 정도 팁을 건넨다. 식당 칸을 이용할 때도 마찬가지.

✓ 유럽 열차에서는 검표원에게도 팁을 건네는 일이 있다. 친절하게도 짐 나르는 것을 도와주었거나 여행이나 기차표, 연결 차편에 대해 이런 저런 정보를 주고, 음식물을 날라다 주는 따위의 편의를 봐주었을 경우 10% 내지는 2~3달러의 팁을 건넨다.

배를 이용할 때 :

✓ 배편 요금에는 팁이 포함되어 있지 않은 경우가 대부분이고, 여객선 종류, 항해

시간, 좌석 등급에 따라 가격이 달라진다. 호화 페리에서 서비스하는 승무원들은 팁을 기대하는 경우가 많다. 특히 객실과 레스토랑에서 근무하는 승무원에게는 하루에 3달러씩의 팁을 주는 것이 관례다. 만일 이것저것 부탁한 일이 많고, 승무원이 많은 도움을 주었다면 훨씬 많이 지불해도 괜찮다. 여러 날이 걸리는 항해라면 출항 첫날 약간의 팁을 주는 것도 앞으로 받을 서비스 질을 높이는 데 유용하다.

유적지에서 : 궁전이나 성, 박물관에서 가이드나 큐레이터가 자세한 설명을 해주고, 출구에 서서 일일이 관람객들을 배웅한다면 팁을 주어도 괜찮다는 뜻이다. 그럴 땐 2~3달러의 팁을 정중하게 건네며 잘 들었다고 인사하면 진심으로 기뻐한다.

화장실 요금 : 유럽 화장실에서는 요금을 받는 경우가 많고, 따로 규정되어 있지 않아도 앞에 청소하는 사람이 있어서 동전을 내고 나온다. 대부분 50센트 정도인데, 한국 돈으로 치자면 600원에서 800원선이다. 때로, 사람들이 많이 이용하는 기차역 화장실 등에는 동전을 넣어야 문이 열리는 곳도 있다.

아는 사람 집에 머물 때 :
√ 가정부가 방을 청소해 주거나 세탁을 해줄 경우에는 팁을 건네는 것이 좋다. 2~3일 기준으로 하루 5달러씩, 오래 체류할수록 하루 당 금액을 낮춘다.
√ 어딘가에 식사 초대를 받은 경우, 식사를 준비하는 고용인에게 팁을 건넨다. 그럴 경우에는 대개 복도나 입구에 쟁반이나 작은 바구니가 놓여 있을지도 모른다. 그 속을 보면 돈이 들어 있을 것이다. 팁을 받는 장소를 알려주는 것이므로 그곳에 팁을 올려놓는다. 한 사람이나 두 명이 짝을 이룬 팀에게 5달러 정도씩

을 건넨다. 그리고 명함을 살짝 올려놓는 것도 괜찮은 아이디어다. 손님이 많은 곳에서는 어떤 손님이 팁을 주었는지 구분이 안 갈 때가 많으므로, 주최한 사람에게 팁을 냈음을 알릴 수 있는 좋은 방법이다.

※ 한국도 팁 문화가 발전되어 있지 않습니다. 또한 호텔이나 고급 레스토랑의 경우 이미 세금과 봉사료가 포함되어 있기 때문에 그런 경우엔 팁을 주지 않아도 됩니다. 또한 서양 사람들이 보통 팁으로 사용하는 금액 1~2달러를 환산하면 1,200원~2,400원인데 이것을 침대 맡에 놓아둔다면 오히려 더 이상하겠죠. 특별한 경우(예를 들어 개인적인 업무를 도와주거나 지속적인 몇 번의 거래가 이루어질 경우) 감사의 표현으로 팁을 주거나 특별한 일을 부탁할 때 줍니다. 또한 횟수는 서양보다 적지만 한번에 다소 많은 금액을 준다는 특징이 있습니다. 즉 당신이 외국 여행을 간다면 팁 문화에 익숙해져야 하지만 국내에서 서비스를 받을 경우라면 내가 팁을 주어야 하는 상황인지 아닌지를 잘 파악할 필요가 있습니다. (감수자)

제11장

대중 교통 이용하고 웃자!

대중 교통 이용하고 웃자!

자가용을 타고

차를 운전하는 일은 피곤한 일이다. 도로로 쏟아져 나온 차량, 꽉 막힌 고속도로, 늘 자리가 없는 주차장. 시도 때도 없이 끼여드는 짜증나는 운전자들, 길이 낯설어 조금만 천천히 운전해도 난리를 치는 사람들……. 온갖 매체와 자동차 보험 회사들이 양보하라, 조심하라, 안전 운전 하라고 떠들지만, 도로 위의 현실은 이상과는 상당히 동떨어져 있다.

주차장에서

운전자라면 간신히 발견한 주차장 빈자리를 바로 코앞에서 다른 사람에게 빼앗겨버린 경험이 한두 번씩은 있을 것이다. 들어가겠다고 일부러 깜빡이까지 켜서 신호를 했는데도 불구하고 못 본 척, 약삭빠르게 끼여드는 사람들이 한둘이 아니다. 이럴 때는 양심이고 뭐고 소용이 없다. 그저 빠른 놈이 임자다. 그렇다고 똑같이 야비한 짓을 할 수는

● ● ●
유용한 도움말 하나

장래 배우자로 누군가를 선택하기로 마음먹었다면, 마지막 결정을 내리기 전에 그 사람의 운전 습관을 눈여겨보기 바란다. 차분하고 조심스럽게 운전하는지, 아니면 험하고 생각 없이 운전하는지를 말이다. 앞차가 천천히 가고 있으면 짜증을 내며 속도를 올리고 위협적인 운전을 하지는 않는가? 나이든 부인이 걸어가다가 잠시 차체에 손을 짚고 있으면 시동을 걸고 휙 출발을 해버리지는 않는가? 추월할 때마다 경적을 시끄럽게 울려대거나, 출발 전마다 요란하게 액셀러레이터를 밟지는 않는가? 비가 오는 날 물웅덩이를 지나면서 아무렇지도 않게 보행자의 옷에다 물을 튀기고 지나가지는 않는가? 자동차 안을 쓰레기통처럼 만들어두는가? 아니면 강박증처럼 자기 몸보다 더 소중히 때 빼고 광내고 치장하는가? 자기 수입의 절반이나 되는 돈을 자동차 유지비로 쏟아부을 만큼 분수에 맞지 않는 큰 차를 몰지는 않는가? 한 사람의 됨됨이를 판단하는데, 그 사람이 자동차를 사용하는 방식만큼 정확하고 구체적인 자료는 아마 없을 것이다.

없다. 주차장에서는 이렇게 하는 것이 가장 '훌륭한' 매너다.

✓ 다른 사람이 자리를 발견하고 깜빡이를 켜고 있는 것을 보면 무조건 양보한다.
✓ 자리를 찾느라 느릿느릿 운전하는 앞차에 대고 신경질을 부리지 말자. 추월이 불가능하다면 그냥 침착하게 기다리는 것이 낫다. 1, 2분 차이로 세상이 멸망하지는 않는다.
✓ 주차할 때는 오른쪽 차의 운전자가 문을 열 수 있는 공간이 충분하도록 배려

한다.

✓ 차 한 대 당 정해진 공간(한 칸)을 준수한다. 옆자리로 넘어가서 다른 차들이 주차하지 못하게 하는 것은 실례다.

✓ 개구리 주차를 해도 된다면, 보도에 걸쳐놓되, 행인들이 지나가는 데 불편을 느끼지 않게 해야 한다. 휠체어나 유모차도 충분히 지나갈 수 있는 길을 터놓아야 한다.

신호등 없는 횡단보도 : 보행자는 횡단보도에서 우선권이 있다. 하지만 보행자가 먼저 길을 건너게 해주는 운전자가 매우 드물다. 매너 있는 운전자라면, 늘 유심히 길가를 살펴 건너려는 사람이 없는지 보고, 있다면 손을 들어 지나가라는 표시를 해준다. 그러면 보행자는 안심하고 길을 건넌다. 보행자의 입장일 경우, 운전자가 차를 세워주면 고개를 살짝 숙이거나 손을 흔들어 고맙다는 인사를 전한 뒤 길을 건넌다.

차간 간격 : 고속도로에서 끼여들기를 하다 적발되면 법적으로 처벌 대상이기도 하지만, 실제로 큰 사고가 일어날 위험이 있으므로 무조건 하지 않아야 한다. 또한 언제 어디서나 앞차와의 최소 간격을 유지하면서 운전해야 한다.

운전자들의 비방과 욕설 : 아무리 친절하고 다정다감한 사람도 운전대만 잡으면 상말이 입에서 그냥 튀어나온다. 자신이 들어가 있는 차체가 옛날 기사들이 입던 갑옷보다 훨씬 튼튼한 방패막이처럼 여겨져서 그런 걸까? 자, 이제 완고함과 폭력성의 철퇴를 내려놓고, 너그러움과 느긋한 마음 씀씀이라는 새 갑옷을 입자. 신경을 곤두세우느라 힘을 낭비하지 말고, 더 중요하고 좋은 일에 에너지를 쓰자. 운전자들이 아무렇게나 내뱉는 욕설과 위협적인 몸짓도 법적인 고소 대상이 된다는 것을 잊어서는 안 된다.

음악, 볼륨을 높여라! : 날씨가 따뜻하거나 더운 날, 차창을 잔뜩 내리고 라디오를 크게 틀어놓는 운전자들을 심심찮게 본다. 그 소리는 몇백 미터 떨어진 곳까지 웅웅 울려 퍼진다. 자기가 들을 때는 음악이지만, 남들한테는 소음이다. 특히 밤에는 그런 행동이 도로 주변 주민들에게 엄청난 안면(安眠) 피해를 주는 행위란 걸 명심하자.

휴대전화 : 일명 핸즈프리라는 장치를 이용하지 않고 운전 중 휴대전화로 통화하는 일은 법으로 금지되어 있다. 하지만 아직도, 심지어 버스 운전기사들까지도 버젓이 한 손은 전화기, 한 손은 핸들을 잡고 커브도 틀고, 정지도 하고, 끼어들기도 하는 광경이 가끔 목격된다. 자신의 안전은 물론, 동승자와 승객, 다른 운전자와 때론 보행자의 안전까지 해치는 행동은 결코 저질러서는 안 된다.

동승자 : 차에 다른 사람을 태울 때는 여자, 나이든 사람, 몸이 불편한 사람이면 문을 열어주고 좌석에 잘 앉을 수 있게 도와준 뒤 문을 닫아준다. 운전석으로 돌아갈 때는 차 앞쪽을 지나서 간다. 동승자가 차에 오를 때 아무나 무턱대고 도와줄 필요는 없다. 젊고 건강한 사람은 여자라도 그냥 혼자 문을 열 때까지 지켜보기만 하면 된다. 물론, 짐을 많이 들고 있는 사람에게는 당연히 문도 열어주고 트렁크에 짐을 옮겨

주어야 한다. 또, 슈퍼마켓으로 여자 친구를 데려다줄 때는 전혀 그럴 필요가 없어도, 발레나 오페라를 보러갈 때, 고급 레스토랑 앞에서는 품위 있게 문을 열어주고 닫아주는 것도 괜찮다. 내릴 때도 차 앞머리로 돌아가 문을 열어주고 내리게 도와준다.

앉는 자리 : 두 사람이 차에 탈 경우에는 운전자 옆의 조수석에 동승자를 앉힌다. 여러 사람이 탈 경우에는 가장 중요한 사람을 운전자 옆에, 두 번째 사람을 조수석 뒤에, 그 다음 사람을 운전석 뒤에 앉힌다.

운전 기사가 따로 있을 경우에는 자신이 운전자 뒤에 앉고, 중요한 사람을 조수석 뒤에 앉힌다. 그 밖에 동승자는 운전석 옆 조수석에 앉힌다.

대부분 부부 중 한 사람이 운전할 때는 조수석에 나머지 한 사람이 앉는다. 그 밖에 다른 동승자가 있을 때는 조수석에 누구를 앉힐지 상황에 따라 결정한다. 외국에서 중요한 손님이 왔을 때나, 높으신 친척 어른을 태워야 할 때는 미리 부부간에 상의해서 누가 앞에 앉을 것인지를 결정한다. 손님이 있는 앞에서 의논하는 것은 실례다. 다만, 손님도 손님이지만, 늘 앉던 자리를 아무 말 없이 다른 사람에게 내주면, 당신의 배우자가 상심할 수도 있다.

손님을 집에 데려다줄 때 : 차 문이 두 개뿐인 스포츠카에는 어른을 모실 때 앞좌석에 앉힌다. 그래야 타고 내릴 때 제일 간편하게 보도 위에서 오르내릴 수 있다. 어른을 뒷좌석에 앉히면, 매번 앞사람이 일어날 때까지 기다려야 하고, 앞으로 몸을 심하게 숙여야 하는 불편함이 있다. 이렇듯 매번 자동차든, 그 밖의 다른 대접이든 전후 좌우 사정을 잘 살펴 미리 배려를 하면 큰 실수는 일어나지 않는다.

저녁 초대를 마친 후 친구, 선후배, 친척을 집에 데려다주고 나서는 도착한 사람이 집 열쇠를 열고 잘 들어갈 때까지 차를 출발시키지 말고 지켜봐 주는 것이 친절한 태도다. 특히 나이 많으신 분들은 집 앞까지 모시고 열쇠를 따고 문을 열어드리는 것을 아주 좋아한다.

차 타고 가면서 무슨 얘기를? : 조수석에 앉은 동승자일 경우에는, 운전자가 운전에 방해를 받지 않을 종류의 이야기를 건넨다. 운전자마다 이야기하는 걸 좋아하는 사람도 있고, 운전에만 정신을 집중하길 원하는 사람도 있으므로 분위기를 잘 파악하자.

다만, 운전 방법에 대해 조언해 달라거나, 이런저런 질문을 던져 운전자를 피곤하게 하지 말자. 운전자가 무엇을 물어보거나, 길을 찾는 걸 도와달라고 할 때만 적극적으로 임하면 된다.

운전자가 너무 차를 험하게 몰 때는 정중하게 천천히 가면 좋겠다고 요청한다. 왜 이렇게 빨리 모느냐, 위험하다, 이런 말은 오히려 운전자를 자극하므로, 속이 좀 안 좋아서 그렇다고 적당한 이유를 대는 것이 무난하다.

차 안에서 담배 피워도 돼요? : 차창을 닫은 채로 담배를 피우는 일은 실례다. 다만, 모두 담배를 피우는 사람들이고, 동의할 경우에는 괜찮다. 하지만 한 사람이라도 비흡연자가 있다면 안 피우는 것이 낫다. 만약 이동 중에 담배를 피우지 않고는 견딜 수가 없다면, 차를 타기 전

제11장 대중교통 이용하고 웃자!

에 미리 동승자들에게 양해를 구하고 창문을 열어놓은 채 최소한 적은 횟수로, 짧게 피운다.

차에 타고 내릴 때 : 영화제 시상식 장 앞에서 리무진을 멈추고 온갖 기자들의 카메라 세례를 받으며 차에서 내리는 스타들은 아니지만, 일반인들도 차를 타고 내릴 때 우아한 자세를 만든다고 손해볼 일은 없다. 여자일 경우에는 되도록 옷이 벌어지지 않게(바지를 입었을 경우도 마찬가지) 다리를 모으고, 두 발을 동시에 길에 내려놓는다. 그럴 때 손을 잡아주는 사람이 있으면 도움을 받아 차에서 몸을 빼낸다. 차에 앉을 때는 엉덩이를 먼저 차 좌석에 앉힌 다음, 다리를 모으고 차 안으로 몸을 돌려 집어넣는다. 즉, 무턱대고 몸부터 빼서 내리거나, 다리먼저 집어넣고 타는 것은 약간 우스꽝스런 모양을 연출할 수 있다.

자동차와 술 : 음주 운전은 자세히 논할 필요도 없이 절대 금물이다. 흔히들, "맥주 한잔은 괜찮다"고 말하지만, 맥주 한잔이 정확히 모든 사람마다 똑같은 효과를 지닌다고 장담할 수는 없다. 조금만 마셔도 눈이 풀리고 취하는 사람도 있다. 음주 운전을 해서 자신만 손해를 보거나 다치는 것도 무서운데, 다른 멀쩡한 운전자나 보행자를 잡으니 문제다. 운전하기 전에 술, 절대로, "맥주 한잔"도 안 된다!

시민의 발, 버스와 기차를 편리하게

런던의 버스 승객들에게는 우리한테 없는 것이 있다. 바로 매너다. 그들은 공격적인 태도가 또 다른 스트레스를 불러온다는 것을 잘 알고 있기 때문에 자잘한 불편은 잘 참고 넘어간다. 런던의 이층 버스는 종종 몇십 분을 기다려도 오지 않을 때가 많다. 그런데도 승객들은 정류장에서 얌전히 줄을 서서 문제의 노선을 기다린다. 새치기 같은 걸 했다가는 다른 사람들에게 몰매라도 맞을 분위기다.

영국 사람들을 만나면 신문 하나를 사도, 택시를 부를 때도, 시도 때도 없이 "please"나 "thank you" 같은 말을 듣는다. 이런 말은 아무리 많이 해도 지나치지 않다. "sorry"는 또 어떤가. 붐비는 술집이나 극장에서 남의 발을 조금이라도 밟거나 어깨를 부딪히면 곧바로 "미안합니다"라는 인사가 자동으로 튀어나온다. 다른 사람이 지나가는 길을 막고 서 있었다면 그럴 때도 미안해하고, 그 길을 지나가야 할 때도 미안하다고 한다. 이런 작은 인사말을 습관처럼 하다 보면, 평상시에 사람과 사람 사이에 일어날 수 있는 작은 마찰은 쉽게 해소된다.

어디 가시는 길이세요?

장거리 기차 안에서 : 기차 안 자리에 앉는 순간부터 옆자리의 낯모르는 사람과 관계가 시작된다. 첫 만남부터 약간 미소를 띠면서 살짝 인사를 해보자. 기차를 타고 가는 시간 내내 훨씬 부드러운 분위기가 조성되고, 때로는 가벼운 대화도 나눌 수 있다. 뭔가 다른 할 일이 있는데도 말을 너무 많이 시켜 피곤하다면, "급하게 읽을 책이 있답니다"라든지, "피곤해서 눈을 좀 붙여야겠어요.", "컴퓨터로 할 게 좀 있답니다"라고 완곡한 사양의 뜻을 밝힌다. 반대로 옆에 앉은 사람과 말을 나누고 싶어도, 그 사람이 그럴 마음이 있는지 잘 살펴보고 말을 거는 배려가 필요하다.

시내 교통 : 잠깐 가는 버스나 전철, 근거리 열차 안에서 처음 보는 사람과 인사를 하지도 않을뿐더러 말을 나누기는 더욱 쉽지 않다. 그러나 적어도 표정으로는 대화를 할 수 있다. 무슨 말이냐 하면, 표정 하나만 밝고 따뜻하게 지어도 서로에게 좋은 인상을 주고, 기분을 한결 낫게 한다는 뜻이다. 아침 출근길과 퇴근길마다 늘 마주하는 무뚝뚝한 얼굴에 대고 살짝 미소 띤 얼굴로 응답해 보라. 꼭 누군가를 바라볼 필요도 없다. 혼자서 좋은 일을 생각하고, 희망에 찬 계획을 떠올리면 당연히 표정이 밝아진다. 그것을 바라보는 사람의 얼굴이 더 어두워질 리는 만무하다. 먼저, 당신이 먼저 시작하자.

애기하기 싫다니까!

영국에서는 대중 교통 수단 안에서 조금씩 잡담하는 것이 꽤 흔한 일이라고 한다. 어느 날 수상 토니 블레어(Toni Blair)가 선거 운동을 하느라 지하철에 오른 뒤, 한 시민에게 말을 걸었다. 그러나 곤혹스럽게도 이 지하철 승객은 수상이 거는 말에 꿈쩍도 안 하고 굳은 눈빛으로 앞만 쳐다보았다고 한다. 가끔 절대 옆 사람과 말하기 싫은 승객도 있는 법이니까!

조금만 더 참을성 있게 : 꽉 찬 만원 버스와 지하철을 좋아하는 사람이 있을까? 툭하면 늦다가도, 어쩔 땐 마구 몰려오는 버스를 보면 울화가 치민다. 하지만 아무리 속에서 불이 나도, 짜증내고 발을 굴러도, 꽉 막힌 도로에 갇힌 버스가 날개를 펴고 날아올 수도 없는 노릇이다. 승객들이 버스 운전기사에게 늦었으니 어서 오라고 전화를 할 수도 없고, 한다 해도 모든 정류장을 지나쳐 우리 앞에 떡 하니 버스를 대령할 수도 없다. 그러니 참자. 무조건 참자. 바로 코앞에서 버스 문이 닫히고 시커먼 매연을 얼굴에 뿜으며 달아나 버렸더라도 참자. 어찌어찌해서 올라탄 버스에서 다른 사람 발을 꾹 밟고 있거나, 가방으로 등을 치거나, 팔꿈치가 머리를 건드렸다면 즉시 사과하자. 아니면 누군가 자신에게 그런 실수를 했더라도 넓은 아량으로 이해해 주자. 누구에게도 잘못은 없다. 오늘 운이 좀 나쁘구나, 이렇게 스스로를 위로하며 둥글고 매끄럽게 살자. 그러고 싶지 않다고? 달리 방법도 없지 않은가?

내 손과 발이 세상에서 가장 정중해지도록

유모차를 끄는 사람, 몸이 불편한 사람은 버스나 지하철을 타고 내릴 때 도와주자. 다만 무조건 나서지는 말고, 먼저 도와드릴까요 하고 물어본다. 괜찮다고 하면 즉시 물러나는 게 낫다. 대도시에는 그런 식으로 물건을 훔치는 도둑들도 있으므로 경계심을 가질 수 있다.

여자 친구나 부인과 대중 교통을 이용하는 남자들은 여자를 우선 태우고, 다음에 자기가 탄다. 내릴 때는 남자가 먼저, 다음에 여자가 내린다. 나이든 어른과 탈 때도 마찬가지 순서를 지킨다.

대중 교통 수단에는 노약자석이 지정되어 있다. 사람이 거의 없을 때 무조건 좌석을 비워두라는 법은 없다. 다만, 앉아 있다가도 혹시 자리를 양보해야 할 사람이 타지는 않는지 주의 깊게 살펴야 한다. 요즘 노약자 석에 앉아 있는 젊은 사람들을 보면 화부터 내는 노인들도 있다. 그럴 땐 아무리 억울해도 대꾸하지 말고 공손히 일어나 다른 자리로 가버리는 것이 상책이다. 아무리 좋은 뜻에서 차근차근 설명하려 해도, 그런 사람들의 아집과 완고함으로 무장한 논리를 이길 방법은 없기 때문이다. 다른 승객들도 그런 완고함에 동의해 주지 않고 당신에게 공감하는 눈빛을 보낼 것이다.

노약자석이 아니라도, 빈 좌석이 없는 상태에서 서 있기 곤란해 보이는 승객이 타면 자리를 양보하자. 그러나 나이가 들어 보인다고 무조건 자리에 앉으라고 하는 것보다는, 지치고 힘들어 보이는 사람, 아이를 안은 부모, 임산부, 젊더라도 아파 보이는 사람을 잘 살펴 자리를 양보하는 것이 현명한 선택이다.

어린아이는 어느 정도 자리에 앉을 권리가 있지만, 자기 몸이 크게 불편하지 않다면 다른 사람들을 위해 기꺼이 양보하는 법을 배워야 한다. 어른들은 그런 아이들을 보면 상당히 기특해하면서 고마워한다. 반대로, 힘이 들어 정말 앉고 싶은데도 젊은 사람이 일어나주지 않으면 투덜대거나, 욕을 하지 말고 차라리 솔직하게 부탁을 하자. "미안하지만 혹시 자리를 양보할 수 있나요? 제가 다리가 많이 아프군요." 이런 말에 벌떡 일어나지 않을 젊은이는 거의 없을 것이다. 자기가 아니더라도 옆에 서 있는 임산부를 보면, 앉아 있는 다른 사람에게 정중하게 대신 부탁을 해주는 것도 좋다. 이럴 땐 물론 앉히려는 사람에게 짤막하게 앉겠느냐는 의사를 물어보는 과정이 필요하다.

짐이 있으면 선반, 무릎 위, 발 아래에 놓는다. 빈자리가 충분하면 옆자리에 올려놓아도 좋다. 물론 자리가 모자라면 당연히 짐은 다른 곳으로 치우고 다른 승객이 앉도록 해야 한다. 다른 사람이 무거운 짐을 선반에 올리거나 내릴 때는 함께 도와준다. 특히 나이가 들었건, 키가 작은 사람에게는 머리 위 선반으로 팔을 올리는 것이 힘들므로, 가방이 작아도 도와주는 것이 친절한 행동이다.

사람마다 추위와 더위를 느끼는 차이가 심하다. 창문을 열고 싶을 때는 같이 앉은 사람에게 물어본다. "잠깐 바람이 들어올 텐데 괜찮을까요?" 유럽의 기차에는 칸막이가 있는 객실마다 냉난방기를 조절할 수 있는 경우도 있다. 온도를 조절하려고 할 때도 같이 앉은 사람들에게 물어본다. "온도를 좀 높이려고 하는데, 괜찮으신지요?" 사람들이 싫어하는 눈치를 보이면 참는 수밖에 도리가 없다. 아니면 다른 빈자리에 가서 앉아야 한다(유럽 기차는 예약을 하지 않는 한 좌석이 지정되지 않는 자유석 개념으로 운영된다).

차에서 내릴 때 주변을 깨끗이 한다. 버스와 전철에는 쓰레기통이 거의 없으므로 쓰레기를 들고 내린다. 기차 안에서는 복도의 쓰레기통이 꽉 찼다면, 들고 내려서 기차역의 다른 쓰레기통에 버린다. 요즘에는 대부분 쓰레기통이 분리 수거를 위해 나뉘어 있으므로 주의해서 버린다.

그날 신문인데 더 이상 읽고 싶지 않다면 선반에 올려놓는다. 다음 승객이 유용하게 읽을 수도 있다.

제1장 대중 교통 이용하고 웃자!

침대차를 타고 누워 덜컹덜컹

부부 끼리든 혼자서든 침대 칸을 사용할 때는 항상 조심한다. 휴식을 취하기 위해 일부러 침대 칸을 선택한 사람들이 대부분이므로, 말을 할 때도 조용히 하고, 음악은 반드시 이어폰으로만 듣는다. 그리고 10시가 지나면 소음을 일으키지 말고 조용히 개인 독서등을 켜고 책을 읽든지 해야 한다.

아기가 깨서 울거나 하면 노골적으로 화를 내지 말고 조용히 기다린다. 부모가 달래면 아이들은 금세 잠이 잘 든다. 대신, 옆 칸에서 계속 떠드는 사람들이 있으면 차장에게 항의하여 주의를 주도록 만든다.

한 칸을 여러 명이 쓰는 침대 칸에서는 서로 인사를 하거나 이름을 소개할 필요까지는 없다. 얘기를 많이 나누었거나, 친해졌다면 이름을 교환해도 좋다.

다른 사람들 앞에서 옷을 갈아입거나 씻거나 하는 것이 감당하기 어려울 만큼 불편하게 여겨지면 차라리 독실을 예약하는 것이 낫다. 그러나 침대 칸에서는 서로 친절한 웃음을 보이고 기회가 있을 때마다 돕고, 짤막한 인사말을 나누는 것으로도 어색하지 않은 분위기를 유도할 수 있으므로 너무 걱정하지 말자.

밤에 한동안 불을 켜야 할 때는 같은 칸 승객들에게 얼마간 더 불을 켜놓아도 될지 물어본다. 또한 남남이 한 공간에서 장시간 함께 있어야 하므로 위생 문제도 신경을 쓴다. 좁은 공간에서는 몸에서 나는 땀 냄새나 담배 냄새, 강한 향수 냄새가 더욱 역겹게 느껴진다. 자기 몸에서 다른 사람에게 불쾌감을 주는 냄새가 나지 않는지 주의 깊게 살펴볼 것을 권한다.

짐을 잘못 놓아 다른 사람에게 방해가 되는 것을 삼가고, 침대 칸 안에서 냄새가 진동하는 음식은 먹지 말자. 먹고 난 다음의 찌꺼기나 포장재는 즉시 복도에 잘 싸서 버리거나 봉지에 밀폐해서 밖으로 냄새가 새어나가지 않게 한다.

애완견은 철도 이용 규정상 함께 데리고 탈 수 없게 되어 있다. 그러나 이동용 캐리어 같은 '용기'에 넣고 포장을 해서 용기 안이 보이지 않게 하고, 냄새가 나지 않게 조처하면 데리고 타도록 허가해 준다. 다만, 장거리 여행에서 주변에 개를 싫어하는 승객이 불만을 표시하면 차라리 복도에 데리고 나가 있는 것이 안전하다.

자전거의 시대가 온다

최근 몇십 년 간 자동차의 힘과 인기(?)에 눌려 빛을 못 보는 좋은 교통 수단이 바로 자전거다. 도로에서 자동차들의 위협을 견디느라 제대로 주행을 못 한다는 자전거 매니아도 많다. 그러나 한편으로는 자전거도 복잡한 도시의 보행자들에게 위협이 될 수 있다.

✓ 자전거 도로가 있는 지역은 아직까지 전체 도로 면적에 비해 극소수에 불과하다. 또, 보행자들이 자전거 도로 위로 걸어가는 일을 다반사로 여긴다. 사람들이 많이 다니는 자전거 도로를 지나갈 때는 항상 경고 벨을 울려준다.

✓ 주차되어 있는 자동차 옆을 지날 때는 갑자기 문이 열릴 수도 있으므로 조심한다. 돌발 상황에서 균형을 잘 잡으려면 자전거에 짐을 너무 많이 싣지 않는다.

✓ 인도로 올라올 경우에는 반드시 자전거에서 내려 밀고 간다.

✓ 자전거를 타고 가면서 이어폰으로 음악을 듣거나, 휴대폰 통화를 하면 방향 조정이나 제동이 원활하지 않고, 주변 소리도 들을 수 없다. 특히 차량과 보행자 통행이 많은 도로에서는 다른 일을 하면서 자전거를 타고 가는 일은 매우 위험하므로 삼가자.

✓ 개를 줄에 묶어 자전거와 함께 달릴 때는 다른 차량이 없는 공원길을 이용하는 것이 바람직하다.

원래 한국에서는 지하철에 자전거를 가지고 타는 것이 금지되어 있다. 단, 접이식 자전거는 허용된다. 가끔 접이식이 아닌 자전거를 가지고 지하철 맨 뒤칸의 맨 뒷문이나 맨 앞간의 맨 앞문에 타서 조종실 쪽 벽면에 기대어 두는 것을 본다. 그럴 때는 다른 승객들에게 불편하지 않도록 주의해서 세우고, 반드시 러시 아워를 피해 이용해야 한다. 타고 내릴 때는, 다른 승객들이 다 타고 난 다음이나 내리고 난 다음에 움직인다.

장거리 고속버스에는 짐칸에 여유가 있을 경우 눕혀서 실어주기도 하는데, 이때는 노끈으로 자전거가 흔들리지 않게 짐칸 기둥에 고정시킨다. 한국에서는 기차 객실 내에 자전거를 실을 수 없으므로 미리 출발역에서 소화물 취급소로 가서 자전거를 탁송하고 도착역에서 찾는다. 유럽의 기차에는 자전거를 실을 수 있는 차량이 따로 지정되어 있어 기차 여행과 자전거 이용을 함께 할 수 있다. 한국에서도 그런 날이 오기를 손꼽아 기대해 본다.

물 위에서도 매너 있게

기차나 버스 편, 자가용과 연계한 페리는 비교적 경제적이고 많은 사람들이 이용하는 여행 수단이다. 그러나 장거리 배 여행, 일명 크루즈는 돈과 시간을 투자하는 초호화 여행이다. 배를 타고 이동하는 일은 한정된 장소, 게다가 육지가 아닌 물 위를 여행하는 데다, 약간 다른 종류의 사람들이 모이는 장소이므로 세심한 매너와 행동거지에 주의할 필요가 있다.

하루 이상이 걸리는 항해나 이곳 저곳을 여행하는 크루즈를 할 때는 옷 입기도 중요하다. 낮에는 단정한 평상복을 입고, 식사 때는 조금 점잖은 의상을 차려 입는다. 밤에는 파티나 행사가 마련되기 일쑤다. 남자는 짙은 색 양복이나 턱시도, 디너 재킷을 입고, 여자는 칵테일 드레스나 이브닝 드레스를 입는다. 특히 '캡틴스 디너(Captain's Dinner)' 같은 공식 만찬에는 성장을 잘 차려입고, 신발도 맞춰 신어야 한다.

또한 낮이라 해도 반바지에 티셔츠, 슬리퍼 차림으로 식당에 들어갈 수 없다. 남성은 재킷과 단정한 신발을, 여성도 깔끔한 평상복을 입되 해변에 놀러 나온 차림은 곤란하다.

크루즈에서는 여러 사람이 한정된 장소에서 여러 날을 함께 지내므로, 자주 마주치는 사람들과 인사를 주고받는 것이 좋다. 크루즈는 단지 풍광을 즐기기 위한 것만이 아닌 사교의 기회이기도 하기 때문이다. 바로 옆 선실 사람들 정도는 안면을 트고 지내자. 선내 수영장이나 여러 가지 오락 행사에서 마주치는 여행객들과도 웃으며 몇 마디 말을 주고받을 수 있어야 한다.

하늘을 날 때는 어떻게 날죠?

언제나 정중하게

비즈니스 클래스나 퍼스트 클래스는 자리가 널찍하지만, 이코노미 클래스를 이용하는 승객들은 비좁은 좌석 때문에 골치를 앓은 경험들이 있을 것이다. 옆에 정말 미인이나 미남이 앉아서 자꾸 몸이 부딪힌다면야 조금 참을 수도 있겠지만, 어쨌거나 낯선 사람과 몸이 닿아야 한다는 건 불쾌한 일인 게 분명하다. 약간만 덩치가 있는 사람이 옆에 앉으면 더 곤욕이다.

그러나 저렴한 비용으로 비행기를 타려면 어쩔 수 없이 감수해야 하는 부분이므로, 되도록 팔을 몸에 붙이고 옆 사람에게 피해가 가지 않도록 조심하자. 판형 큰 신문을 볼 때는 작게 접어서 들고, 책이나 잡지를 볼 때도 독서등 불빛이 옆 사람한테까지 미치지 않도록 잘 조절하자.

인사를 건네자

여객기 승무원들을 만났을 때, 옆 사람과 처음 얼굴을 마주쳤을 때 웃으며 짤막하게 인사를 한다. 그렇다고 말을 계속 시키거나 하지는 말라. 만약 당신이 말을 하고 싶지 않을 때 상대가 자꾸 말을 시킨다면 정중하게, 생각할 것이 있다거나 쉬고 싶다고 말을 한다. 솔직하게 말하는 것은 실례가 아니다.

현재 전 세계의 국제 항공기 대부분은 금연이고, 화장실에서의 흡연도 엄격히 금지된다. 혹시 흡연 구역이 있다 해도 여송연이나 파이프는 연기가 독하므로 삼간다.

승무원들은 승객을 초대하여 대접하는 집주인과 같다. 그들을 대할 때는 매너와 교양 있는 태도를 유지한다. 지나친 요구는 하지 말고, 공짜라고 해서 취할 만큼 술을 너무 많이 마시지 말자. 승무원들에게 팁을 주는 것은 관례상 어긋난다.

가끔 무사히 착륙에 성공했다며 박수를 치는 사람도 있다. 그런 행동 때문에 다른 사람들이 한 번 웃을 수 있어서 좋겠지만, 자진해서 놀림감이 되어서야 되겠는가.

비행 중 잠을 자게 되면 뒷좌석에 있는 사람들에게 큰 방해가 되지 않을 정도만 의자 등받이를 젖힌다. 의자를 젖힐 때는 양해를 구하는 것도 좋다. 식사 시간에는 의자를 세우고 뒷사람의 식사에 방해가 되지 않도록 한다.

식사나 음료, 그 밖의 물품을 나눠주는 시간에는 되도록 자리를 떠나지 말자. 승무원들이 이동하기 불편하고, 복도 측에 앉은 사람이 힘들게 테이블을 접어 올려야 한다. 창가나 안쪽에 앉은 사람은 좀더 지나가기 편한 시간을 골라 움직이자.

화장실은 깨끗하게 사용하고, 세면대 주변에 튄 물도 어느 정도 닦아놓고 나온다.

✓ 되도록 복도 쪽에 앉는 것이 편하다. 아니면 비상구 옆이나 맨 앞줄을 체크인할 때 요청하자. 조금 더 공간이 많아 다리를 펴기도 쉬울 것이다.

✓ 향수를 너무 많이 뿌리지 말자. 좁은 기내에 향이 금세 퍼지고, 다른 사람 것과 섞이면 서로 머리만 아파진다.

✓ 겨드랑이에 데오도란트를 바르고, 목과 입을 시원하게 하는 민트향 정제나 구강 스프레이를 사용한다. 체취를 없애는 것만으로도 옆 좌석의 승객들에게 불편을 끼칠 염려가 훨씬 줄어든다.

저, 비행 공포증이 있어요

전 세계에서 매년 20억 명 가량이 비행기를 타고 내리지만, 아직도 비행 공포증에 시달리는 사람이 적지 않다. 전체 승객의 800명에서 1000명이 비행 중 목숨을 잃기 때문이라고? 그러나 일년에 교통 사고로 운명을 달리하는 사람의 수가 한국에서만 그 정도다. 비행기를 처음 타봐서 그렇다고? 세계적인 디자이너 칼 라거펠트와 유명한 가수 데이비드 보위(David Bowie)가 비행 공포증이 있다면 믿겠는가? 비행 공포증은 심리적인 안정과 신체적 이완만이 약이다. 비행 공포증이 있는 사람들은 몇 가지 지침을 익혀두었다가 이륙하기 전부터 몸과 마음을 가다듬고 이렇게 해보자.

깊이 숨쉬기 : 깊고 천천히 숨을 들이쉬고 내쉰다. 가슴으로만 쉬지 말고, 배로 호흡한다. 코와 입을 모두 사용해서 많은 공기가 들어오고 나가게 한다. 배에 손을 얹어 놓고 숨을 들이쉴 때는 배가 나오게 하고, 내쉴 때는 들어가게 한다.

근육 이완 : 온몸의 근육 중에서 긴장하고 있는 부분은 없는지 점검해 본다. 되도록 몸 전체의 힘을 빼고 느슨히 하는 것이 비행 공포증에는 효험이 있다. 힘이 잘 빠지지 않으면 종아리와 발, 엉덩이와 허벅지, 배와 등, 팔과 손, 어깨와 목, 얼굴 순서대로 한 부위 당 약 6초간 힘을 주었다가 힘을 빼는 방법을 두 번씩 반복한다.

비행기 타기 전날 밤에도 누워서 이 연습을 하고, 탑승 전에도 한 번 더 실시한다. 이륙 전에는 온몸을 한꺼번에 긴장시켰다가 여섯을 세고 이완한다. 비행기 안에서 잠깐씩 긴장될 때마다 효과적으로 쓸 수 있을 것이다.

덜 긴장하기 위한 몇 가지 주의 사항을 살펴보자.
√ 탑승 시간에 늦지 않게 넉넉한 여유를 갖고 공항에 도착한다.
√ 힘든 일이나 고민, 스트레스를 가능한 멀리 한다.
√ 탑승 전이나 비행 중에 커피, 술 따위는 삼가자.
√ 좋은 생각, 즐거운 상상이나 추억을 떠올리고, 부정적인 생각은 밀어낸다.
√ 발바닥에 닿는 바닥의 단단한 느낌을 받아들이고 가능하다면 자주 일어나서 걸어다니자.

- ✓ 자신이 불안해한다는 것을 직시하고, 이것을 공중으로 날려보낸다는 상상을 하자.
- ✓ 잠을 자고 싶으면 등받이를 뒤로 젖히고, 수면 안대를 착용한다. 아마 훨씬 잠이 잘 올 것이다.
- ✓ 물이나 주스 따위의 음료수를 많이 마신다. 비행기 안은 매우 건조하므로, 때로는 물병을 몸 가까이 지참하는 것도 좋다.
- ✓ 손이나 얼굴에 수분을 공급할 크림이나 로션을 자주 발라준다. 혹은 기내용 수분 스프레이를 사서 가끔 뿌려주는 것도 좋다. 머리가 맑고 상쾌해지는 느낌이 들것이다.
- ✓ 내릴 때 급하게 서두르지 않는다. 아무리 바쁘더라도, 어차피 여권 심사를 거치거나 긴 복도를 걸어가야 하므로 잠깐 지체되는 것에 너무 안달해서는 안 된다.

기내는 또 하나의 사무실

비행 시간이 너무 길어서 시간이 아깝다고 생각하는 비즈니스맨들이 탁자를 내려서 일하는 모습을 자주 본다. 아무것도 안 하고 편히 쉬는 것과 무엇이라도 하고 있는 것 중에 무엇이 더 나을까? 독일 수면 연구가 위르겐 줄라이(Jürgen Julley)는 기내에서 머무는 시간을 잠에 활용하라고 충

고한다. 안 그러면 어긋난 시차와 여행에서 오는 피로 때문에 도착지에서의 업무에 지장이 생긴다. 그래도 일거리가 급한 사람은 이륙하자마자 2시간 정도만 알차게 일을 한 뒤 휴식을 취하고, 다시 착륙 전 2시간 동안 일을 하면 신체 주기에 가장 알맞다고 한다.

제12장

희한한 매너가 온다

제 12 장

희한한 매너가 온다

최근 몇 년간, 매너가 필요했던 원래의 영역들이 오히려 사양길(?)에 접어들고, 새로운 영역들이 매너의 대상으로 떠올랐다. 그것도 때론 야릇하고 희한한 분야들이다. 이제부터 한번 살펴보기로 하자.

한 권으로 끝내는 비즈니스 매너

산타클로스를 위한 매너

산타클로스 역시 교양과 매너를 겸비해야 '성공' 한다. 미국의 산타 클로스 용역업체에서는 직원들을 이렇게 교육시킨다고 한다.

✓ 아이들과 절대 어떤 약속이라도 하지 말 것! 나중에 빌미가 될 소지는 일체 피하고 "이 산타클로스가 너희한테 어떤 선물을 할지 한번 기대해 보지 않겠니?" 라는 말로 일관한다.

✓ 같이 있는 어른들한테는 엄마, 아빠 같은 단어를 쓰지 말고, 그냥 "우리 멋진 어른들"이라고만 하라. 이혼과 재혼이 겹치고 번복되는 이 시대에 누가 엄마고 누가 아빠인지 알 게 뭐람!

✓ 아이를 무릎에 앉히지 말라. 산타클로스가 아동 성추행의 주범으로 몰리는 경우가 잦기 때문이다.

✓ 산타클로스는 일이 완전히 끝나 그 장소를 떠나고 아이들이 완전히 보이지 않는 곳까지 온 다음에야 옷을 벗거나 수염을 뗄 수 있다. 수염을 붙인 상태로는 절대로 담배를 피우지 마라. 인조 수염은 불이 잘 붙는다.

✓ 산타클로스 복장을 하고 절대로 돈을 요구하거나 구걸하지 말 것! 아무도 산타클로스에게 적선 따위를 할 마음이 들지 않으므로 시도도 하지 마라.

1 역시 틀린 방법

틀린 방법

옳은 방법

뜨거운 밤을 위한 매너

섹스 할 때도 매너가 필요하냐고? 당연하다! 이때야말로 섬세하고 수준 높은 교양이 요구되는 순간이다. 오스트리아의 한 섹스 칼럼니스트는, 옷을 벗을 때 어디를 쳐다봐야 하는지, 입가에 사랑스러운 웃음을 흘려야 하는지 아니면, 애무에 열심히 열중하는 표정을 지어야 하는지에 대해 문제를 제기했다. 그는 시계와 양말은 반드시 풀고, 벗어야 한다고 덧붙였다. 또, 섹스를 시작하기 전 연인들이 있는 장소가 어떤 식으로 정돈되어야 할지, 개나 고양이, 휴대전화는 미리 어떻게 조처해야 할지도 일러준다. 다른 매너는 남들이 하는 것을 보고 따라할 수 있지만, 섹스 매너는 그러기가 쉽지 않다. 가끔씩 그런 정보를 찾아 익혀두는 것이 행복한 사랑을 위해 필요할지도.

목사님, 매너 한 수 배우시죠

가끔 성직자들도 매너가 필요할 때가 있나 보다. 독일에서는 얼마 전, 얇은 목사 전용 매너 핸드북이 나와 관심을 끌었다. 그 중 재미있는 것 몇 가지를 한번 들여다보자.

예배 중 한 걸음, 한 걸음이 신에 대한 경건함으로 가득 차 있어야 한다. 옷이 구겨져서 그것 때문에 신도들의 주의를 거슬리게 해서는 안 된다.

예배드릴 때 입는 가운 주머니에 볼펜, 안경 주머니, 차 열쇠, 집 열쇠를 넣고 쩔그렁거리며 다니지 말 것.

쓰고 난 휴지를 둘둘 말아 던지거나, 그것으로 성물을 닦아서는 안 된다.

양털 부츠, 높은 굽, 카우보이 부츠, 운동화, 슬리퍼, 편한 샌들 같은 것은 예배 중에 신어서는 안 된다.

강력한 효과를 가진 향수나 데오도란트는 예배 전에 금물.

이 책의 반응이 어찌나 좋았던지, 이 책을 쓴 저자는 매일 이런 전화를 받았다고 한다. "정말 이 책을 우리 목사님한테 선물해야 한다니까요. 진짜예요."

현대적인 중국인이여, 매너의 세계로 오라!

"최근 20년 간 중국에서 가장 영향력 있는 여성" 중 한 사람으로 뽑힌 진위시(Kan Yue-Sai) 위시(羽西) 화장품 사장은, 중국인들에게 새로운 시대, 세계화 시대에 걸맞은 매너를 갖추자는 주장을 해왔다. 그러면서 『현대 중국인을 위한 에티켓』이라는 책을 썼는데, 중국에서는 베스트셀러 반열에 올랐다. 그가 지적하는 중국인들의 가장 시급한 에티켓 문제는 뭘까?

✓ 클래식 음악회에서 시도 때도 없이 휴대폰 벨소리가 울린다. 칸은 극장과 음악회장에 들어갈 때는 제발 휴대폰을 끄라고 당부한다.

✓ 레스토랑에서 뼈를 여기저기 내뱉는 행위, 버스 정류장에서 서로 올라타려고 실랑이하는 모습도 흉하다고 지적했다. 유럽 사람들의 식탁 예절과 영국인들의

질서 의식을 배워야 한다는 말도 덧붙였다.

✓ 외국인들에게 월급이 얼마냐고, 그리고 여자들에게 나이가 몇이냐고 묻는 짓을 그만두라는 얘기도 있다.

✓ 여성들이 차에 올라탈 때 어떻게 하면 치마 밑 속옷이 내비치지 않게 할 수 있는가 하는 방법도 들어 있다.

그가 쓴 이 에티켓의 바이블은 총 20만 부가 팔렸다고 한다.

서양이든 동양이든, 아직도 교양 있는 태도와 매너, 예의범절에 대한 인식이 확실히 자리 잡지 않은 것은 마찬가지인 듯하다. 여기 내가 내어놓은 이 책이 최대한 다양한 상황, 다양한 용도에서 독자 여러분의 행복을 증진시켜 주리라 진심으로 기대한다. 다만, 책에 제시된 수많은 조언들 중에서 스스로의 스타일과 성품에 맞는다고 생각되는 것만을 취사선택해야 함은 물론이다. 몰랐던 것은 알아가고, 주변 사람과 자신의 매너를 유심히 관찰하고 체크하자. 그러다 보면 어느 새, 인생 자체가 원만하고 매끄럽게 흘러가는 것을 깨달을 것이다. 당신 혼자만의 인생이 아닌, 가족과 동료, 친구 모두의 인생이.

매너, 즐겁게 배우고 큰 성과가 있길 기대한다!

역자 : **김시형**

숭실대학교 독어독문학과를 졸업하고 독일 뮌스터 본 대학에서 수학했으며 에이전트로 활동했다. 옮긴 책으로『암호의 세계』, 『마하엘 쾰마이어의 그리스 로마 신화』, 『독일인의 사랑』, 『초보자를 위한 맞춤 프로그램 뱃살빼기 10분』, 『내 영혼의 뱃살』등이 있다.

감수자 : **안미헌**

숙명여대 소비자경제학과와 서강대 언론대학원을 졸업했고 현재 서울대 경영학 석사 과정을 밟고 있다. 대한항공 서비스아카데미와 삼성 에버랜드 서비스아카데미에서 서비스 전문 트레이너로 근무하며 현장의 풍부한 경험을 쌓았다.
(주) 앤즈컨설팅그룹(전 서비스코리아) 대표로서 고객 만족 관련 교육과 컨설팅 및 전문가 양성을 하고 있으며 KDI, 삼성, LG, SK, 푸르덴셜, 신한은행, 한미은행 등 국내 100여 개 이상의 기업에서 전문 교육을 하고 있다.
저서로는 서비스 분야 최고의 베스트셀러인『고객의 영혼을 사로잡는 50가지 서비스 기법』, 『서비스 천재가 되는 기적의 대화법』등이 있다.